南京大学CSSCI来源集刊

政治经济学报

The Chinese Journal of Political Economy

第17卷 Vol.17

孟捷　龚刚　主编

格致出版社　上海人民出版社

目录

CONTENTS

宏观经济学的重建

编者按：近年来，对宏观经济学的反思和批判已蔚为潮流，相关研究不仅将批判的矛头直指新古典经济学，而且在新宏观经济学的建构上提出了极有见地的建设性观点。为此，本刊特设“宏观经济学的重建”栏目，收录了史正富教授《功能货币论与货币发行“双轨制”》、赵燕菁教授《启动危机增长：一个关于功能货币的建议》以及范从来教授《中国的金融稳定是如何实现的?》等对宏观经济学的重建提出极具建设性意见的文章，以飨广大读者。

功能货币论与货币发行“双轨制”

史正富[*]

摘　要　自工业革命以来，货币经过了商品货币时代、信用货币时代的演变，最终发展到了功能货币时代，即因国家政治经济需求而发行货币的时代，货币从价值实体演变为调控工具。在功能货币时代，美国用疑似“国家金融工程”保持了美元的世界货币地位，但也带来了金融业两部类化、经济脱实向虚、收入分配恶化等后果。社会主义的功能货币应引以为鉴，从国家长远发展战略需要和满足人民对美好生活向往出发，建立货币发行“双轨制”，即：在货币发行的“市场轨”之外开辟面向基础性战略性资产（BSA）形成的“战略轨”，央行通过开发性金融机构或基金向宏观战略工程运营主体直接投放货币，以此建立国家长期资本融资的长效机制。

关键词　功能货币　宏观金融管理　货币发行“双轨制”

工业革命以来，货币职能演变先后经历了三个阶段，即商品货币时代、信用货币时代和功能货币时代。随着货币的演变，货币本身所包含的价值量在逐渐流失，至功能货币时代，货币彻底演变为服务国家政治经济需要的工具。

一、商品货币时代：等量价值的金银

从资本主义制度诞生至布雷顿森林体系解体，资本主义社会处于商品货币时代，流通中的货币是固定地充当一般等价物的特殊商品，它包含等量价值的金银。

货币发行与流通的基础是金本位制。商品货币时代，商品的买卖行为遵循等价交换原则，充当一般等价物的货币也必须包含等量价值，即货币必须是一种单位价值量更高的特殊商品，且必须同时满足材质均等、易于切割、又能随意合并等条件，而“金和银就天然具有这种属性”，因而，“金银天然不是货币，但货币天然是金银”①。随着货币制度的演变，金本位最终成为资本主义国家货币制度的核心。1816 年，英国通过《银币

＊　史正富，复旦大学教授，复旦大学新政治经济学研究中心主任，同华创业投资股份公司创始董事长。

①　《资本论》（第 1 卷），人民出版社 2004 年版，第 108—109 页。

重铸和管理王国内金币、银币法案》（The Act to Provide New Silver Coinage，Regulate the Currency of Gold and Silver Coin of Realm）、《1816 货币重铸法案》等法案，率先确立金本位制度、并规定 1 标准金衡制的黄金与英镑的兑换比例①，随后加拿大、美国、德国等国先后确立金本位制。

黄金的供应成了资本主义生产体系持续扩张与金本位制之间的死结。1866—1980 年世界黄金存量增长了 40%②，但经过第二次工业革命，英国、德国、美国等国家的生产规模出现了更快的增长，货币供给与需求之间出现了巨大缺口，如果考虑到保持扩大再生产的部类内部交换也需要货币，黄金的供应与需求之间的缺口将更大。1890 年后，黄金产量大幅增长，但主要国家间黄金存量严重失衡，美国黄金存量增长了 2.2 倍、其他主要国家黄金存量增幅缓慢，黄金的供应出现结构性失衡，加之各国纷纷限制黄金流动，资本主义生产体系持续扩张所需的黄金供应不足，致使一战后各国恢复金本位制的努力均告失败。

直至第二次世界大战后，美国凭借强大的政治、经济、军事和科技优势，主导形成了以美元与黄金挂钩、其他国家主权货币与美元挂钩等“双挂钩”为核心的布雷顿森林体系，重构了以美元的世界货币地位为核心的国际金融体系，暂时缓解了资本主义世界体系内生产持续扩张与货币供应不足之间的内在矛盾，但其本质仍是一种稀释的、间接的金本位制。这一举措导致了货币所含价值量的稀释，标志着货币实践与传统货币理论两者分离的开端。

二、信用货币时代：国家主权背书的价值符号

1971 年美元与黄金脱钩标志着布雷顿森林体系的崩溃，同时也标识了商品货币时代向信用货币时代的过渡，货币“变成了以‘纸币’为载体的信用符号”。③

信用货币时代的典型特征是脱离了金本位的双重信用货币体系。一方面，依托美国国家信用发行的主权货币成为世界性的通用货币，美元成为国际层面的信用货币；另一方面各国依托国家信用发行对内流通的主权货币，本币成为各国国内层面的信用货币。

信用货币时代存在着币值稳定性与本国经济发展要求不吻合的内生矛盾，在美国则表现为美元两难困境。保持币值稳定是世界通用货币的前提，这就要求货币发行量不受财政赤字的影响，由此要求中央银行的独立性。一旦出现贸易赤字、财政赤字，为解决

① 英国 1816 年的货币重铸法案（Coinage Act 1816）明确了 1 金衡制的黄金等价于 46 镑 14 先令 6 便士。

② 安娜·J·施瓦茨，米尔顿·弗里德曼：《美国货币史》，巴曙松等译，北京大学出版社 2009 年版，第 137 页。

③ 史正富：《现代经济学的危机与政治经济学的复兴》，《东方学刊》2018 年第 1 期。

这些问题与保持币值稳定性之间的政策组合就会出现不匹配，这是信用货币时代的内在矛盾，由此也造成对央行独立性的挑战。如果推行财政货币化，即用发行货币的方式应对国家财政经济的结构性问题，必然会导致货币的超量发行①，同时，也等于中央银行独立性的消失，继而动摇信用货币的信用度，在国内则会出现通货膨胀，久而久之信用货币就会失去信用。但美元的情况较为特殊，美元作为全球范围内的硬通货，缺乏必要的替代品，使得美元币值下降有了一个缓慢的事后危机应对过程，留给了美国一个战略应对机遇。

美国形成了疑似“国家金融工程”的战略安排，减缓了美元信用度丧失的进程。里根总统上台后，美国初步形成了应对美元超发引发国内通货膨胀的应对机制，即以石油美元、欧洲美元市场、国内资产证券化和庞大的金融衍生品市场为核心的疑似“国家金融工程”战略安排。②几大举措为：第一，确立石油的美元定价权，使得美元成为全球范围内重要战略物资的排他性支付与结算手段，在信用货币的基础上赋予了美元作为石油等大宗战略物资价值符号的功能③，一定程度上弥补了布雷顿森林体系崩溃后美元的价值真空，但石油的美元计价产生了规模庞大的石油美元。1973—2011 年间因石油进口流向世界的美元规模达 3.29 万亿元，其中 1.75 万亿美元流向 OPEC 国家，占比53.4%。④第二，允许境内金融机构开设国际银行业务设施，参与欧洲美元市场，分流石油美元，降低超发美元的回流规模。欧洲美元必须经由美国国内银行才能进行国际支付和贷款，后来才稍有放松。美联储于 1981 年底通过《国际银行业务设施法案》，允许境内金融机构到境外开设国际银行业务设施，经营欧洲美元存贷业务，加强了欧洲美元市场对石油美元的吸纳能力。⑤第三，开启国内资产证券化进程，创造吸纳超发美元的巨大空间。20 世纪 80 年代后，美国金融市场出现了以资产支持证券（ABS）、抵押贷款支持证券（MBS）等为主的资产证券化产品，创造了吸纳全球化体系下中日等对美贸易顺差国的巨额美元外汇储备。根据美国财政部公布的最新数据，2020 年全球其他经济体持有的美国国债规模达 7.06 万亿之多，单单中日两国持有的美国国债就有 2.36 万亿美元⑥，美联储更是持有了规模庞大的国债和 MBS，仅 MBS 规模就超过 1.4 万亿美元，占其资产的比

① 史正富：《超常增长：1979—2049 年的中国经济》，上海人民出版社 2013 年版。

② 史正富：《功能货币论与中国经济的高质量发展》，《文化纵横》2020 年第 4 期。

③ 迈克尔·赫德森：《金融帝国：美国金融霸权的来源和基础》，中央编译出版社 2008 年版。

④ 数据来自美国能源信息署 https://www.eia.gov/totalenergy/data/annual/showtext.php?t=ptb0520。

⑤ David E. Spiro, *The Hidden Hand of American Hegemony: Petrodollar Recycling and International Markets* (Cornell: Cornell University Press, 1999).

⑥ 数据来自美国财政部 https://ticdata.treasury.gov/Publish/mfh.txt。

例的25.1%。①第四，对金融衍生品创投实施自由放任政策，促使金融市场出现以“金融工程”和金融创新为名义的虚拟金融产品，并运用国家和市场的力量将之推向全球，孕育了一个规模超大、品种超级复杂、层次繁多的全球金融市场，使天量美元大进大出，创造了又一个吸纳超发美元的巨大空间。在金融市场上，金融产品价格大涨大跌及银行的高频交易又创造出各个国家对美元的避险需求，即为降低美元汇率波动带来的市场损失，各个国家只能选择多储备一些美元。

除上述经济金融本身的措施外，美元国际地位得以维持的另一个重要原因就是“网络效应”，即在美元没有替代品的情况下，所有国际交易参与者都只能被动的选择美元作为交换媒介。这也就意味着，保持对美元竞争货币的打压是美国的必然选择。

美国的“国家金融工程”终究没有根本解决美元作为国际信用货币的内在矛盾，反而加速了矛盾的积累，并最终诱发了2007年次贷危机，而美联储的危机应对策略也彻底终结了美元信用货币时代。

三、功能货币时代：服务国家宏观治理的工具

美联储于2008年底推出的量化宽松政策宣告了功能货币时代正式到来，即中央银行的货币发行服从于国家安全与发展的经济政治需要。而在美国，由于其特殊的国家治理结构，功能货币的实践并非服务于国民长期福祉，而是走入了资本主导、资本控制、资本受益的轨道，这是美国特色的消极功能货币时代。

进入功能货币时代，货币职能扩展为面向国民经济整体运行的“宏观审慎管理”。从美元的角度来看，修补美国式的“国家金融工程”的制度漏洞是其首要任务。这需要解决三大难题，即美元在国际上的币值稳定、在国内的物价稳定以及防止资产泡沫的不发生，但原有的制度安排可以勉强解决前两大难题，却无法破解资产泡沫化的难题。一旦资产泡沫破灭，以资产证券化和衍生品体系为核心的金融非生产性部类的账面价值大规模萎缩，则后果不堪设想，如2007年次贷危机的爆发迅速演变为一场具有强大破坏力的金融海啸，致使美国连续两年出现负增长，2009年GDP增长率更是下降2.5%。这个危机本来是多年货币超发的恶果，但美联储应对危机的措施还是进一步增发货币，即多轮次的量化宽松，其核心是直接向金融非生产性部类注入高能货币，推动资产价格转跌为升及持续上涨，但这就引起美联储资产负债表的膨胀。次贷危机爆发前，美联储的资产总规模

① 数据来自美联储2020年4月1日资产负债表：https://www.federalreserve.gov/releases/h41/20200402/。

为 8 938.18 亿美元，其中 84.4%为美国国债①；量化宽松政策结束后，美联储的资产规模扩张至 4.03 万亿美元，累计增幅达 351%；与此同时，美联储资产结构也出现大幅调整，其中持有的美国国债占比降至 54.8%、抵押贷款支持证券（MBS）占比升至 37.1%。②

货币的工具化修补了国内政治经济制度的漏洞，但也加剧了本已严重的金融两部类化、美国经济虚拟化、收入分配两极分化等结构性问题。美联储直接向金融部门注入高能货币的救市措施把金融两部类化推向了极端，即一方面，提供存贷款、股票债券发行等中介性服务的传统金融部门增长放缓，金融业内部服务职能资本的生产性功能渐趋弱化，金融资本与职能资本分离的趋势加剧。另一方面，自我服务为主的投机交易型金融做大，以金融工程公司制造的所谓“金融产品”为核心业务的“新金融”异军突起，通过横向、纵向以及混合等多种形式，多类多级的衍生，构造了一个数百万亿美元级别的衍生品体系，纯交易和炒作等功能无限放大，严重偏离了金融业服务实体经济的初衷。金融两部类化趋势加快了美国经济脱实向虚的进程，导致美国经济的二元化，即生产部门（GDP 部门）不景气、资产部门（Gross Domestic Assets，即 GDA 部门）因大量货币流入而出现非理性繁荣③，致使资产增值率大于劳动生产率的增幅，从根本上削弱了美国的产业竞争力。与此同时，GDP 部门的衰败与 GDA 部门的扩张导致美国收入分配出现有利于有产者的局面，在长时期中资本收益率超过经济增长率，因而超过劳动收入增长率④，加剧了两极分化趋势⑤，美国的收入结构已经从橄榄型转变为 M 型，未来甚至可能演变为 N 型。

四、走向社会主义的功能货币

美国经济的脱实向虚催生了以不断超发货币为核心的功能货币，而功能货币又加速了美国经济脱实向虚的趋势，并产生了收入分配两极分化等后果。社会主义的功能货币应规避美国式陷阱。

（一）社会主义功能货币的根本任务是服务国家长期发展规划

中国的功能货币理论应从国家长期发展战略着眼，货币的发行要服从国家长期发展

① 2007 年 12 月 26 日美联储资产负债表。

② 2013 年 12 月 25 日美联储资产负债表。

③ Robert J. Shiller：*Irrational Exuberance：Revised and Expanded*，Princeton University Press，2015.

④ Thomas Piketty：*Capital in the Twenty-First Century*（Cambridge：Belknap Press：An Imprint of Harvard University Press，2014）.

⑤ Thomas Piketty，Gabriel Zucman：Capital is Back：Wealth-Income Ratios in Rich Countries，1700—2010，*Quarterly Journal of Economics*，Vol.129 No.3（2014），1255—1310.

的需要，为国家中长期发展规划提供匹配的宏观金融管理。

宏观金融管理能保持速度合宜的高质量增长，这方面，根据习近平总书记提出的“五大发展理念”和中央政府陆续推出的政策方针，我们认为，实现长期稳定的高质量发展需要统筹兼顾五大目标：第一，保持持续稳定的中高速经济增长是首要任务，也是社会主义扩大再生产的内在要求；第二，以创新引领经济发展，以科技进步推动生产性资本的积累与升级、提高高新技术产品及其占社会总产品的比例，实现产业结构持续升级；第三，致力于消除贫困、消除两极分化，构造持续改善的包容性收入分配体制；第四，践行“绿水青山就是金山银山”的发展理念，加快生态资产的积累，优化生态环境；第五，守住不发生系统性金融风险的底线，加强金融风险的预防与管控。

宏观金融管理还需要平衡两组关系。其一，在实体经济部门，处理好就业、生产总值与物价之间的关系，确保不发生通货膨胀或通货紧缩；其二，在资产部门，处理好国民财富总值（GDA）与资产价格的关系，防止出现资产泡沫。其中，对于资产部门的发展，除了加强监管，更要保证资本市场规模与国民经济规模的合理比例，把货币在虚拟经济与实体经济间的比率，即货币板块构成控制在合理范围内。经验证明，这是一项极其严峻的挑战，尤其是在经济周期的下半段和虚拟金融高度发达的迭加场景中，金融业与实体行业同步具有强烈的“顺周期”动力，资金脱实向虚形成自发运动，维持合理的货币板块构成更是难上加难；仅仅依靠现有政策工具，这几乎是一个不可能达成的使命！

（二）社会主义的功能货币是以人民利益为中心的民本货币

从宏观角度看，社会主义功能货币的职能在于促进国民经济长期可持续发展，为中华民族伟大复兴服务。但从其本质上讲，社会主义功能货币的根本目标还是满足人民对美好生活的向往，不断提高人民的物质与精神生活水平。

从中国货币发行的演变轨迹来看，近些年货币的发行机制是在向欧美央行的运行方式靠拢。改革开放前，中国的货币发行方式是计划经济时代的信贷发行①，即中国人民银行通过综合信贷计划直接向公众、企业等经济行为主体发放贷款或政府财政透支等方式发行货币，而综合信贷计划具备了类似中央银行资产负债表的功能。②改革开放初期，中国逐渐摆脱了单一银行体制，货币发行方式也转变为中央银行通过向商业银行再贷款的方式发行货币，但本质上仍是一种变相的信贷发行体制，即使到了2000年，对其他存

① 黄达等：《社会主义财政金融问题》，中国人民大学出版社1981年版。

② 张鹏，许亦平，林桂军：《中国计划经济时期货币政策回顾：1952—1978》，《中国经济史研究》2010年第3期。

款性金融机构债权①占中国人民银行总资产的比例依然高达40.63%。但在1994年人民币并轨、建立强制性的结售汇制度和1995年商业银行体制建立后，中国的货币发行方式逐渐转向“出口导向为基础资产的银行货币供给”②，即以外汇储备为锚发行货币的外汇发行体制，2014年3月外汇占中国人民银行总资产的比例达到历史最高点（83.32%，如图1所示）。但受国际经济形势和国内产业结构升级的影响，外汇储备的增幅逐渐下降，以外汇储备为锚的发行方式渐渐无法满足国内经济发展对货币的需求，由此我国的货币发行转入便利发行阶段，即在外汇发行的同时，辅以常备借贷便利（SLF）、中期借贷便利（MLF）、抵押补充贷款（PSL）和定向中期借贷便利（TMLF）等新型的货币发行工具③，形成了更加市场化的货币工具体系，适应了新常态下的经济运行特点④。截至2020年4月，四项发行便利的总额超过8.4万亿元，占中国人民银行总资产的比例约为23%，其中中期借贷便利（MLF）和抵押补充贷款（PSL）的规模最大，两者的期末

表1　中国人民银行便利发行余额（截至2020年4月）

货币发行便利	常备借贷便利	中期借贷便利	抵押补充贷款	定向中期借贷便利
余额(亿元)	306.3	42 900	35 576	5 249

资料来源：中国人民银行 http://www.pbc.gov.cn/zhengcehuobisi/125207/125213/index.html。

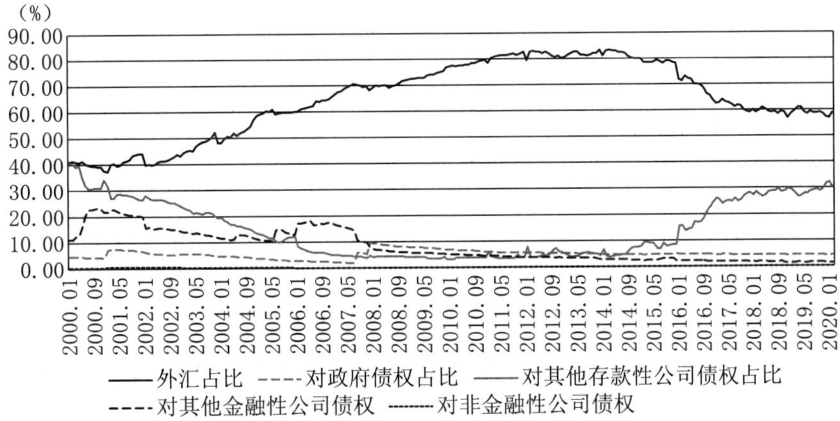

图1　中国人民银行资产构成比例

资料来源：中国人民银行历年统计数据资产负债表并经笔者整理。

① 其他存款性金融机构包括商业银行、农村信用合作社等吸纳企业、储户人民币存款的金融机构，2006年前在中国人民银行资产负债表体现为存款货币银行，2006年统一改为其他存款性金融公司。

② 张平：《货币供给机制变化与经济稳定化政策的选择》，《经济学动态》2017年第7期。

③ 王宇伟、彭明生、范从来：《外汇发行、便利发行与中国的货币发行机制》，《学术月刊》2018年第11期。

④ 孙国峰：《货币政策工具的创新》，《中国金融》2017年第4期。

余额分别为 42 900 亿元、35 576 亿元。随着中国经济的增长及货币总量扩大，在外贸账户和资本账户双顺差的 GDP 占比下降或持稳的趋势下，中国未来货币发行中的外汇发行占比呈现持续下降，各种便利发行代表的国内资产为基础的自主发行占比持续上升，这将是显而易见的趋势。由此，中国人民银行摆脱了外汇发行的被动发行体制，初步掌握了货币发行的自主权。

但是，中国人民银行货币发行体制的改变并不必然等同于现行货币发行体制是以人民利益为中心的。货币发行自主性是以人民利益为导向的前提条件，而不是必要条件，关键在于货币发行的体制机制。中国人民银行现行的货币发行体制是以商业银行等市场化金融体系为载体的，即中国人民银行把基础货币发放给商业银行体系，再通过商业银行体系流向个人、企业等经济主体。但是现有的商业银行体系是利润最大化导向的市场化机构，虽然工农中建等国有大型银行依然承担部分国家重大决策的执行任务，业务量占比却比较小，且国有大型银行参与执行政策业务之外的主体业务依然遵循市场化原则，内部 KPI（关键业绩指标）考核与奖惩体系过程相当成熟，而这一体系正是驱动分—支行系统以银行利润最大化为目标，从而强化了银行“顺周期”的本能。在市场化金融体系下，中国人民银行的货币发行演变为基础货币的批发，即央行以较低的利率投放基础货币，如 2020 年 3 月人民银行对金融机构开展的 1 年期中期借贷便利利率仅为 3.15%，经由一级交易商批发至二级银行，再层层批发转手直至零售的金融机构，企业、家庭乃至地方政府最后获得的融资利率居高不下，由此形成了中国储蓄率与贷款利率居高不下的独特现象。通过层层批发，货币发行和批发的收益集中留在了市场化金融体系内，同时大量资金在金融行业内部自我流转，流向实体经济的资金比例持续下降，造成了中国经济的脱实向虚。

从货币发行服务人民利益的角度看，社会主义中国也应改革现行货币发行体制，推行货币供给双轨制。

（三）货币发行双轨制是社会主义功能货币理论的内在要求

社会主义功能货币要兼顾国家发展战略需要和人民对美好生活的向往。在央行货币发行的机制上，双轨发行是一个值得考虑的重要选项。

货币发行双轨制指在目前占据主导地位的市场发行轨道外开辟面向宏观战略投资的货币发行的“战略轨”。“市场轨”指央行继续通过购买外汇、向商业银行提供各种信贷便利的方式为市场化金融体系注入基础货币，满足微观经济行为主体提供常规性的金融需求，促进市场化金融体系的繁荣发展。“战略轨”指发挥社会主义功能货币的独特属性，由央行向承担宏观战略投资使命的金融主体（开发性金融机构或宏观战略投资基金）提供定向货币投放，为国家基础性战略性资产（Basic Strategic Assets，BSA）的形成提供充足的资金保障。

五、货币发行双轨制的工具

货币双轨制的核心是建构向 BSA 投资提供长期资本支持的“战略轨”，以及与货币发行“战略轨”相适应的货币传导机制。

“战略轨”的货币的具体方式，可考虑在央行现有的几种“便利发行”之外，再设一个长期限的、针对宏观战略投资机构的新的便利，比如可称为“长期资本注资便利”（Long-term Capital Funding Facility），实施过程依托央行、开发性金融机构和宏观战略工程运营企业这样的三层主体架构，建立央行向宏观战略直接投放货币的传导机制。央行层面，增加了新的货币发行通道，以股权资本和/或特种长期债券的方式向宏观战略投资机构和超级工程直接注资。这一操作实施后，央行资产端将出现“一增两减”，即增加对宏观战投基金的股权及长期债权，也即对 BSA 项目的长期权益，同时减少外汇资产和应收商业银行债权的比重及规模。微观层面，宏观战略工程和专项的运营企业实行公司制管理，从工程的长期投资与运营中获得长期收益。这样就形成了央行货币发行的双轨制，不但拓宽了央行货币发行的渠道，而且国家 BSA 的资产质量总体上优于商业银行的应收贷款组成的资产包，也提高了央行的资产质量。

参考文献

[1] David E. Spiro: The Hidden Hand of American Hegemony: Petrodollar Recycling and International Markets, Cornell University Press, 1999.

[2] Robert J. Shiller: Irrational Exuberance: Revised and Expanded, Princeton University Press, 2015.

[3] Thomas Piketty: Capital in the Twenty-First Century（Cambridge: Belknap Press: An Imprint of Harvard University Press, 2014.

[4] Thomas Piketty, Gabriel Zucman: Capital is Back: Wealth-Income Ratios in Rich Countries, 1700—2010, Quarterly Journal of Econmics, Vol.129 No.3（2014）, 1255—131.

[5]《资本论》第 1 卷，人民出版社 2004 年版。

[6] 安娜·J·施瓦茨，米尔顿·弗里德曼：《美国货币史》，巴曙松等译，北京大学出版社 2009 年版。

[7] 黄达等：《社会主义财政金融问题》，中国人民大学出版社 1981 年版。

[8] 迈克尔·赫德森：《金融帝国：美国金融霸权的来源和基础》，中央编译出版社 2008 年版。

[9] 史正富：《超常增长：1979—2049年的中国经济》，上海人民出版社2013年版。

[10] 卢庆芳、蔡超：《论我国货币供给机制的变迁》，载于《经济问题探索》2018年第3期。

[11] 史正富：《现代经济学的危机与政治经济学的复兴》，《东方学刊》2018年第1期。

[12] 史正富：《走向新的宏观经济学》，《政治经济学报》2019年第1期。

[13] 史正富：《货币供给双轨制与高质量增长》，《经济导刊》2019年第8期。

[14] 史正富：《功能货币论与中国经济的高质量发展》，《文化纵横》2020年第4期。

[15] 孙国峰：《货币政策工具的创新》，《中国金融》2017年第4期。

[16] 王宇伟、彭明生、范从来：《外汇发行、便利发行与中国的货币发行机制》，《学术月刊》2018年第11期。

[17] 张鹏、许亦平、林桂军：《中国计划经济时期货币政策回顾：1952—1978》，《中国经济史研究》2010年第3期。

[18] 张平：《货币供给机制变化与经济稳定化政策的选择》，《经济学动态》2017年第7期。

启动危机增长：一个关于功能货币的建议

赵燕菁*

一、常态增长与危机增长

2019 年 1 月（当时中国与美国针对贸易摩擦的谈判正处于关键阶段），我在国盛证券年会上提出中国要重新评价十年前“四万亿”投资计划的作用，经济要为退出“新常态”（“三去一降一补”）开启危机应对模式（“新四万亿”）做好准备。但那时大部分观点还是认为中国经济仍处于常态增长，主张通过“出清”恢复资产负债表的声音仍是主流。

2020 年 1 月，新冠肺炎疫情暴发，到 2020 年 3 月 4 日中央政治局常务会议时，经济形势已与 2019 年底中央经济工作会议完全不同。3 月 4 日会议上提出的“新基建”预示着中国的宏观经济开始快速换挡转入危机应对模式。

（一）危机增长

常规增长与危机增长最大的不同就是，常规状态下的要素（资本、劳动、土地）处于活动和短缺状态，危机状态下的要素则处于闲置和过剩状态。通过制度设计把闲置的经济要素重新动员出来，投向常规状态下难以吸引要素进入的领域，是危机增长主要模式。

如果说常规增长的特征是以私人部门的运营型增长为主，那么危机增长的特征就是以公共部门的资本型增长为主。也就是目前热议的“新基建”。“新基建”这个概念虽不能说错，但却没有抓住危机增长的经济学本质。更准确的提法应当是“资本深化”或者“公共服务深化”。危机增长为什么要选择公共服务部门？这就涉及公共服务的特征及其在经济分工中扮演的角色。

（二）公共服务

一提到“公共产品（服务）”，很多人就会将其等同于“公共福利”，这其实是大众对公共产品（服务）供给模式的一种误解。经济学按照研究对象划分，可以分为私人

---

* 赵燕菁，厦门大学经济学院、王亚南经济研究院教授、博士生导师，前厦门市规划局局长。

部门经济学和公共部门经济学两大类。就私人部门的经济活动而言，随着经济发展和收入水平提高，会涌现出有大量的共同的消费需求（比如电器、汽车、通信设备）和投资需求（比如教育、医疗、住房）。公共产品（服务）具有“集体消费”和“重资产”的特征，由分散的私人部门自我提供成本很高，由大家协商集体提供又很难达成一致性行动。这就需要将这部分“重资产”从私人部门剥离出来，通过一个特殊经济组织—政府—统一提供。换句话说，就通过政府负担“重资产”投入，实现私人部门的“轻资产”运营。个体的自由度是建立在发达的公共服务基础上的。

不同经济体的公共服务深度不同——有的公共服务提供到发电，私人部门需要自己接入电厂；有的公共服务可以提供到终端，私人部门只需将电器接入到电源插座。生产如此，消费也是如此，教育、医疗、社保、养老、住房这些服务都存在不同程度的深度差异。你可以把公共服务和私人部门的关系想象为“道路”和“汽车”或者“网络”与“电商”的关系：一个经济的发达与否，取决于其公共服务的深度——公共服务程度越深，私人部门生产和消费所需的固定成本就越低，经济也就越发达、越有竞争力（在这个意义上我们可以把“公共服务深化”就等于“高质量发展”）。

（三）货币制约

正是由于公共服务集中了全社会资产最重的部分（史正富称之为“基础性战略资产”，basic strategy asset，BSA），高投资、长周期和低直接回报就是其固有特征，这也决定了常规增长阶段，资本很难流入公共服务领域。经济进入危机阶段的一个显著特征，就是生产能力（机器、劳动力）大量闲置，这就使得政府可以大幅降低公共资产成本。也正因如此，危机为全社会“公共服务深化”提供了独特的机会。

那么启动危机增长的条件是什么？第一，要有足够的 BSA 需求。如果一个经济的“公共服务深化”已经完成（比如所谓的“发达经济体”），政府就会面临无项目可投。重复升级现有公共服务，只会加重债务，不会带来增长（典型的例子就是日本泡沫破裂后的大规模公共投资）。反之，BSA 缺口越大，危机增长的潜力也就越大。中国和发达国家 BSA 的人均落差，决定了中国危机增长隐藏着巨大的潜力。

第二，就是要有足够的资本供给。如果一个国家不能创造足够的“资本”（比如所谓的“不发达经济体”），无论有多少闲置、过剩的生产要素，都无法将其动员出来（事实上，很多闲置资源之所以退出市场，本身就是因为私人部门的资产负债表崩溃，导致资本—货币供给系统处于休克状态）。因此，转向危机增长的前提，就是要绕过已经坍塌的资本废墟，重建新的资本渠道——通过公共服务领域向市场大规模注入流动性。只要市场上有充足的流动性，那些搁浅的资产就会被重新资本漂浮起来。

二、经济危机就是流动性危机

就像新冠病毒感染真正的致命的是其并发症肺炎一样，真正导致此次危机的，是内外投资需求下降带来资产负债表缩表并发的流动性枯竭。只有抑制住这个更危险的并发症，经济才有可能逐渐恢复到常规增长。

（一）流动性不足加剧危机

前阶段“去杠杆”的后遗症，加上中美贸易摩擦和新冠病毒全球扩散，2020 年中国投资需求急剧下降已经是大概率事件。如果以信贷为对象的“便利发行”（facilitating issuance）和以顺差为基础的“外汇发行”同步收窄，极有可能在短期内因基础货币供给不足引发通缩这一更加危险的并发症。

此时的货币就好比市场的氧气，一旦流动性突然枯竭，反映在微观层面，就是企业和家庭部门资金链断流，反映在宏观层面，就是经济被拖入险恶的系统性风险（所有市场主体都选择持币而不消费）。因此货币政策必须迅速切换到危机模式，通过反周期操作，快速向市场补充流动性，防止市场由于缺氧而窒息。但这样做的前提，首先是现有的货币供给系统可以把流动性快速注入缺氧的实体经济。

（二）货币政策危机失灵

资本是现代经济中最重要的生产要素。按照经济增长对资本的需求状况，任何经济都可以分为资本供不应求和供大于求两种状态。在投资需求充沛的增长周期，资本供不应求，中央银行可以通过降息、降准，通过商业银行向市场投放基础货币；而一旦投资需求不足，资本供大于求，银行通道供给货币就不会进入实体经济。继续增加基础货币，带来的不是增量资产数量的增加（固投），而是存量资产（股票、房地产）的价格上升。央行释放再多的流动性也只会堆积在资本市场（“流动性陷阱”）。

这就好比是新冠病毒如果把经济的“肺”也感染了，货币政策释放出来的“氧气”再多，也无法通过常规的路径输送到需要流动性的实体经济。因此，危机下经济的最大的难题，不是货币供给是否应当宽松，而是怎样将货币注入实体经济。

（三）错误工具加重危机

在现代经济中，社会总财富是虚拟财富和真实财富的加总，用公式表示即 $W=f(R_{i0}, R_{ik})$，其中 W 为社会总财富，R_{i0} 为虚拟财富，R_{ik} 为真实财富，虚拟财富是未来真实财富的贴现，即 $R_{i0}=\sum_{k=1}^{n}\delta^{k}S_{ik}$，其中 δ 为贴现乘数，S_{ik} 为经济增长过程中的运营性（现金流性）剩余。虚拟财富与真实财富之间的关系意味着降息将导致经济中虚拟财富（资本）的估值增加，比重提高；而真实财富（劳动）的估值下降，在社会总财富中的份额下降。二者的比值一旦越过临界点，资产形态财富的增长速度就会超过实体形态财富的增长速度，实体经济的货币就会被逆向吸入资本市场，从而进一步推高资本的价格。

随之而来的是股价和房价飙升。一旦虚高的资本估值得不到未来真实财富的支持，泡沫就会破灭，并引发更大的流动性危机。理论上，货币体系乃是一组不同流动性组合的信用。一旦位于顶端的高流动性的货币不再被信任，取而代之的次级货币价格导致社会商品分工水平下降。危机下的货币宽松，不过是饮鸩止渴。因此，危机货币供给的核心不是数量而是方式——通过什么渠道注入流动性比注入多少流动性更重要。

三、从常规货币转为危机货币

在债务不变的条件下，修复资产负债表有两种方式，一种是通过提高资产的估值；一种是增加资产的数量。前者是常规增长的主要工具；后者更加适用于危机增长。由于这两种方式互不兼容，就需要建立新的危机货币供给渠道。

（一）危机货币供给渠道

在常规的货币供给渠道失灵危机状态下，央行应当绕过商业银行系统，通过直接对基础性战略性资产（BSA）进行投资向市场投放货币。史正富将这个新的货币发行通道，称之为“长期资本注资便利”（long-term capital funding facility）渠道。

其原理是通过资产规模（而不是价格）扩张资产负债表。办法就是从公共部门的资本型投入，将新增货币注入市场，形成央行基础货币发行的双轨制。功能货币的特点就

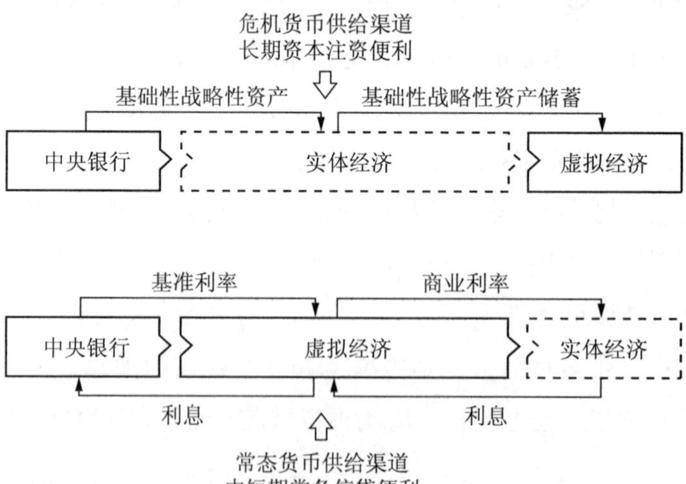

图1 危机货币与常态货币供给渠道比较

是，货币不是通过虚拟经济（银行和资本市场）进入实体经济，而是通过实体经济（BSA）进入虚拟经济（银行通过 BSA 项目的资本性储蓄获得高能货币）。

（二）危机货币发行机构

为什么不能通过中央财政直接发债这个现成的货币投放渠道？央行通过投资 BSA 生成基础货币与财政发债生成基础货币最大的不同，就是前者的抵押品是其投资的 BSA 市值，而后者的抵押品是政府未来的税收。前者直接创造货币的需求，后者本质上还是需要得到资本市场支持。由于在危机中政府税收能力下降，通过财政赤字发债，将会导致赤字扩大，融资成本也会更高。而基于新增 BSA 资产的货币，无需税收增加作为信用的基础。只要成本足够低，即使较低的回报也一样可以生成正的信用。

现代货币理论的一个假设，就是只有一个主权政府和货币，但在一个开放的世界，每一个国家的货币都受到次级货币的竞争，一旦主权债务超过市场的信任，其流动性就会被竞争货币所取代。这就意味着财政赤字将会约束政府发债的规模。央行危机状态下通过持有投资基础性战略性资产（BSA）作为抵押发行货币融资，可以避开政府财政赤字的约束，极大地扩张举债的空间。

在现代政府职能分工中，财政的功能主要是负责运营性增长，体现的是现金流的收和支；央行的功能主要是负责资本型增长，体现的是资本的收和支。将 BSA 投资从财政收支表划给央行资产负债表，更符合两者所负担的职能。由于这一功能是传统央行所没有的，因此需要成立专门的“自然资源银行”。其职能是：（1）代表央行收购、持有、转让国家基础性战略性资产（BSA）；（2）负责资产的保值、增值；（3）建立相应的 BSA 交易市场，为国家自然资源银行代央行持有的 BSA 定价。

例如，建立国家建设用地指标交易市场，使得央行持有新增或改进的耕地可以在市场上定价；类似地，可以建立水资源交易市场、大气质量交易市场等。为以 BSA 为信用的货币提供流动性。

（三）危机货币适时退出

危机货币是在经济衰退周期中传统的货币供给渠道失灵的替代产物。其作用就像是肠胃出现紊乱的病人，需要从静脉快速注入药物和营养一样，一旦经济恢复健康（融资需求大于资本供给），危机货币就要逐渐缩小乃至退出，基础性战略性资产（BSA）也要从短期项目转向超长期的项目。商业银行系统通过市场价格机制为货币寻找最优的投资者（项目），再次成为货币主要的发行渠道。

判断经济是否恢复的一个关键指标，就是失业率。央行的货币政策要从盯住通胀转向盯住失业。一旦劳动力实现就业，危机增长的条件（要素闲置）将不复存在，增长也要随之切换回常规增长。需要指出的是，危机货币发行不必按照教科书上收回等量货币“防通胀”。“危机”本身就意味着流动性不足，在传统市场收回信用，退还各银行相应的抵押资产包，将会导致通过市场渠道供应的货币减少，引发资产价格下降和债务违约，也不利于BSA资产的市场估值。

四、BSA的发现与策划

常规项目的选择，优先考虑的是最高的收益；危机项目的选择，优先考虑的最低的成本。显然，危机中什么要素过剩的最多，使用该要素的投资就最省。闲置要素的规模，决定了危机增长的潜在增长率。

（一）项目选择

基础性战略性资产（BSA）并不是简单的“铁公基”，其投向应当是那些商业资本难以进入的长周期、低回报的资产。决定危机增长的核心要素，就是过剩劳动力：（1）失业人口的规模，决定了BSA的规模——失业的规模越大，BSA项目的规模就必须越大；（2）失业人口的结构，决定了BSA项目的选择——当低技术劳动力过剩，需要高技术劳动力的BSA（比如某些“新基建”），并不会启动危机增长。

鉴于BSA项目规模特别巨大，技术超级复杂，前期研究论证耗费时日，在紧急状态下，应优先选择那些前期准备时间短，可以迅速“冷启动”的项目；特别是那些能够大量使用闲置产能、库存和过剩劳动力的项目（那些需要占用大量短缺的资源，反而可能恶化目前正常经营的企业）。

符合当前条件的BSA项目包括（但不限于）：

1. 国家保障房计划。这一计划可以大量使用农民工，解决危机状态下的失业问题；大量消耗钢材、水泥等材料，解决危机状态下的“过剩产能”问题。更为主要的是，在中国现行财税制度下，商品房是城市公共服务的主要载体，大部分城市公共服务都需要直接或间接通过住房付费来提供。这使得住房成为所有家庭最重的资产。通过“先租后售”“共有产权”等模式帮助新市民完成家庭重资产的配置，是使无房家庭跨入中产阶层最关键的一步，进而真正实现全面脱贫和小康社会建设。

2. 国家海洋开发计划。大规模订购深海远洋船队并出租给渔民，一方面可以帮助订单不足、产能过剩的钢铁和造船企业渡过难关；另一方面可以将海洋资源转化为新的国家资产。海洋是世界“最后的公域”，利用海洋的深度（而不是圈定海洋的范围），决定了海洋在国家资产中的价值。现代气象、定位、通信、能源技术，为国家像深海投送公共服务提供了前所未有的可能。

3. 国家百万程序员/职业护士培训计划。这一计划可以缓解危机经济下毕业生的就业压力，为未来的 AI 和康养产业储蓄战略人才。长期以来，中国的家庭是投资人力资本最主要的部门，而家庭资本不足也就约束了现代经济对新劳动力急剧增长的需求。如果国家将人力资本培养纳入 BSA，将会为未来制造业和服务业的发展提供最亟须的劳动力资产。置换家庭资本，满足现代经济对新劳动力急剧增长的需求。

4. 全球贸易冲突是帮助中国发现和筛选 BSA 项目最好的工具。所有外国对中国封锁的技术和产品，都应自动成为 BSA 的有效项目。央行可以通过各种“大基金”，向这些项目注入资本。包括：通过立法剥夺瓦森纳协议以及任何禁止对中国输出技术在中国市场上的专利保护；制定国家关键性工业技术全球招标计划，通过对“卡脖子”技术进行悬赏，越过前期论证和技术准备，吸引已经完成前期技术但缺少资本的民间甚至国际人才加入 BSA 项目；选择最成功的风险投者跟投，降低识别技术的成本和风险。

（二）资产运营

通过收购债务及其对应的资产，有助修补地方政府、企业、家庭部门资产负债表，不仅可以从根本上防止违约带来的系统性危机，而且可以快速向市场注入流动性。地方政府是固投的主要发起者，地方政府资产负债表的修复，有助于恢复市场融资需求，为重启社融，恢复供给货币的常规渠道创造条件。而通过公共服务深化改造这些资产，正是 BSA 项目的特征。央行可以通过升级改造，给这些次级资产（多数为 BSA）重新定价。例如：

1. 收购地方政府资不抵债的公路系统后，建设可以随时获取不同车辆使用道路系统的信息（距离、路段、时间等）的监控系统，以及能够支持自动驾驶的高精地图系统，通过对流量精确收费，将道路改造为能带来稳定现金流的高价值资产。不仅公路，理论上所有公共资产（铁路、电网、供水、通信），都可以通过这一路径实现大规模资本深化（而不是建设更多无效资产）。

2. 央行也可以启动“先租后售”计划，通过收购烂尾/违章项目，将其纳入 BSA 计划，低成本租给无房的新就业者，一定年限后出售，收回资本。协助居民部门完成城市化阶段的重资产化。

3. 在自愿的基础上，大规模收购弃耕的耕地，通过完善耕作基础设施，建立农村基础公共服务（借鉴东亚地区的农业合作组织），建立从播种到收割，从融资到销售一系列服务，使自耕农成为轻资产的国家专业佃农。

4. 世界上愿意接受人民币定价的债务和资产。通过人民币债务国际化驱动人民币国际化。为极端条件下国际贸易结算工具提前准备另一个“备胎”。

五、功能货币的边界

同任何宏观政策一样，功能货币的工具，有其适用边界的。政府表面“可以支付得起任何他想要服务和商品”，但只有在常规的货币供给渠道失灵的危机状态，功能货币才能发挥作用。一旦闲置的资产被充分动员，剩余要素不再存在，功能货币就要让位给常规货币。

（一）边界1：劳动力

危机经济的主要特征就是高失业，而这又恰是危机条件下实现高增长最主要的潜力所在。劳动力是最大的国家战略资产BSA。除了通过发现和策划BSA项目带来的就业机会，央行还应该尽快建立国家“最终雇用者”（ELR，employer of last resort）计划，以最低工资和基本社保（BPSW，the basic public sector wage）为就业条件，大规模提供公共就业岗位，将货币尽快滴灌到市场最微观的细胞——家庭。政府就业兜底还可以和企业救助相结合，通过将《劳动合同法》中企业对员工义务的社会化，恢复劳动力市场的弹性，减轻企业困难时期的压力。就业岗位计划可以政府提出、也可以由劳动力本人提出劳动部门核查。

例如，如果软件行业出现衰退，国家就可以启动百亿级的教材“数字—可视化”国家工程招标，直接雇用失业程序员。国家“最终雇用者”计划的边界，就是充分就业。执行危机货币的央行要把常规的盯住通胀的政策转向盯住失业。一旦就业开始恢复，ELR就要退出。

（二）边界2：主权货币

危机货币的本质类似“现代货币理论”（modern monetary theory，简称MMT）功能财政（functional fiscal）。其前提是央行拥有自主货币创造的“主权”。作为一个与美元挂钩的货币，人民币显然算不上完全的主权货币。同美联储相比，人民银行执行功能货币的空间要小得多。

在中国人民银行的资产负债表中，最大的两个科目分别是：外汇资产21.2万亿元，占总资产的比重为58%；对商业银行应收债权10.8万亿元，占总资产的比重为30%；二者合计，占央行总资产的比重近90%。由此可以看出，外汇是支撑央行货币信用的主要基础，这也是人民币采用联系汇率的主要原因。而若大规模执行危机货币，将意味着人民币信用基础的改变，不解决汇率形成机制问题，就有可能出现套利的风险。在确定功能货币规模时，要时刻明白汇率所决定的边界，不能简单照抄美联储（甚至日本、欧洲央行）的作业。

中国参与全球分工，始自与世界主流货币（美元）挂钩（1994 年汇改）。在全球进入危机的时刻，也存在着世界核心货币崩溃的可能（包括核心货币操纵国可能对中国定向金融阻断）。此时，坚持与世界主流货币挂钩的风险可能更大，中国央行必须考虑危机状态下，提供世界贸易结算的“备胎”。这就给中国汇率改革提供了难得的机会（国际贸易本币结算）。20 世纪全球金本位国家经济大萧条，中国由于采用银本位，不仅躲过一劫，而且一枝独秀，逆势增长，创造了民国“黄金十年”。这一经验表明，与外币脱钩（浮动汇率）未必像想象的那么可怕。信用时代的“白银”就是人民币计价的债务。

（三）边界 3：绑定资产

需要指出的是，尽管本建议大量借鉴了现代货币理论 MMT 的一些概念和术语，但两者的底层概念却是完全不同的。在我看来，所有货币（债务）必须有对应的资产，而不是像 MMT 的代表人物 L. Randall Wray 所说的那样，央行仅需要“敲击键盘”，就可以“购买想要的任何东西”。政府的所有负债，不能用于弥补现金流缺口（比如养老金），而是必须找到对应的资产。税收（人民对政府的负债）和公共资产的使用费用（变相的税收）决定了一个经济能驱动多少货币（在这个意义上，减税对于创造货币而言是适得其反），而货币经济之外的剩余要素（例如剩余劳动力）决定了货币所能拉动增长的上限。

政府并不能“无限开支”。MMT 之所以有效，不过是危机状态下的经济恰好能满足这几个边界条件（特别是存在大量的失业人口）。危机货币的原理，就是通过投资生成的资产（或闲置的资产），为投资所创造的货币提供信用。逆周期的财政一定会导致加杠杆，恶化财政，这也是很多人诟病凯恩斯式反周期投资的理由。但逆周期的货币则不同，“好”的危机增长不仅不会导致凯恩斯式的高杠杆，反而会通过资产扩张稀释债务。因为，危机增长不仅扩张债务，同时扩张资产。如果资产扩张快过债务，反而可以通过资产扩张稀释债务达到去杠杆的效果。相反，盲目的财政支出，无异于饮鸩止渴。简单地通过政府部门支出为私人部门创造收入的游戏，有可能遗留经济隐患，诱发更顽固的经济衰退。

六、化危为机　逆势增长

2020 年，芝加哥大学出版社出版了 Dietrich Vollrath 的新书 *Fully Grown: Why a Stagnant Economy is a Sign of Success*。这显示有人已经开始意识到，正如 Crisis 的中文表达“危机”所隐喻的那样，危险与机会是危机中经济的一体两面。我们所要做的，只是在危机时把机会这一面翻上来。

（一）广义增长

“危机”并不意味着增长必然停滞或萎缩。至少对于没有完成“公共服务深化”的发展经济体而言，危机中潜藏着巨大的增长机会。我们所需要的只是找到一种合适的增长方式——危机货币政策与危机财政政策的有效组合。

在这个意义上，危机货币就不再是简单的相机抉择（ad hoc），它是“危机增长”的关键。不仅经济，很多社会矛盾，都可以通过“危机增长”（公共性的危机投资）加以矫正。现有经济学理论，基本上都是建立在常态增长假设基础上的。危机更多地被作为特例，所提出的政策不具备工具性，充其量只是一系列对症施治（symptomatic treatment）。中国经济的实践亟须一个广义的增长理论，能将危机纳入经济学视野。

（二）历史借鉴

尽管危机增长还处于主流经济理论的盲区，但在实践中并不罕见。20世纪20—40年代发生金融危机的各国不同宏观经济政策的实际表现，给我们提供丰富的临床样本。桥水的达里奥就提到过日本的例子：“1931年，日本的萧条如此严重，以至于使日本脱离了金本位制，导致日元的浮动（日元大幅贬值）以及大规模的财政和货币扩张，导致日本成为第一个经历复苏的国家和强劲的增长（一直持续到1937年）。”

最经典危机增长，就是第一次世界大战后德国推行的“沙赫特—费德尔新政”。沙赫特通过用德国有生产能力的土地作为新马克发行的储备（资产挂钩货币），重新恢复了马克的流动性（对比我国的土地财政），为德国危机财政的执行创造了基础；费德尔则提出通过MEFO（类似我们建议的“自然资源银行”）发行可以在中央银行贴现的“创造就业汇票”（Mefo Biu）。正是这一创造性的贷款生成机制，开辟了一个新的，能将流动性直接注入实体经济的货币发行渠道。借助这两项制度创新，德国成功盘活大量闲置资产。高速公路、大众汽车、工人住宅等，一个又一个BSA工程，戏剧性地将空前的大萧条翻转成为教科书般的大增长。在很短时间内，德国就超越深陷传统增长的国家，再次崛起为世界强国。

（三）化危为机

纵观改革开放以来中国经济，几次大增长都可以看到危机增长的影子。1989年，世界对中国经济封锁，1990年土地使用权有偿使用，为地方政府在邓小平南方谈话前后的大基建第一次提供了财政以外的巨量资本；1997年金融危机，中国进一步启动了住房制度改革，盘活了住房这一巨大的闲置资产，数以亿计的家庭一举跨入中产；2003年SARS危机，土地招拍挂为地方政府BSA创造了直接融资平台，社融规模急剧扩大，城市公共服务水平迅速提升；2008 年美国次贷危机爆发，中国立刻停止前一年的“去杠杆”，果断启动了以高铁为旗舰的 BSA 项目（即“四万亿”），随后在 2010 年经济超越日本（制造业增加值超越美国）。其中，以通信技术为代表的新经济，依托国家投资的 BSA 工程实现了对先进国家技术追赶甚至超越。

所有这些成功的宏观政策，都有一个共同的特点，那就是在危机条件下的被动选择。但正是这些没有理论支持的相机抉择（discretionary approaches），如同多级火箭般助推中国经济实现了当初决策者自己都难以想象的成功。今天，中国再次面临着类似危机。大量过剩产能、闲置资产、积压库存、失业劳动力，为中国启动新一次危机增长提供了机会和条件。天予不取，反受其咎。中美贸易冲突和新冠肺炎疫情连续两个强大的危机，为中国纠正常态增长转向危机增长提供了政治上的理由和经济上动力。

中国的金融稳定是如何实现的？

范从来*

在过去40年当中，世界经济经历了拉美债务危机、日本地产泡沫、东南亚金融危机，以及美国的次贷危机，如图1所示。当下的中国金融也面临很多问题，如金融的过快发展、脱实向虚等。但是从中国金融发展的总体走势来看，没有发生大的问题，可以说是相当稳定的。但是，在回顾中国经济改革发展成果的时候，大家通常很自豪地谈论中国已经是世界第二大经济体，但提及金融的时候很难有一种强有力的声音来肯定中国金融的发展成就。其中是否存在一个悖论。那么，我们该如何评价中国的金融发展呢？

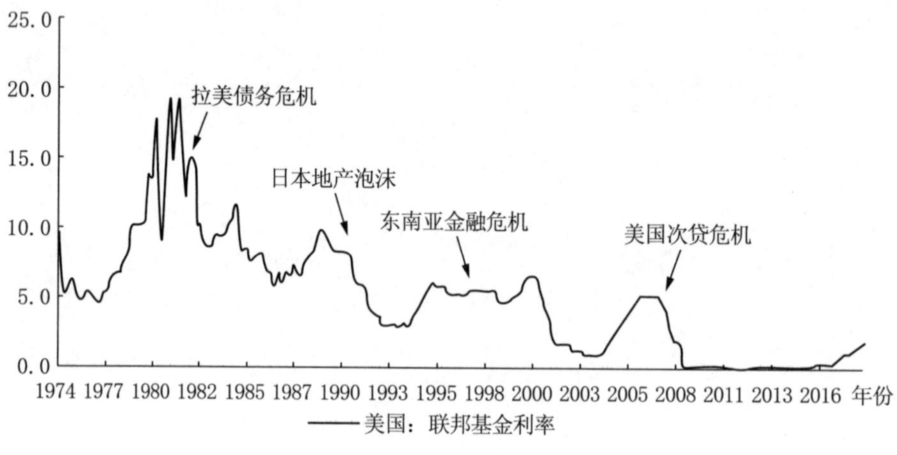

图1　美联储基金利率与金融危机

资料来源：Wind，海通证券研究所。

一、从金融发展指标看中国金融的发展

关于金融发展的指标，有麦金农提出的M2/GDP①，戈顿史密斯提出的金融资产总量/GDP②，反映一国金融部门为实体经济提供信贷支持的国内信贷/GDP以及1992年由

---

* 范从来，教授、博士生导师，南京大学长江三角洲经济社会发展研究中心主任。

① McKinnon, R., *Money and Capital in Economic Development*, Washington, DC: Brookings Institution, 1973.

② Goldsmith, R., *Financial Structure and Development*. Yale University Press, 1969.

亚洲开发银行提出的反映金融配置效率的私人部门信贷/GDP① 等。

首先，我们来看经济货币化率（M2/GDP）的国际比较。从表 1 可以发现，1978 年，中国经济货币化率只有 24.19%，到 2017 年上升至 204.17%。从这一指标的历史纵向比较来看，中国金融发展非常之快。但是鉴于中国与美国货币量的统计口径差异，不便于横向比较。那么从纵向对比来看，美国 1978 年的经济货币化率大概是 69.50%，到 2017 年是 90.49%左右。其次，从经济信贷率来看（参见图 2），截至 2017 年第 4 季度。

表 1　　经济货币化率（%）

年份	中国	美国	日本	英国	俄罗斯	捷克	匈牙利	墨西哥	智利	哥伦比亚
1978	24.19	69.50	134.79	32.04	—	—	—	32.02	20.21	27.02
1985	53.58	74.47	163.25	38.17	—	—	48.21	25.50	38.11	31.27
1990	77.79	71.22	185.62	84.96	—	—	43.76	22.51	37.32	24.12
1995	99.03	60.82	202.78	60.52	19.31	68.43	46.52	24.43	35.80	32.93
2000	135.58	68.50	232.87	94.57	21.54	60.75	44.91	22.39	51.84	25.82
2005	151.09	72.47	198.48	116.40	33.38	55.58	49.88	26.60	74.26	31.00
2010	176.13	85.17	217.69	164.12	51.44	69.65	61.22	30.63	66.76	38.00
2015	202.96	88.92	236.51	134.06	61.82	78.23	57.01	36.41	83.87	48.99
2016	209.45	89.93	243.61	140.01	59.18	80.33	59.24	37.72	82.83	48.92
2017	204.17	90.49	247.83	146.05	59.36	83.75	59.02	38.52	78.33	49.04

注：部分国家的部分年份数据缺失，用“—”表示，下同。
资料来源：Wind 资讯全球宏观数据库（世界银行统计数据）。

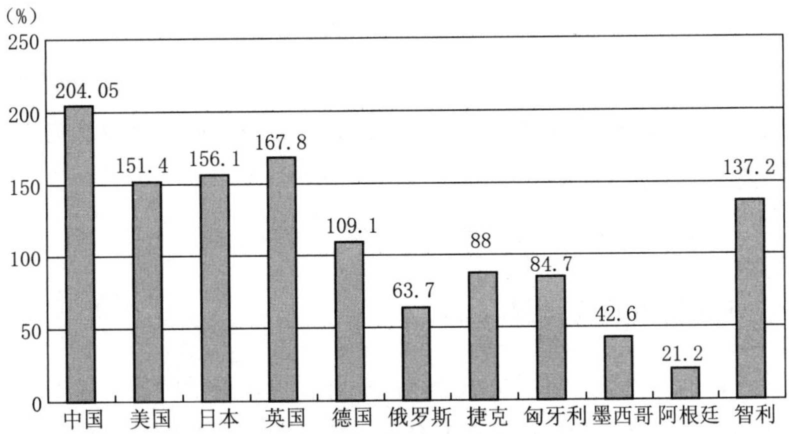

图 2　2017 年的各国经济信贷率

资料来源：根据 Wind 资讯全球宏观数据库（国际清算银行）提供的数据绘制而得。

① King, R. and R. Levine, 1993, “Finance, Entrepreneurship and Growth: Theory and Evidence”, *Journal of Monetary Economics*, Vol.32 (3), pp.513—542.

中国的经济信贷率是 204.5%，同样处于高位。再者，从私人部门的信贷/GDP 的比重来看，私人部门的信贷反映的是金融发展的广度，参见表 2。可以发现，2017 年高收入国家私人部门信贷占 GDP 的比重是 149.03%，2017 年中等偏上国家私人部门信贷占 GDP 的比重是 115.23%，中国私人部门信贷占 GDP 的比重是在 157.02%左右。

表 2　私人部门信贷占 GDP 的比重（%）

年份	中国	全球	中等收入	中等偏上	高收入
1978	50.29	74.39	33.85	39.36	84.95
1985	66.19	85.27	34.71	40.46	99.55
1990	86.20	108.70	39.45	44.56	124.74
1995	84.21	118.22	47.41	53.61	135.96
2000	111.12	132.27	49.45	55.97	155.07
2005	111.84	124.39	52.39	58.10	143.63
2010	126.58	121.64	69.90	78.18	146.49
2015	153.23	126.03	95.26	110.06	144.26
2016	157.57	128.40	97.35	113.19	146.44
2017	157.02	130.17	99.00	115.23	149.03

资料来源：Wind 资讯全球宏观数据库。

所以，从上述金融发展的指标来看，无论是从历史的纵向比较还是跨国的横向比较，可以很明显地发现，新中国成立以来，中国的金融取得了迅速的发展。但是，人们在回顾新中国 70 年或者改革开放 40 年的时候，关于中国金融更多的是批评的声音。我们说中国已经成为世界第二大经济体，但是很少有人会认为中国已经成为世界金融大国，这是为什么呢？这实际上应验了一个说法，只要经济有问题就是金融有问题，只要金融有问题就是银行有问题。这些批评的声音，要么落在金融，要么落在银行。在这样的现实情况下，怎么来评价中国的金融改革呢？

二、如何评价中国的金融改革？

我想评价中国的金融改革可以从三个维度展开：一是基于转型国家的视角，将中国与东欧进行比较；二是基于利率市场化的角度，将中国与拉美进行比较；三是基于金融自由化的角度，将中国与美国进行比较。图 3 是中国和其他经济体经济增速的比较，可以明显地发现，中国的经济增长在改革开放之前，同其他的经济体基本相当，同处于低速增长区间。改革开放以后，中国经济增长迅速摆脱了低速轨道，上升到了一个高速并且比较稳定的区域。

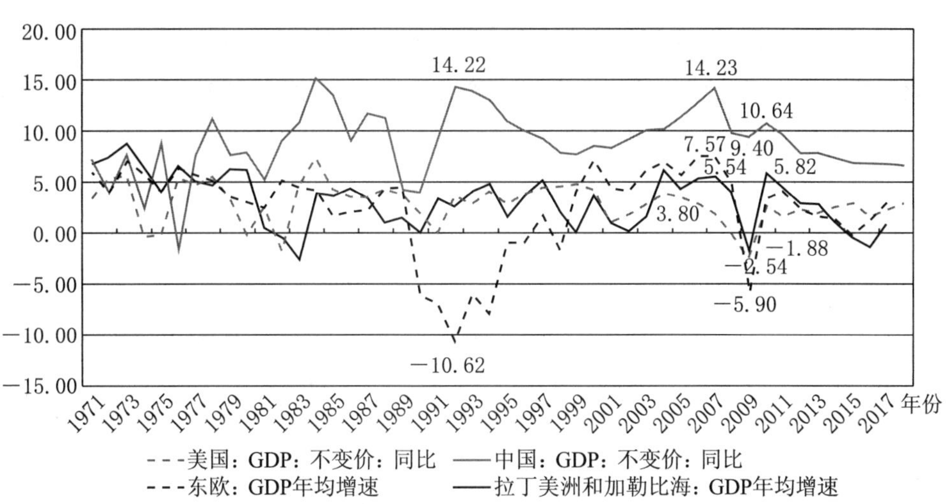

图 3　中国与其他经济体经济增速的比较

资料来源：Wind 资讯全球宏观数据库。

我们再来看几个主要经济体金融改革前后的经济表现。考虑到数据的可获得性，我们以这些经济体的改革元年为界，取其金融改革前后 9 年为样本，参见表 3。我们可以发现，中国金融改革以后经济增速的均值提高了 24%，经济波动性下降了 53%；美国金融改革以后经济增速的均值下降了 31%，经济波动性却提高了 63%，而其他几个经济体的经济表现更差，根本不能与之相提并论。

表 3　　金融改革前后的经济表现

类　别		金融改革前	金融改革后	差　值	变动率
中国	经济增速平均值	7.99	9.89	1.90	24%
	波动性(标准差)	6.62	3.09	−3.53	−53%
美国	经济增速平均值	4.66	3.19	−1.46	−31%
	波动性(标准差)	1.68	2.74	1.06	63%
东欧	经济增速平均值	3.41	−4.42	−7.83	−230%
	波动性(标准差)	1.33	4.05	2.72	205%
拉美	经济增速平均值	6.17	2.18	−4.00	−65%
	波动性(标准差)	1.48	2.74	1.26	85%

注：考虑到数据的可获得性，上述数据以金融改革前后的 9 年为样本。其中，中国以 1978 年作为金融改革分界点；美国以 1970 年开始放松利率管制为分界点；通常认为东欧金融改革始于 20 世纪 90 年代，拉美始于 80 年代，所以分别以 1990 年和 1980 年为它们金融改革的分界点。

资料来源：Wind，作者计算。

另外，我们还分析了这几个经济体在次贷危机影响下的经济增速变动情况，参见表4。次贷危机作为一个全球性的金融危机，实际上是对一个国家的经济和金融稳定性的测试。在次贷危机冲击之下，中国经济增速下降了34%，美国下降了167%，东欧下降了178%，拉美下降了134%。虽然中国在次贷危机冲击之下，从高速增长转向了低速增长，但从冲击影响来看是最小的。

表4　次贷危机影响下的经济增速变动

类　别	危机前的高点	危机中的低点	差　值	变动率
中国	14.23	9.4	-4.83	-34%
美国	3.8	-2.54	-6.34	-167%
东欧	7.57	-5.9	-13.47	-178%
拉美	5.54	-1.88	-7.42	-134%

资料来源:Wind,作者计算。

进一步地,如果把次贷危机前后的经济表现进行比较,参见表5。可以发现,中国经济增速的均值下降了23%,但波动性也下降了28%,即稳定性提高了28%;美国经济增速的均值下降了32%,但波动性却提高了16%。

表5　次贷危机前后的经济表现

类　别		2000—2008年	2009—2017年	差　值	变动率
中国	经济增速平均值	10.46	8.10	-2.36	-23%
	波动性(标准差)	1.98	1.42	-0.56	-28%
美国	经济增速平均值	2.40	1.64	-0.76	-32%
	波动性(标准差)	1.40	1.63	0.23	16%
东欧	经济增速平均值	5.99	1.17	-4.82	-80%
	波动性(标准差)	1.36	2.94	1.58	116%
拉美	经济增速平均值	3.50	1.52	-1.98	-57%
	波动性(标准差)	2.15	2.62	0.47	22%

资料来源：Wind，作者计算。

所以，基于上述分析，可以得出一个基本的判断：无论是从历史的纵向比较还是从跨国的横向比较来看，在世界性金融和经济危机的冲击下，中国的金融发展都取得了良好的经济绩效，并成了世界少有的未爆发过经济危机、金融危机乃至债务危机的国家。虽然普遍认为当前中国金融有问题，但实际上至少到目前为止，还没有什么大的问题。所以，我们在对中国经济有自信的同时也应该对中国金融有自信。

那么，为什么中国金融发展到目前为止是稳健的呢？它又是如何保证整个经济稳定运行的呢？这需要从改革的目标、路径和策略等方面加以认识和总结。

三、在金融改革中实现金融稳定

金融改革是中国改革的重要组成部分。中国改革的结果为什么不同，对此有很多解释。比如将中国和东欧进行比较，是因为改革的方式有差异，东欧采用的是激进式改革，中国采用的是渐进式改革，这是其中的一种解释。同样，中国的金融改革实际上也是一种渐进式改革，中国有一个词叫“在线修复”，即在承认我国银行有问题的前提下，不是淘汰问题银行而是采取“一边运行、一边修复”的方式，这可以称之为渐进式改革在金融领域的重新表述。

还有一种解释是麦金农提出的，他认为改革要取得成功，需要遵循经济市场化改革的最优次序，即先进行财政控制，确保国家财政得以平衡以后，再进行金融市场化改革。他的理由是，倘若政府财政支出不受控制，那么大规模的财政赤字则需要由中央银行发行货币来买单，最终会导致严重的通货膨胀。①但是，实际上中国的金融市场化改革不同于麦金农所提出的先控制住国家财政，然后进行金融市场化改革的次序。麦金农本人也曾指出，就经济市场化改革的次序而言，在财政控制方面中国是一个例外。事实上，从 1978 年到 20 世纪 90 年代初，中国的财政收入也在不断下降，但是中国的物价却保持在相对较低水平。中国财政下降的同时却能保持物价的稳定，也被麦金农称为“中国之谜”。

（一）中国金融改革：需求导向

那么中国是如何进行金融改革的呢？回顾一下，可以发现中国的金融改革首先是从经济领域的需求侧启动的。比如家庭联产承包制、企业放权让利，让微观主体的经营自主性和积极性得以提高，加上价格机制不断市场化，社会经济发展活力与日俱增，社会经济主体日益多元化，经济交易和运行日趋市场化。这就对金融交易产生了广泛的需求。在多样化金融需求的基础上，中国将金融从财政中剥离出来，开启了中国金融改革的大门。所以这实际上形成了一种需求导向型的金融改革。

具体而言，随着中国经济市场运行机制的作用不断增强，经济发展活力与日俱增，整个社会的投资率和储蓄率自然稳步上升。在这样的基础上，通过金融市场化改

---

① McKinnon R., *The Order of Economic Liberalization: Financial Control in the Transition to A Market Economy*, Johns Hopkins University Press, 1991.

革，促进金融机构体系发展，进而把这些剩余储蓄转化为投资，从而进一步有效地促进了经济增长。而经济增长又反过来激发金融需求，形成了这样一种需求助推型金融改革路径。

中国金融改革之所以表现出渐进性，实际上有其现实性的约束。对于从计划经济向市场经济转轨的经济体而言，大量的国有企业存在预算软约束，一旦这些国有企业的预算约束突然变硬，那么它们将很快失去市场竞争力甚至面临破产倒闭的可能。而国有企业竞争力的下降，则会导致国家财政收入进一步减少。在这样的背景下进行金融"爆炸式"改革显然不合时宜。

所以，中国金融改革既要满足内生于经济改革与发展的需要，同时还要立足经济现实的约束。

（二）中国金融改革：政府与市场的结合

1997年10月美国《商业周刊》认为，中国四大银行有至少900亿美元的不良资产，在技术上已经破产。①1998年2月，《经济学家》杂志声称，按照西方标准，中国国有银行已破产3遍以上。②1999年，克鲁格曼在《萧条经济学的回归》一书中强调，"中国是否会走上邻居那样的道路？可能，但由于其货币的不可兑换性和没有巨额外债，危机的形式可能有所不同。一种可能的形式是出现大规模银行倒闭……这看来是笑话，但是从技术上来讲这一看法是对的。"根据中国工商银行2002年正式对外披露不良贷款数据，截至2001年末工行不良贷款占全部贷款的比例为29.8%。

按照不良资产来看，至少要死三回，但是大家发现工商银行不仅没有死，而且成了"宇宙第一大银行"，这是如何做到的？大家发现不是通过市场，而是政府的有形之手干预下实现的。

1997年，国家通过发行特种国债的方式，向四大国有商业银行注入2 700亿元的资本金。1999年，成立四家资产管理公司，按照1996年以前、单笔500万元以上的标准，从四大国有商业银行中剥离出不良贷款1.3万亿元。2000年，国家成立的四大金融资产管理公司，剥离国有商业银行的部分不良资产，工行五级分类的不良贷款比例下降了13.16个百分点。2003年12月30日向建行和中行注入了450亿美元的资本金。同年财政部宣布，两家银行可以用原有的资本金核销3 000亿不良资产。

通过向银行注资，让银行把不良资产进行核销，尽管这一点广受诟病，而且叫作所

① Pete Engardio, PARALYSIS IN ASIA: WHAT TO DO, Buisness Week, Oct. 11, 1997.

② East Asia's whirlwind hits the Middle Kingdom, The Economist, February 14—20, 1998.

谓的“人造美女”，但是可以发现通过注资、核销等举措有效地化解了国有银行的不良贷款问题，使得国有企业和国有银行纷纷涅槃重生。

在此基础上，2002 年我国召开的第二次全国金融工作会议，决定组建中央汇金投资有限责任公司，主导中国银行业的重组上市。2004 年，国务院正式启动国有银行股份制改革，采取市场化方式，按照《中华人民共和国公司法》和《中华人民共和国商业银行法》章程部署国有银行改革方案，推进建立现代金融企业制度，提高中国银行业的竞争力和市场运作能力。

另外，2016 年，国际清算银行（BIS）拉响了中国金融危机的警报，它们在 2016 年 9 月 18 日公布的报告显示，中国信贷过度增长，暗示未来三年发生银行业危机的风险上升。BIS 认为次贷危机发生的主因是杠杆太高，并提出了信贷率缺口的概念。BIS 将信贷缺口定义为信贷占 GDP 的比率（credit to GDP ratio）与其长期趋势之间的差。信贷缺口的计算方法分为两步，第一步是计算信贷比率（$RATIO_t$），即信贷水平（$CREDIT_t$）与国内生产总值（GDP_t）的比值。

$$RATIO_t=\frac{CREDIT_t}{GDP_t}\times 100\%$$

第二步，利用 HP 滤波法估计信贷比率的长期趋势（$TREND_t$），进而得到原比值与长期趋势值的差值，即信贷缺口（GAP_t）。

$$GAP_t=RATIO_t-TREND_t$$

BIS 认为，信贷缺口的边界值不能大于 10，如果大于 10 未来三年内爆发银行危机的概率在 2/3 左右。

BIS 在 2016 年的《国际银行业和金融市场评估》报告中指出，中国 2016 年第一季信贷缺口触及 30.1。中国这项指标在 BIS 评估国家中最高，远超过第二高的加拿大 12.1，预警中国金融过热。所以在网络上有一种声音，BIS 警告中国政府未来发生危机的概率是 66.67%。巴菲特也于 2016 年 9 月 19 日撰文表示中国未来三年发生银行业危机的风险上升。回顾历史我们的确可以发现很多爆发危机的国家信贷缺口是高的。

有鉴于此，中国在经济面临下行压力的情况下，坚定启动了去杠杆，见图 4 和图 5。2014 年，中诚信托 30 亿“诚至金开 1 号”未能按期兑付，刚性兑付时代正式终结。2015 年 6 月份发生“股灾”，P2P“爆雷”，淘汰率接近 90%。2016 年“债灾”：违约事件集中爆发，甚至出现了连环违约，天威集团成为首家发生违约的国有企业。2017 年“史上最严”的金融监管，安邦被接管。2018 年有 77 个信托项目违约；2019 年 6 月，中国唯一上交所上市的信托公司——安信信托被上交所问询、包商银行被接管。事实上，1929 年大萧条期间，美国也淘汰了 10 797 家银行。炸弹已经存在了就要精准拆除，所以在这个背景下整个定向爆破应该是雷声隆隆。

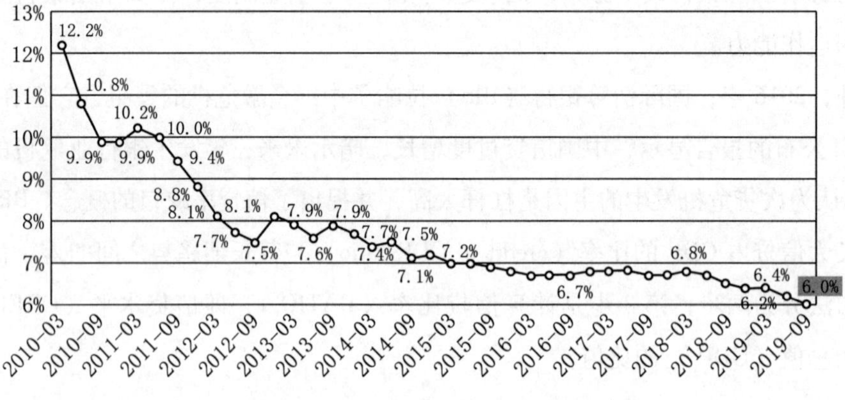

图 4　2010—2019 年中国 GDP 当季同比变化

注：数据截至 2019 年三季度。

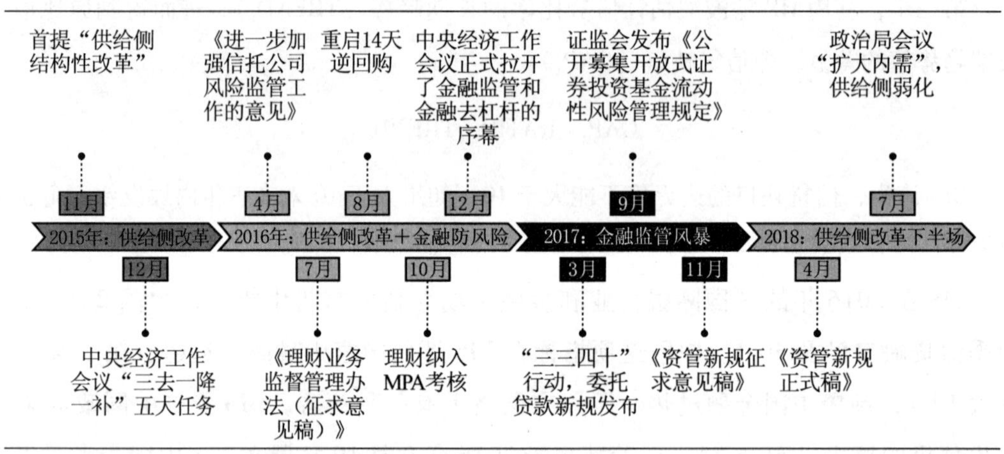

图 5　政策主线时间轴

资料来源：Wind，华泰证券研究所。

正是在坚定去杠杆的背景下，中国信贷缺口已经从 27.10 已经下降到 0—5 之间，参见图 6。虽然警报称不上已完全解除，但到目前为止，中国经济仍处于稳定的区域，并且中国危机也没有爆发。

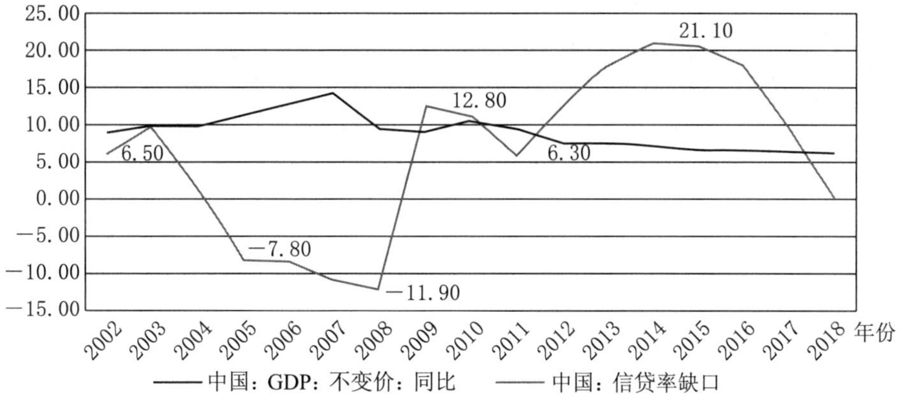

图 6　中国的 GDP 与信贷率缺口

资料来源：Wind 资讯和国际清算银行统计数据。

四、中国金融改革的经验与启示

这给了我们什么启示呢？金融不能完全自由化，必须结合政府和市场之手。因为金融本质上是为经济发展服务，同时金融本身有脱离经济运行的可能，放松金融管制，过度的金融自由化可能会助长金融自我服务和发展的可能，进而可能脱离经济基础的支撑，导致金融不稳定性。国际货币基金组织总裁拉加德在 2019 年 2 月 28 日第 62 届世界贸易塔西伦讲座上所作的演讲中也指出："为人民美好生活提供服务是金融业的魔力，也是金融业者奉献感和自豪感的来源。但是，国际金融危机以来，数百万人遭受重大经济损失和心理创伤，民众对金融丑闻和不当行为感到愤怒。如今时间不长，世界却再一次进入'镀金时代'，华尔街等金融中心的薪酬水平已达创纪录高点。人们认为金融业偏离了最初的崇高目标，只考虑努力为自身服务，不为民众和经济服务。因此，必须寻找更好的发展方式，建设安全、可持续、有道德、具有广泛使命感的金融业。"

回到中国的金融改革，通过对金融实施"在线修复"，实现螺旋式上升，有效地避免了因金融改革的力度过大或过度自由化所带来的经济金融不稳定性。从国际实践的比较来看，与主要发达经济体、转型经济体以及其他发展中国家的金融改革实践不同，中国并未简单地遵循金融深化、金融市场化、金融自由化的理念，而是在立足本国国情的基础上，根据经济转型和发展阶段的特定需要来进行金融市场化改革，并且取得了相对更好的改革成绩，参见图 7。

我们认为，中国的改革是经济改革产生市场化的金融需求，在此基础上进行金融改革，并通过金融改革支持经济的渐进式改革，实现了经济金融的同步发展。这类似于生

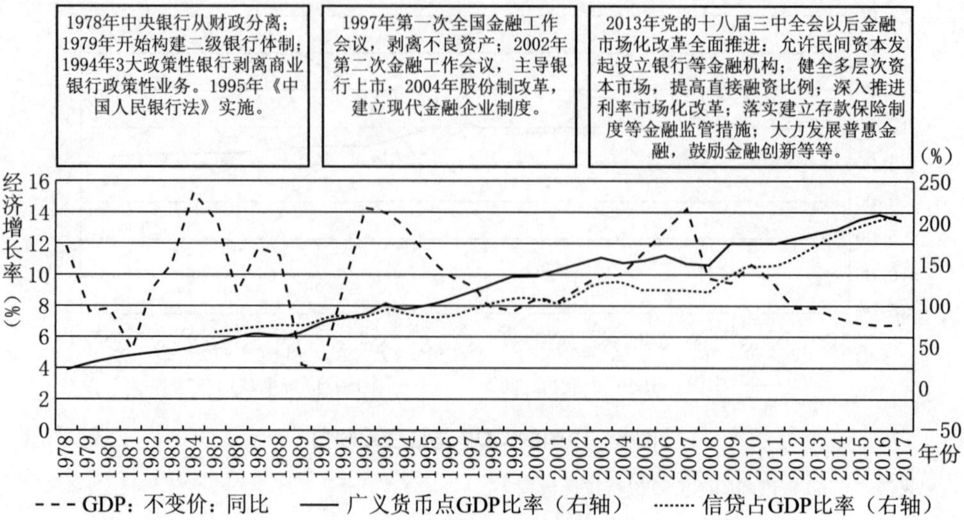

图7 中国金融和经济的发展

资料来源：世界银行和国际清算银行。

物学上的共生关系，即一方为另一方提供有利于生存的帮助，同时也获得对方的帮助。2019 年 2 月 22 日，习近平总书记主持中共中央政治局第十三次集体学习指出：“金融活，经济活；金融稳，经济稳。经济兴，金融兴；经济强，金融强。经济是肌体，金融是血脉，两者共生共荣。”所以，我们认为用共生关系来归纳经济金融的关系应该是中国金融改革的实践经验，也是今后中国金融改革与发展应该坚持的一种路径。

在这样的背景下可以将中国金融改革的经验归纳为三条：第一，金融改革要孕育于经济改革之中，服务于经济改革的需要；第二，金融改革的方式应该视经济发展的阶段、经济转型的程度而定；第三，金融改革要处理好金融效率提升和金融稳定的关系，政府因素和市场因素不可或缺。这是中国改革开放 40 多年的发展经验，也是金融发展需要坚持的原则。

着眼当下，我们会发现一个问题，从金融发展指标来看，次贷危机以后，中国货币化率上升 30%，但稳定性下降 73%，而美国货币化率提高了 21%，但波动性下降了 68%；类似的，中国信贷总量比率上升 64%，但稳定性下降 100%，而美国信贷总量比率提高了 2%，但波动性下降了 58%，参见表 6 和表 7。

这可以得出什么判断呢？次贷危机以后，中国通过金融加杠杆维持了经济的稳定性，但是金融波动性增大了，金融的稳定性已经开始远远超过了经济的波动性，所以下一步主要矛盾要进行调整，进一步深化金融改革。

表 6　　次贷危机前后的货币化率变化

类　别		1999—2008 年	2009—2018 年	差　值	变动率
中国	货币化率平均值	146.58	190.05	43.47	30%
	波动性(标准差)	7.68	13.26	5.58	73%
美国	货币化率平均值	73.49	88.94	15.45	21%
	波动性(标准差)	5.10	1.65	-3.45	-68%
巴西	货币化率平均值	47.44	83.83	36.39	77%
	波动性(标准差)	47.54	8.29	-39.25	-83%
波兰	货币化率平均值	43.76	60.72	16.96	39%
	波动性(标准差)	3.79	5.85	2.06	54%

资料来源:Wind,作者计算。

表 7　　次贷危机前后的信贷总量比率变化

类　别		2000—2008 年	2009—2017 年	差　值	变动率
中国	信贷总量比平均值	115.97	190.05	74.08	64%
	波动性(标准差)	6.64	13.26	6.62	100%
美国	信贷总量比平均值	149.01	152.28	3.27	2%
	波动性(标准差)	13.31	5.62	-7.69	-58%
巴西	信贷总量比平均值	51.12	67.94	16.82	33%
	波动性(标准差)	3.21	4.83	1.62	50%
波兰	信贷总量比平均值	47.99	78.85	30.86	64%
	波动性(标准差)	9.70	4.91	-4.79	-49%

资料来源：Wind，作者计算。

以上就是我对改革开放 40 多年金融和经济的关系的一个梳理，归纳起来有四点：第一，改革开放的经验是经济金融共生；第二，金融去杠杆，为中国经济的稳增长提供稳定的金融环境；第三，金融严监管，金融回归本源；第四，金融调结构，全面提升金融服务实体经济的能力。未来，我们要坚守这一正确的改革路径来保证金融和经济的稳定发展。

新李斯特主义经济学在中国

弗里德里希·李斯特与发展的基本问题*

［德］迪特·森哈斯**

梅俊杰　译***

摘　要　落后国如何实现赶超发展，这是近现代世界历史进程中的一个重大问题，德国经济学家弗里德里希·李斯特早已为此贡献了一套行之有效的学说。正如当代“新李斯特主义者”迪特·森哈斯在文中所言，李斯特学说的关注焦点是，落后国如何化解来自领先国的边缘化压力，逆势实现赶超发展。李斯特提出的发展纲领中，去封建化过程、进步的国家体制、恰当的政府干预、审慎的关税保护、发达的交通体系、健全的农业基础、产业的协调发展、市场的整合一体、人力资本的培育、创新与创业精神，都是成功赶超的组成要素。森哈斯认为，过去一两百年众多国家的发展实践从正反两方面证明了李斯特发展纲领的有效性和先见性，李斯特学说因此是国际和国内发展界亟待补上的一课。

关键词　弗里德里希·李斯特　后发展　发展纲领　历史经验

在当前有关发展理论和发展政策的讨论中，弗里德里希·李斯特这个名字并未真正处于中心位置。即使在以往 40 年，当筹划发展到处都成为国家政治和国际政治的焦点时，情况也同样如此。世人对李斯特的著作兴味寡淡，这一点颇不寻常，须知，李斯特堪称当今发展理论家、发展决策者、发展规划者之鼻祖。人们对他显然评价不足，这与其说是刻意贬低的结果，莫如说是缺乏知识的表现。李斯特曾长期遭遇悲惨命运的打击，身后寂寞则重复了其生前的悲剧。

终其一生，李斯特（1789—1846）为自己确定了某些任务，如今在私营或公共的发

* 本论文系作者为 1989 年弗里德里希·李斯特诞辰 200 周年而撰，李斯特家乡罗伊特林根市当年以“一个罗伊特林根人如何创造了历史”为题，组织过一系列讲演活动。论文首刊于蒂宾根大学学术合作研究所《经济学：德国最新经济学论著双年集》(*Economics*, *Biannual Collection of Recent German Contributions to the Field of Economic Science*)第 40 卷(1989)，后收于德国斯普林格出版社《迪特·森哈斯：和平与发展研究的先驱》(*Dieter Senghaas*: *Pioneer of Peace and Development Research*, 2013)。作者迪特·森哈斯已向译者授予本文中文翻译版权，特此说明并致谢。——译者注

** 迪特尔·森哈斯，德国不来梅大学社会科学教授，著有《欧洲发展的历史经验》《文明内部的冲突与世界秩序》等。

*** 梅俊杰，上海社会科学院国际政治经济学研究员。

展援助机构，筹划发展的人士所孜孜以求者恰恰就是这些任务。李斯特或纯粹主动或受人委托，撰写了很多备忘录和请愿书，若放到今天就该称之为“开发项目书”。他的那些文献基本上都着眼于推动广泛的行政改革、促进工业和贸易的发展、争取基础设施的改善，交通规划尤其是铁路建设更成为他乐在其中的志业。

与当代发展筹划者一样，李斯特也是一位不知疲倦的旅行者，永不停歇是他生命的显著特点。他在哪里都不觉得舒适自在，但凡他稍觉自在的地方，如在符腾堡，他又树敌太多。当然，在李斯特那个年代，与今日不同的是，筹划发展或主持开发项目并非赚钱的行当，无论在政府部门还是在基层实地，情况莫不如此。只是从20世纪五六十年代以来，开发项目的规划、实施和管理方才成为大规模采用、总体上回报很高的一种创业和就业手段。而在当时，“开发工作”却充满风险，他的一生坎坷足可为证。

李斯特很早便构建了自己的发展理念，这主要得自他解决实际发展问题的突出能力，而非得自象牙塔中的长期研究。但他最终就政治经济学的基本问题发表了一部有学术价值的著作，展现了本人透彻并系统讨论发展问题的分析能力。李斯特1841年出版的《政治经济学的国民体系》实乃关于现代发展基本问题的经典力作（List，1959），可惜当今政治与行政界、学术与规划界的多数发展专家对其内容茫然不知，最多不过想起有关保护性关税或幼稚产业保护的论点。

然而，细致考察可见，李斯特为理解发展问题作出的贡献具有难以置信的现代气息。故此，他的著作依然非常值得研究。①当一部作品呈现的观察问题的视角总能对社会现实给予新的解释时，这样的作品便上升为经典。那么，李斯特的作品呈现了怎样的观察视角呢？

一、作为问题的后发展

后发展或称赶超发展问题是李斯特进行思考的出发点。不同的经济体在技术水平和组织能力方面原会存在差距，这种差距可能来自技术创新或组织创新的不均匀传播。一个生产率较低的经济体面对一个生产率较高的经济体时，彼此在能力或实力上会呈现差距。当存在差距的经济体互相频繁交易，后发展问题便应运而生。随着交换关系的推进，用李斯特的话说，在“更先进”的经济体与“较落后”的经济体之间，会形成争先恐后的竞争。前沿社会或称领先经济体能以更高的生产率生产货品，并能更低廉地在国

① 李斯特的著作、讲稿、书信见录于十卷本李斯特文集（List，1927—1935）。W. O. 亨德森出版过李斯特评传（Henderson，1983）。

内和国际市场销售这些货品。假如不采取保护性措施，生产率较低方生产的货品将在竞争中败下阵来。更有甚者，如果彼此能力差距特别的大，试图扭转被动局面的任何努力往往从一开始就遭受挫折。落后者纵然希望提高绩效、设法创新，但由于效能强大的领先经济体在各方面占尽优势，如在生产流程和产品领域以及在持续创新领域都能恃强竞争，落后者的努力终究面临着满盘皆输的危险。相反，领先者总能在知识和实力上发挥领先优势，因此，力争上游的国际竞争不但体现于外来廉价产品的竞争压力，它终究表现为全方位的国际角逐。

受制于能力差距的弱势社会很容易被挤压到一边，也即被边缘化。如果它们屈服于边缘化的压力，则要么经历自身传统生活方式的解体，经历全面的社会退化，要么就被改造为较发达社会的附庸或卫星。正如边缘社会的历史所示，强大的军事力量经常还会协助加速这一进程。

在此情况下，从领先经济体的角度看，边缘社会中随之会出现以单一作物或种植园经济为形式的“飞地经济”。这些经济形同杂交混合体，无法实现既有生产力大范围的有效均衡发展。诚然，在农产品和原材料需求旺盛的时候，较先进的社会能在较落后社会的相应部门引发显著增长。可是，结果也不过是短期的表面繁荣。边缘社会依然呈现二元分割的局面，一边是面向外部市场的增长极，另一边是相对停滞的“剩余经济”。假如领先经济体发生危机性或结构性变化，使得其对农产品和原材料的需求出现下跌，则不仅飞地中由外部激发的增长会停顿下来，而且这种增长原本对“剩余经济”的有限带动也会走向耗竭。受此影响的社会于是会被打回到传统糊口经济的原形，无奈这种原形也肯定面目全非。

欧洲在19—20世纪都有边缘社会的许多案例，数十个历史案例证明了李斯特对问题所作的诊断正确无误。①

然而，针对方兴未艾的能力差距，我们也可构想某种不同的回应方式，即不妨把边缘化压力视作一种挑战，转而采取强力措施去加以应对。那样，落后者把自身与领先者的差距当作机遇，随之向领先者模仿学习，采取恰当的保护主义防范措施，落实目标明确的开发项目，借此争取削弱乃至取消领先者的先发优势。这里的关键点是：力争追赶甚至超越！若照此行动，便是以积极有为的创新方式去回应边缘化压力，这与落后经济体片面满足领先经济体需求时的那种被动退化情形迥然有别。当然，这种建设性回应是有前提的，也即，落后者与领先者间的差距不能太大，且落后者的内部社会存在着成功

① 采用李斯特视角所作的主旨分析可见于迪特·森哈斯的著作（Senghaas，1985，1988）。

赶超的某些先决条件。①

在李斯特那个年代，英国在世界经济中赢得了独一无二的领先地位，李斯特的理念和计划都着眼于为次一等级的国家争取发展前景。在他看来，只有处于温带的地广人众的国家才能实现发展，它们属于那种“具有天命的国家”。反之，热带国家及人口稀少的小国则理应专注于提供食品及农业和矿物原料，以此赚取若干利润。李斯特从未想过要把自己的那套诊断同样应用于这些国家，这一点倒是颇为奇怪。

这种观点构成了李斯特相当严重的偏见，想必使他无法认识到，自己的理论其实也适用于“天命”国家之外更多国家的发展进程。经过 150 年种种正确及错误发展的历程后，我们当然更加聪明了，知道这种视野上的狭隘性毫无道理，也知道李斯特的这些想法涉及大家普遍关注的某些问题。不过，时至今日，世上也只有小部分社会，基本上是发达的西方工业社会，才设法避免了边缘化或退化的命运，这一事实似乎印证了李斯特的断言，即只有少数国家才具有发展的“天命”。

总之，李斯特对现代发展这一疑难问题的第一项贡献是，他分析了能力差距和边缘化压力，而这一难题从李斯特年代以来更是严重了许多。他的第二项贡献与赶超发展相关，让人看到面对边缘化压力，赶超发展需要什么样的条件，应当用什么方式实施赶超发展。一言以蔽之，如何才能避免被边缘化、实现自主发展？李斯特有关发展纲领的思考就是为了回答这个问题。

二、李斯特的发展纲领

李斯特讨论赶超发展问题时涉及的国家，是那些正从封建贵族社会向工业社会转变的国家。他的论述清楚地表明，他认识到，对那些拥有发展“天命”的具体社会而言，其发展前景有赖于社会内部“去封建化”进程的范围与程度。按照他的看法，成功的发展需要恰当的社会与公共条件，包括：在原有封建专制体系瓦解后，必须确立一个富有远见、高效运作的政府体系，其中，强大的君主制维护着发展进程中的民族凝聚；在原先沉湎于特权的贵族阶层退出舞台中央后，必须确立一个追求经营利润和物质财富的工商阶层；奴役制度必须终结，自由小农制度应当取而代之。此外，他认为衣食无忧、报酬优厚的工人将成为劳动生产率不断提升的基础；在对比宗教战争和宗教法庭所体现的传统狂热的恶果后，他相信自由创造的科技将带来繁荣的成果；在对照旧制度下的等级社会后，他认识到需要确立一个在思想和秩序上具有流动性的社会。

① 这方面的案例可见于乌尔里希·门策尔的著作（Menzel，1988）。

以上所言实际上就是一个去封建化的过程，从中可见，去封建化等于是把那些在传统社会中闲置浪费的资源充分调动起来。这个进程在哪里受到阻碍，哪里的发展就必然难以启动或随后遭遇挫折。故此在李斯特看来，自由及自由流动实乃发展进程的前提条件。同时，一个稳定的国家架构也很重要，正如法治和自治的扩大亦同样重要。此外，全国各阶层中的自由创业精神，高瞻远瞩并审慎规划的政府部门，四通八达的公路、铁路、运河交通系统，以及高度专业化的教育体系，也都非常重要。

李斯特对于发展何以成功、何以受挫的思考，大大超前于以后特别是 20 世纪五六十年代影响甚大的相关讨论。他的思考与后世讨论的相异之处在于，他展现了不同的构想方式。李斯特从未构想出某个促进发展或阻碍发展的单一因素，而总是把发展视为多因素广泛互动的结果，单向的经济主义思维尤为他所不取。他的思想展现了一种用经验事实支撑论点的说理方式，况且倾向于表述可能性。李斯特偶尔在讨论可选择的另类发展道路时，也会进行某种假设性思考，但这并不改变其以经验事实支撑论点的总基调。

真要说李斯特对什么因素表示过特别偏重，那应该是相对于物质的东西，对非物质精神力量给予了高度推崇。他强调，通过激发和鼓励“看不见的资本”，即精神活动、创造精神、知识和技能，总之是非物质的能力，我们可以获得自然资源难以替代的动能和力量。

李斯特在那个时代就已观察到太多正反两方面的发展案例，由此他不再相信，发展只是一个纯由看不见的手所引导的自发过程。他认为，恰当时候、恰当力度的国家干预，是成功发展必不可少的前提条件。国家干预有两大功用：一是有助于制定国内的政策措施，特别是促进基础设施的拓展，推动广泛的宪政与行政改革；二是有助于采取十分必要、循序渐进的保护主义措施，以便应对领先经济体的有害影响。在他眼里，这两方面的措施具有同等重要性，可惜令人记住的仅仅是他对新兴产业部门发出的保护呼吁，即所谓幼稚产业保护论。

然而，即使是在幼稚产业保护问题上，他的呼吁也比今天大家以为的要谨慎节制得多。

李斯特绝非在所有情况下都赞成保护性关税。他相信，关税尤其有害于仍处较低发展水平的农业经济体；就是在发达社会，原则上也不应保护农产品和原材料的生产。在前一种情况下，生产力尚不发达，保护主义措施会使生产力得不到必要的初始激发。在后一种情况下，生产力已经发达，对农产品的保护会抬高生活成本，从而对总体经济产生负面后果。

按照这样的构想，保护性关税是对外经济政策中的一个防卫工具，旨在增加幼稚产业在领先经济体面前生存壮大的前景。但即使在此情况下，李斯特的建议也作出了区分：应当保护的是为大众消费而生产的那些幼稚产业，因为它们对发掘国内市场具有无比重要性；不应当保护的是那些生产价高量小的奢侈消费品的产业。此外，在发展进程的早期阶段，应当放松外国机器和技能的进口，他觉得拥有发展"天命"的国家可利用发达经济体的先进设备和技术，为我所用是为了加速赶超步伐。他对技术转让作出相对乐观的评判，想必是因为，当时在领先的英国与志在赶超的其他国家之间，技术上的差距毕竟还没有拉开太多。

李斯特完全意识到，自己所推荐的防卫性保护主义措施会产生弊端，比如，本土产品很可能比迄今进口的产品要质次又价高。与此同时，在面向自由贸易的农业阶层与赞成保护主义的国内工业阶层之间，会出现政治上的冲突，这种冲突甚至会酿成国内政治动荡，乃至危及发展进程。

可是，对李斯特而言，这些弊端是次要的，且只是暂时的，因为他相信，工业化会带来国内竞争，导致内部竞争的强化，也会引发对本国农产品的更大需求。因此，长远看，农业经营者、工业制造商及消费者都能从过渡阶段必需的保护主义措施那里共同获益。

依照李斯特的论点，短期的弊端是一种必要的代价，为的是换取至关重要的长期优势，即社会生产力的全面发展。一旦充分实现了这一目标，就必须断然终止保护主义措施，因为这个国家已能直面自由贸易，不再存在被边缘化的危险，兴许还能带着某种成功的把握，自己去主动谋求自由贸易立场。

在李斯特的构想中，保护主义措施不是万应灵药，它们可以带来好处，也可能构成阻碍，一切要看发展的程度。他明确反对仓促地实行保护主义，也反对过高和过低的关税率。如果保护措施的执行纯粹是因为强大利益集团游说所致，且与连贯的发展战略互不呼应，他认为这样的保护主义特别有害。在赶超发展关键的早期阶段，十分必要把对外开放与保护主义恰当地组合起来，而且应该视各行业、各部门的具体情况而灵活调整。有鉴于此，李斯特是一个审慎的混合战略的倡导者，他希望把部分融入世界市场与选择性脱钩二者结合起来，至于结合时的具体配比，他认为取决于调动起来的生产力具有怎样的自我维持能力或与人竞争的能力。居于上位的国家政策的任务就是要找到正确的结合方法，关键在于既不要给本国经济设置太多太高的要求，也不要设置太少太低的要求。当然，制定这样的行为准则终究还算容易，难点是如何落实准则。

保护主义措施兼具防卫和促进两项功能，目标是要构建一个包括农业、工业、商业三者比例恰当的经济结构。通向这一目标的道路只能一步一步地走，急躁冒进的行为有害无益。李斯特与亚当・斯密一样，关注分工的扩大与深化，但李斯特更聚焦于“生产力的联合”，即经济不同部门的协调和整合。

由于发展的冲动不大可能整齐划一地冒出来，只可能一地一处地激发起来，不均衡增长便在所难免，李斯特是个充分的现实主义者，自然认识到这种局面。但他更赞成均衡增长，而非不均衡增长，总是强调要防止某些部门因畸形激发而畸形扩张，就如在单一作物或种植园经济中司空见惯的那样。他的常规趋向是，赞成均衡增长，尤其是农业与工业间的均衡增长，这一点很可能使他不必再去构建经济危机理论。危机一般来自发展进程中的比例失调，在这个问题上，马克思比李斯特看得更长远。

李斯特的发展方案包含环环相扣的一系列步骤，他倡导进口替代工业化概念，这种工业化需要分阶段地扩展和深化。在他看来，工业财富的创造，包括随之发生的扩散效应，应该逐渐地引导到国内市场，这一点相当重要。一个社会中，第一阶段是生产并出口农产品和原材料，同时进口制成品；第二阶段是本国生产简单类型的制成品；第三阶段则是促进国内的机器制造。随着该社会日益能够加工本国和他国的农产品和原材料，工业经济便成长起来，再往上走，则日益能够制造工业经济所需要的机器设备。如果在之后某个阶段，技术和制造密集型产品具备了国际竞争力，则曾经的农业社会从此往后便成为一个为自由贸易作好了准备的工业社会。

在李斯特这里，我们找不到与这些阶段相关的时间表，也看不到与总体发展进程相关的时间表。事实上，对经济合作与发展组织的多数发达国家来说，这样的完整过程几乎跨越了 80—100 年。当然，对当今许多新兴工业化国家来说，这个节奏看起来要快很多。

按照李斯特的观点，这样一个延伸几十年的过程需要有个起点，这就是健全的农业经济，这样的农业经济肩负多项使命。其一，哪怕农业部门自身雇佣的劳动力在日益减少，却需要供养不断扩大的城市人口。农业也需要向工业部门提供原料，而且在工业化早期，农业也无可避免地要通过或公开或隐蔽的资源转移，为工业化承担费用，包括打造基础设施。其二，农业部门也是工业产品的重要市场，必然要成为日用消费品和农用设备的消费市场。因此，虽然农业部门承受着很大的需求和负担，但如果要维持经济发展的总体活力，理应让农业自身处于游刃有余的健全状态。李斯特的这些思考揭示了一个明确的事实，即若无兴旺的农业，指望实现成功工业化的任何努力都将归于徒劳。

依照李斯特的看法，农业显然在发展进程中占有战略性地位。可是，从 19 世纪晚期到整个 20 世纪，那些制定发展纲领的人似乎都忘记了这个不言自明的道理。一直要到近几十年许多发展努力遭受重大挫败之后，大家似乎才重新找回这一基本的见识。

李斯特对发展战略的反思最后归结为一个核心论点，即生产力的成长比价值的成长要重要得多。换句话说，任何有助于广义上有效释放一国生产潜能的东西，都比生产廉价产品要更有价值，因为这种生产的效益仅在短期商业盈利这一意义上才能成立。故此，国民经济的构成要素远不止于各厂商盈利之总和，同样，也无法逃避必要的学习成本，短期之内的学习过程终究必不可少，其成本也往往难以计量。

基于这些思考，李斯特指出了世界主义经济学与国家政治经济学的差异。只有在一国的生产潜能得到广泛发挥后，才值得按照世界主义的思路去考虑问题，去追求世界范围的资源配置效率。也只有在这种情况下，个体厂商、国民经济、国际经济的盈利盘点才谈得上方向一致。反过来说，只要一国的生产力依然处于闲置状态、仅仅得到部分的开发，况且承受着边缘化压力，我们就只能按照国民经济的律令去思考并筹划。在这个核心问题上，李斯特迥然有别于“英国学派”，即亚当·斯密及其传人的古典理论。

三、既往发展的历史经验

李斯特得出自己的结论，是基于对历史经验的比较分析，特别是基于个人的感悟。威尼斯、西班牙、葡萄牙、汉萨同盟、荷兰、英国复杂多样的历史为其立论提供了依据，他在德国、法国、美国、匈牙利各地实施发展的政策体验也给予了佐证。然而，只是在他那个时代过后约150年，尤其是自20世纪五六十年代非殖民运动以来，他所构想的基本发展问题才获得全世界的瞩目。

从历史和现实林林总总的发展历程中可以汲取什么有益的经验教训呢?①这些经验教训会确认还是否认李斯特的观点呢?

李斯特高度重视国内农业潜能的广泛发挥，这一观点得到了历史案例正反两方面的支持。在欧洲内外，一些国家于工业化起步前或进行中成功改善了农业部门的绩效，这些国家果然都取得了发展的显著成效。相反，有些国家未能经历农村制度变革和农业技术现代化，它们便无法释放发展潜能，总体上都遭遇到严重的发展瓶颈。

令人厌烦的是，19世纪的发展筹划者自以为在继承李斯特的事业，却总在保护主义旗帜下片面理解李斯特的工业化战略，忽视甚至无视他关于有必要发展农业的建议，尤其在东欧和东南欧，这种错误的解读一度非常时兴。不幸的是，大多数第三世界国家，无论是否标榜走李斯特道路，也重复了这样的不良传统。在所有这些案例中，发展进程

① 较全面的讨论可见于乌尔里希·门策尔和迪特·森哈斯的合著（Menzel and Senghaas，1986），也可参见安德鲁·雅诺斯有意义的文章（Janos，1989）。

始终飘忽不定，或用李斯特的话说，就是“缺胳膊短腿”。

李斯特用此类形象语言描述的社会状况，在新近的发展理论中被称为“内在断裂”或“结构异质”。①贴上这种标签的发展进程往往缺乏农业、工业、贸易之间比例相称、广泛有效的关联性。此类社会的工业化面向需求不大的有限市场，由于偏重城市部门，多会造成不利于农业的抽取效应，而仅仅有利于城市部门。政治、经济、社会、文化的断裂因此会加深，一系列愈演愈烈的社会灾难，如农业不能自给自足、农民逃离土地、农村贫困化、过度城市化、失业和隐性失业、人口增长失控，背后都能看到这种城乡断裂的影子。欧洲内部的边缘社会，如东欧、东南欧、南欧及爱尔兰，历史上出现的此类现象跟当今第三世界国家中的现象并无什么差别。

历史经验告诉我们，要想建立整合一体的国内市场，只能借助李斯特式发展纲领，包括：综合调动社会各部门中处于休眠状态的资源，尤其是农业部门中的资源；推进必要的制度改革和技术创新；当然还需要国家采取有效的保护性措施。任何工业化努力，如果缺乏事先或伴随的改革，一般都归于失败，李斯特的观点应让我们能预见到这一结果。

最近有关发展问题的讨论很晚才发现所谓“非物质资本”或人力资本，而李斯特早已看到，这些精神资本构成了农业、工业、商业、行政各方面能力的基础。凡是人口中识字率偏低，商贸学校、成人学校、技术院校等高等教育机构欠发达的国家，不仅比专业教育发达的社会在科技发明上要落后，而且其社会流动性也受到阻碍，进而造成精神资源的闲置浪费。在这一点上，不妨把北欧地区的发展与南欧和东南欧地区的发展作一对比，也不妨把重视教育的亚洲“四小龙”经济体（韩国、中国台湾、中国香港、新加坡）与第三世界其他地区作一对比。

面对自然资源的短缺，可以通过超出正常比例的人力资本去加以弥补，这种可能性固然是李斯特未能明确指出的，但也终究符合他的理论。故此，缺乏资源的国家，哪怕是小国，都可在国际经济的特定缝隙中，找到自己高度专业化的位置。

李斯特认为，四通八达的基础设施在发展进程中占据战略性地位，这些思考总体上也已证明是正确的。既然劳动分工日益细密，既然分工细密必然带来各行业各部门之间关联性增加，则高效的基础设施便成为经济活动中不可或缺的沟通渠道。因为基础设施是一种公共产品，那就不能指望个体企业会为了国民经济发展之所需而去自行投资。于是，基础设施建设首先是一项公共职能，凡是正确认识到这一点的国家，都在国家发展

---

① 有关这一概念，参见迪特·森哈斯的著作（Senghaas，1977）。

进程中取得了成效。

就对外经济政策措施而言，19—20世纪的发展史充分表明，自由贸易是例外，各种形式的保护主义倒是常态。以后年代如同李斯特当时一样，自由贸易都是主导国际经济的领先国家才奉行的学说。

李斯特曾预言，只有在具备相关内部条件的国家，保护主义措施方能推动发展，这一预言也是正确的。但凡国内缺乏那些相关条件，保护主义便不可能产生良好结果。在众多边缘社会的历史上，都可看到李斯特所断言的这层道理，那些边缘社会曾割断了与外部世界的联系，内部却又缺失目标明确的结构改革和落实到位的发展政策。常会听人说，世上大多数发展中国家在19—20世纪尽管实行了相当多的保护主义措施，却仍未能实现发展目标，故此，必须抛弃保护主义和国家干预。可是，这一说法不能令人信服，因为李斯特原汁原味的发展理念仅仅把“相对而言的”重要性赋予了对外经济政策，而对外政策的实际作用终究尚有赖于一国的内部发展努力。

在成功实现赶超发展的案例中，特别是在那些采用混合战略（部分融入世界市场、选择性脱钩）的案例中，如北欧、大洋洲、北美，都像李斯特所强调的那样，可以看到它们对当地的物质和非物质资源拥有国家自决权和国家处置权，这一点发挥过重要作用。由此可见，政治主权在发展进程中是一项不该低估的资产。

李斯特在个人代表作的书名中，凸显了政治经济的“国家”或“国民”维度。他不可能预想到，民族主义日后将成为如何强大无比的一股历史力量。在某些国家，当年因为存在相应的政治措施，李斯特认为它们具有赶超发展的成功机会。可是，不仅在这些国家中民族主义构成了一股推动力，而且在欧洲内外的边缘社会也同样如此，那里到处都在升起对政治独立性、经济现代化、文化身份感的强烈要求。有些民族在李斯特时代曾被描述为“无历史的民族”，如在东欧和东南欧，但民族主义浪潮在它们中间也照样显著升腾。如果李斯特有幸目睹这一切的话，他一定比其他任何人都更会深感诧异，自己的诊断在世界范围内居然非常对路，而且各国出现了要启动民族主义发展纲领的数十次尝试。①

李斯特着重强调发展进程的国家或民族框架，这一基本观点有别于英国的古典政治经济学或“世界主义学派”，也有别于经典马克思主义。英国古典政治经济学着眼于从世界角度来计算稀缺资源的配置，因而其视野标尺是人类而非国家。不过，最后用来衡量发展进程成败的标尺其实也还是国族框架。经典马克思主义谴责民族国家和民族主

① 有关此类问题，参见卡尔·多伊奇的经典著作（Deutsch，1966）。

义，称之为资产阶级意识形态的表现，并代之以世界性、无边界、超国家的无产阶级团结。然而，世界各地的马克思主义，随着时间的推移，都转变成了民族国家的马克思主义，在马克思后来关于爱尔兰问题和俄国工业化的评论中，这种向国族的转变已经清晰可见。有关动向在19世纪末、20世纪初奥地利马克思主义那里得到了明确表述，最后在实际存在的各种版本的社会主义中更是不言而喻。马克思早期对李斯特进行了驳斥，可惜并无多少道理，李斯特强调赶超发展进程的国家框架倒是相当正确。①

在实际运行的社会主义社会，有关发展进程也留下了经验教训，从中也可看到李斯特思想的适用性。如果考察以苏联为代表的社会主义国家，其中每个案例都能昭示李斯特相关评论的正确性，无怪乎，当这些社会内部进行自我批评时，简直就是在直接套用李斯特的话语。

独裁或专制国家会取消社会的自由空间，斯大林模式下便是如此。遇到这种情况时，在李斯特看来，本可促进发展的最重要资源之一，即个人和团体的自由发展，就会丧失殆尽。长远来看，那里农业的失血也必然会给总体经济造成负面影响，对重工业化的过分强调会导致生产活动忽略了消费者显而易见的日常需求，而这难免要引起绩效激励机制的失灵及广大民众的冷漠。漠视服务业，或者透过意识形态有色眼镜把服务业当作“非生产性行业”，必然会阻碍劳动分工及“生产力的联合”。完全脱离外部世界，执行闭关自守的政策，会让一个社会丧失创新的激励。在现有苏式社会主义中，这酿成了特别负面的后果，因为与李斯特的发展纲领恰好相反，当贸易也由国家把持时，本可促进创新的国内竞争便不复存在。况且，苏式社会主义也充分表明，增长是发展的必要条件，但本身并非充分条件，就如世界其他国家一样，发展取决于增长的是什么、增长得多快。此外，增长的东西在按什么方式进行分配。

根据李斯特的观点，苏式社会主义中缺失什么已一清二楚。社会需要解放，需要摆脱国家的控制和党的垄断，特别是需要从某种绝对专制过渡到开明专制，最后再过渡到民主体制；需要创立政治自由的空间，这是调动社会休眠资源的起始点，也是政治参与和自我治理的实施机会；需要农业部门的改革，以学习世界上自我管理、中等规模的合作经营者高效生产的经验；需要调整优先增长点，从基础性重工业转向消费品工业，同时促进技术先进的机器制造业的发展，从而全方位地在各经济部门提高劳动生产率；需要扩大基础设施，重视并扶持服务业的发展；需要加强国内外人员、货物、技术、资本的交流，日益向更宽广的市场开放。由此观之，苏联领导人所倡导的“公开性”和“改

① 有关李斯特范式与马克思主义的关系，参见罗曼·佐波罗克的优秀著作（Szporluk，1988）。

革”早就该做了。①苏式社会主义的问题恐怕更在于自身需求长期乏力不振，而不在于占主导的西方经济体向它施加了过多过高的要求。

四、结论

本文开始就强调，在近几十年的发展政策讨论中，人们给予李斯特的关注实在太少了。本文通过回顾李斯特著作中的重要思想，并通过对照这些思想与今昔的重要发展历程，应已清楚显示，我们早该广泛地接受李斯特的学说。这里尚未展现李斯特著作对当今发展讨论全部方面的启示，那样的任务且留待历史学家和考据学家，要由他们去追寻李斯特作品的全部影响。

假如李斯特的卓越力作《政治经济学的国民体系》成为从事发展政策的政界、学界、产业界等各界人士的必读书目，我们本可以得到很多收益；假如不是李斯特诞辰200周年甚至更晚才来回顾其思想，许多错误本可以得到避免。第二次世界大战结束后，各国政府和国际社会纷纷出手制定发展政策，有鉴于此，我们本该更早地研究并吸取李斯特思想。李斯特对发展问题的诊断，以及其所提出的发展纲领，值得我们回顾再三。单凭李斯特学说能为既往150年发展案例的成败得失提供恰当的原因分析，我们就应该重视这个学说。

参考文献

[1] Deutsch, Karl W., 1966, *Nationalism and Social Communication, An Inquiry into the Foundations of Nationality* (Cambridge: MIT Press).

[2] Henderson, William, 1983, *Friedrich List. Economist and Visionary, 1789—1846* (London: Frank Cass).

[3] Janos, Andrew C., 1989, “The Politics of Backwardness in Continental Europe, 1780—1945”, in *World Politics*, 41, 3: 325—358.

[4] List, Friedrich, 1927—1935, *Schriften, Reden, Briefe*, Ed. By E. V. Beckerath et al., 10 vols. (Berlin: Verlag Hobbing).

[5] List, Friedrich, 1959, *Das nationale System der Politischen Ökonomie* (Tübingen: Verlag Mohr-Siebeck); English translation: *National System of Political Economy* (Philadelphia: Lippincott, 1856).

[6] Menzel, Ulrich, 1988, *Auswege aus der Abhängigkeit, Die entwicklungspolitische Aktualität Europas* (Frankfurt: Suhrkamp Verlag).

① 相关的近期出版物中，尤可参见克劳斯·泽格伯斯内容全面的著作（Segbers, 1989）。

[7] Menzel, Ulrich; Senghaas, Dieter, 1986, *Europas Entwicklung und die Dritte Welt. Eine Bestandsaufnahme* (*Frankfurt: Suhrkamp Verlag*).

[8] Segbers, Klaus, 1989, *Der sowjetische Systemwandel* (Frankfurt: Suhrkamp Verlag).

[9] Senghaas, Dieter, 1977, *Weltwirtschaftsordnung und Entwicklungspolitik. Plädoyer für Dissoziation* (Frankfurt: Suhrkamp Verlag).

[10] Senghaas, Dieter, 1985, *The European Experience. A Historical Critique of Development Theory* (Leamington Spa-Dover, New Hampshire: Berg Publishers).

[11] Senghaas, Dieter, 1988, "European Development and the Third World. An Assessment", in *Review*, 11. 1: 3—54.

[12] Szporluk, Roman, 1988, *Communism and Nationalism. Karl Marx versus Friedrich List* (New York-Oxford: Oxford University Press).

中国新李斯特经济学的发展与当前的任务*

贾根良**

摘　要　对于观察2016年以来的世界经济巨变，李斯特经济学仍是不可多得的灵感来源，特别是在我们目前处于自立图强还是自甘依附、目光远大还是鼠目寸光的历史选择关头，李斯特的“主权国家经济学”仍是一盏指路明灯，这是中国演化经济学年会之所以专门举办“纪念李斯特诞辰230周年暨新李斯特经济学研讨会”的重要原因。西方的“新李斯特经济学”（Neo-Listian Economics）未能深入研究20世纪70年代以来世界经济结构的重大变化，它也不可能反映社会主义制度的内在要求。中国学者创立的中国新李斯特经济学（New-Listian Economics）吸收了现代演化经济学、马克思、凯恩斯、“现代货币理论”等最新研究成果，“青出于蓝而胜于蓝”，致力于创建“国民经济学”的中国政治经济学学派，目前已对中国经济政策的制定和经济发展战略的变化产生了一定影响。虽然世界经济真正的巨变还未到来，但社会保护的新时代已然开启。中国新李斯特经济学目前的任务是做好新李斯特经济学的启蒙和普及工作，推动这种社会保护新时代的发展，研究如何在美国版“中美经济脱钩”的不利影响下探索“次优的”替代性发展路径，并针对未来更大的变迁，为中国经济发展战略的变革提前做好理论指导和政策设计的准备工作。

关键词　弗里德里希·李斯特　新李斯特经济学　全球化　国家理论

从19世纪下半叶直到第二次世界大战结束，弗里德里希·李斯特（1789—1846年）一直是仅次于卡尔·马克思的最重要的经济学家和思想家，其《政治经济学的国民体系》的销量也是仅次于《资本论》的德国经济学家的著作。李斯特的身份在世人眼里难以定位，大多数人将他看作是“经济民族主义者”，但也有人将他视作“自由主义思想家”，甚至还有学者将其解读为“社会民主主义者”。然而，虽然人们对李斯特的思想

---

*　本研究受到中国人民大学“统筹推进世界一流大学和一流学科建设”经费支持，项目批准号16XNLG08。本文是在作者为2019年12月22日上午召开的“纪念李斯特诞辰230周年暨新李斯特经济学研讨会”准备的会议论文《中外新李斯特经济学的不同与我们当前的任务》基础上修改而成。

**　贾根良，中国人民大学经济学院教授、博士生导师。

"仁者见仁、智者见智"，但一些学者的研究已经表明，作为"所有追求独立和富强的后进国的先知"，李斯特的学说在诸如自立图强还是自甘依附、瞩目长远还是得过且过的历史选择的关头，早已为许多后发国家提供了崛起赶超的建设性指南。中国是世界上最大的发展中国家，在中美贸易摩擦使我们作出何去何从的重大选择的今天，我们纪念李斯特诞辰230周年具有特别的现实意义。

一、为什么要纪念李斯特诞辰230周年？

经济学家刘秉麟在1925年曾指出："经济思想在今日最占势力者有三：一是亚当·斯密的个人主义；二是李士特的国家主义，三是马克思的社会主义。"①实际上，自19世纪40年代马克思主义诞生以来，一直到"冷战"开始时的一个世纪里，李斯特经济学与马克思主义经济学、自由主义经济学就一直是有关国家发展的相互竞争的三大理论体系之一，它不仅对美、德、日等国家在世界经济发展中的后来居上产生了深远影响，而且在20世纪作为民族解放运动的思想来源之一，在社会主义国家的建立过程中也发挥了积极作用。但是，正如莱维·福尔指出的，自第二次世界大战结束以后，在"自由主义的西方"和"社会主义的东方"之间的敌对状态下，经济自由主义和经济社会主义吸引了学术界的关注，从而在理论和分析上都得到了更细密的研究，而以李斯特为代表的经济民族主义则变成了一个被忽视的研究领域。②"冷战"导致了李斯特经济学的被边缘化，这种状况在20世纪末和21世纪初达到了极点。随着新自由主义经济学统治地位的日益瓦解，复兴代表发展中国家利益的李斯特经济学已势在必行。③

笔者曾将李斯特经济学在传入中国的时间上大大晚于日本看作是中国在近代史上应对西方列强的挑战上迟缓软弱以及与日本命运截然不同的一个重要思想根源，④是近代史上"中日大分流"——日本搭上帝国主义列强的末班车而中国却沦为半殖民地——的首要原因。2014年初，由于观察到"重新找回国家"的暗潮涌动，预感到世界经济即将发生巨变，并"考虑到随着中国经济内在矛盾的进一步展露，中国经济学界将有可能对李斯特经济学重新产生兴趣"，⑤为了对人们重新发现李斯特的"主权国家经济学"做好理论准备，中国演化经济学年会决定于2014年5月17日在中国人民大学经济学院举办

① 刘秉麟：《自序》，载刘秉麟：《李士特经济学说与传记》，商务印书馆1925年版，第2页。"李士特"是当时对"List"（李斯特）的汉译。

② David Levi-faur, Economic Nationalism: from Friedrich List to Robert Reich, *Review of International Studies* 1997, 23, 359—370.

③④ 贾根良：《新李斯特主义：替代新自由主义全球化的新学说》，《学习与探索》2012年第3期。

⑤ 贾根良等：《新李斯特经济学在中国》，中国人民大学出版社2015年版。

的第六届年会上设专场召开“纪念李斯特经济学2015年传入中国90周年论文开题会暨中国新李斯特学派演化经济学座谈会”。在这次会议上，20多位学者就李斯特的经济思想、政策意义以及创立中国新李斯特学派的可能性和必要性等问题展开了热烈的讨论。

按照计划，2014年的年会后完成的相关论文在2015年已经分别刊载于笔者在《学习与探索》第1期、《教学与研究》第3期和《管理学刊》第2期主持开设的专栏，并将前两个杂志发表的论文与笔者此前发表的五篇论文（其中两篇是和陈国涛博士合作）汇集成册，由中国人民大学出版社出版了专著《新李斯特经济学在中国》（2015）。但由于体系结构安排的需要和该书容量的限制，《新李斯特经济学在中国》一书未能反映笔者及研究团队在过去几年从新李斯特经济学研究范式入手对当前中国或世界经济某些热点问题的研究成果，这些成果的主题包括全球价值链、增加值贸易、现代货币理论、不对称全球化战略、中国农业的新李斯特主义发展战略、批判实在论社会科学哲学作为新李斯特经济学的哲学基础等。

我们之所以将1925年作为李斯特经济学传入中国的标志性年份而加以纪念，原因就在于，虽然李斯特经济学在戊戌变法之后已经被个别中国人所知晓，但只是到了1925年上海商务印书馆出版刘秉麟所撰《李士特经济学说与传记》和同年春王开化翻译完李斯特的《政治经济学的国民体系》，李斯特经济学才被系统地介绍到中国。因此，在2015年的第七届中国演化经济学年会上，我们组织了“纪念李斯特经济学2015年传入中国90周年”的活动，并在《当代经济研究》杂志2016年第2—3期发表了2015年纪念活动的会议论文，但未再结集出版。

在2014—2015年召开两次新李斯特经济学研讨会之后，世界经济与政治在2016年开始发生巨变。当年，保护主义（或者称之为国家主义、民族主义）经济思潮在美国冲破建制派，艰难崛起，“李斯特问题”正式登上历史舞台；同年，民众主义在美欧国家以排山倒海之势兴起，我们可以将其称作是“马克思的问题”。但这两个问题实际上都是“新李斯特的问题”，因为西方的新李斯特经济学“未能解决马克思对李斯特经济学忽视劳工问题的批评，换言之，西方国家的‘新李斯特经济学’研究不可能反映社会主义制度的内在要求，解决这些问题就成了笔者近几年来带领团队成员创建与西方的‘新李斯特经济学’（Neo-Listian Economics）不同的中国新李斯特经济学（New-Listian Economics）的主要动因。”①

那么，为什么要召开“纪念李斯特诞辰230周年暨新李斯特经济学研讨会”呢？笔

① 贾根良等：《新李斯特经济学在中国》，中国人民大学出版社2015年版，第5页。

者仅以2016年在欧盟风起云涌的“脱欧”运动和2019年12月12日的英国大选问题来说明这个问题。学术界将“脱欧”运动视作“右翼民粹主义”，但如果人们对欧盟的产生和发展过程进行研究，就会发现，欧盟实际上是新自由主义的产物，欧元是乌托邦的产物。货币问题是国家主权的关键问题，因此，欧元问题不仅是“李斯特的国家问题”，也是“凯恩斯的问题”。笔者在2019年的中国演化经济学年会上曾预测，欧元肯定要消失，问题是它将在何时消失，将会如何展开？是率先出现在法国、意大利还是别的国家？欧元的消失将产生哪些巨变？它将对地缘政治、地缘经济特别是中国产生哪些重大影响？

在2019年12月13日英国大选揭晓前，笔者经过研究，得出左派的英国工党很可能将在大选中败北的判断，原因就在于该政党在财政金融和全球化问题上是新自由主义的，在“脱欧”问题上态度暧昧，而英国的首要问题是“国家独立的问题”。所以，笔者在这里对英国变革的次序再做一个预测：英国保守党首先上台先脱欧，未来再由工党上台后实施其政纲中的“公用事业的再国有化”。国家要独立，民众希望回到战后“黄金时代”，这是英国目前和今后多年仍将产生重要影响的两大社会思潮，因此，在某种程度上，这是一种综合性的“李斯特、凯恩斯和马克思的问题”。然而，“国家独立”或“李斯特问题”是“公用事业再国有化”的必要条件，这就是召开“纪念李斯特诞辰230周年暨新李斯特经济学研讨会”所要彰显的重要意义。

正如撒切尔夫人和里根的新自由主义政府分别在1979年和1980年上台一样，英国和美国政局的变化将会对世界经济产生重大影响。作为经济思想史的研究者，我们早就观察到经济史中存在着一种自由竞争和社会保护“循环往复”的钟摆运动。全球金融危机爆发后，笔者就指出，世界经济将迎来一个“政府干预、关注民生和国家保护主义上升这种制度大转型的到来”；“目前的自由市场意识形态就像20世纪七八十年代的国家原教旨主义一样已经成为世界经济增长的最大障碍。然而，尽管自由市场意识形态因金融资本的垮台和严重的社会经济问题而大伤元气，但如果要强调政府干预、集体价值观念、生产资本主导和福利型政策等这些与自由市场意识形态大相径庭的制度大转型，遭遇抵抗也是不可避免的”；“在一些新兴经济中，阻力要更大一些，而转型的时间也要更长一些。”①

从2016年开始，“自由竞争和社会保护循环往复运动”的钟摆开始强力摆向社会保护，世界经济的巨变虽然已经开始，但尚未在更大程度上展开，真正的巨变还未到来。

① 贾根良：《评佩蕾斯的技术革命、金融危机与制度大转型》，《经济理论与经济管理》2009年第2期。

面对未来的巨变，我们需要“在行动上避免采取极端行为，如在政府干预日益强化的时候，想到终有一天消减干预的时候不可避免要来到”①。值得说明的是，在新自由主义时期（1970年以后），政府干预比凯恩斯主义时期（1945—1970）并未减少，只是它更偏向垄断资本特别是金融利益集团而已。虽然目前的“脱欧”运动陷入了低潮，但将来还会兴起。2019年，“现代货币理论”在美国的异军突起展现出与欧洲不同的风貌，“现代货币理论”虽然在本质上是“国家货币理论”，是“李斯特的问题”，但在美国却主要被用于解决“民众主义”的问题。国外一位学者曾不无夸张地说，“在美国，几乎所有人都知道现代货币理论”！随着现代货币理论学派成为主流学派，②新自由主义在今后10年左右（也许20年）将有可能退出历史舞台。由于世界各国的左派政党和左派经济学在全球化问题上基本上都是新自由主义的，马克思主义经济学难以独自为学界观察、分析“重新找回国家”这种世界性潮流提供新的理论分析框架，因此，这种历史重担主要地应该由吸收了马克思主义政治经济学的新李斯特经济学所承担。正是因为这些原因而召开“纪念李斯特诞辰230周年暨新李斯特经济学研讨会”，目的就在于缅怀经济思想史中这位目光远大的经济学家和经济战略家的丰功伟绩，③探讨世界经济与政治未来发生巨变的具体表现形式及其对中国将产生的重大影响，并对“中国新李斯特经济学”的未来进行深入研讨。

二、中国新李斯特经济学的发展及其对中国的影响

笔者见到在西方学者中最早使用“新李斯特”一词的是迪特·森哈斯于1985年出版的英文版著作 *The European Experience: A Historical Critique of Development Theory*。④李斯特经济学对森哈斯产生了深刻的影响，他曾于1977年发表的论文《世界经济秩序与发展政策：对隔断的呼吁》将李斯特学说导入到当时有关发展问题的辩论之中，引起了德国经济学界对李斯特这一主题“极其热烈的讨论”。⑤在这场讨论中，迪特·森哈斯发

---

① 贾根良：《演化经济学：经济学革命的策源地》，山西人民出版社2004年版，第205页。

② 现代货币理论原先一般被划归为后凯恩斯主义经济学，但笔者根据该理论自成体系的创新观点、政策主张和遭到非正统经济学许多流派反对的特点，建议将其独立为非正统经济学的一个流派，即现代货币理论学派。参见贾根良：《对现代货币理论等非主流经济学说需做深入研究（主持人语）》，《学术研究》2020年第2期。

③ 李斯特的“丰功伟绩”主要体现在三个方面：德意志“关税同盟”的主要创立者、德国铁路之父和给世人留下了作为后发国家经济发展指路明灯的《政治经济学的国民体系》。许多学者认为，德意志“关税同盟”对德国统一具有重大意义，其创立的主要功绩应归功于李斯特，美国第二代美国学派代表人物史密斯在1856年曾指出，“或许可以说是李斯特博士创立了‘关税同盟’。能够创造如此丰功伟绩的，几乎是前无古人”，见迈克尔·赫德森：《保护主义：美国经济崛起的秘诀（1815—1914）》，贾根良等译，中国人民大学出版社2010年版，第85页。

④ 参见迪特·森哈斯：《欧洲发展的历史经验》，梅俊杰译，商务印书馆2015年版。

⑤ Dieter Senghaas, *The European Experience: A Historical Critique of Development Theory*, p.3, p.8.

现，缺乏历史视野是发展研究的一大缺陷，这促使他对复杂多样的欧洲发展道路进行了深入的比较研究，其结果就是出版了一部以历史案例比较研究为基础的有关“后发展”问题的专著。①但是，迪特·森哈斯并没有提出新李斯特学说，只是重申了李斯特学说对于发展中国家的经济发展特别是对20世纪70年代建立“国际经济新秩序”的适用性，丰富和发展了李斯特的学说。但特别需要指出的是，森哈斯作为国外“新李斯特”的代表，在其著作中阐发了对当前中国仍具有重大意义的三点重要思想：第一个是“选择性融入世界市场与选择性脱钩”，我在没有读到这本书之前，曾于2010年提出了“中美经济脱钩”的概念；第二个是强调了国内市场开发和基础宽广的发展对赶超型经济的重要性；第三个是农业革命和农本工业化的重要性。

我所见到的第二个使用“新李斯特”这一术语的西方学者是本·塞尔温（Ben Selwyn），他将张夏准、罗伯特·韦德（Robert Wade）、艾丽斯·阿姆斯登（Alice Amsden）、阿图尔·柯利（Atul Kohli）和梅迪·谢菲丁（Mehdi Shaeffedin）等这些李斯特的当代追随者所提出的经济学说称为“新李斯特经济学（Neo-Listian economics）”②，但却遗漏了迪特·森哈斯和埃里克·赖纳特等当代李斯特主义的代表人物。实际上，本·塞尔温所谓的“新李斯特经济学者”是指发展经济学领域中深受李斯特影响的学者，他们反对“华盛顿共识”，仍坚持经典发展经济学中的结构主义研究传统，但这些学者并未对20世纪70年代特别是90年代以来世界经济结构的重大变化——全球价值链分工（“新国际分工”）、美元霸权和“系统整合型全球公司”（与跨国公司存在很大差别的产业组织形式）——及其对欠发达国家的新挑战进行研究。

进入21世纪以来，挪威著名发展经济学家和经济思想史家埃里克·赖纳特在经济理论上对李斯特经济学的贡献最大，代表着目前世界上对李斯特经济学研究的最高水平，他最重要的成就是把演化经济学的理论运用到李斯特主题的研究上。笔者曾向赖纳特建议，将其研究成果命名为“演化发展经济学”③；著名演化经济学家和熊彼特研究专家安德森则更明确地将埃里克·赖纳特的理论体系称为“熊彼特—李斯特发展经济学”。④但是，赖纳特也未能深入研究20世纪70年代以来世界经济结构的重大变化，以

① 梅俊杰：《迪特·森哈斯理论与后发展之道探寻》，《海派经济学》2014年第3期。

② Ben Selwyn, “An Historical Materialist Appraisal of Friedrich List and his Modern-Day Followers”, *New Political Economy*, June 2009, 14 (2).

③ 埃里克·S.赖纳特、贾根良主编：《穷国的国富论——演化发展经济学论文选》，高等教育出版社2007年版。

④ Esben Sloth Andersen, “A Note on Erik Reinert's Schumpeterian-Listian Development Economics”, Working Paper Series, No.5, 2009, Department of Business Studies, Aalborg University.

至于在有关中国经济问题和发展中大国内部发展问题的认识上存在着缺陷。①因此，集中研究发展中国家如何在布雷顿森林体系崩溃后的法币时代、新国际分工时代和智能工业化时代如何实现经济追赶和赶超就成为我们创建中国的“新李斯特学派”的初衷。为了与西方的新李斯特经济学（Neo-Listian Economics）相区别，笔者2015年在“新李斯特经济学”的英译上使用了“New Listian Economics”。

笔者最初是在演化经济学领域中提出创建“新李斯特经济学”的。众所周知，在演化经济学中，“新熊彼特学派”的“国家创新体系”概念的提出深受李斯特的影响。进入21世纪以来，该学派将国家创新体系的研究重点放在了欠发达国家上，但却进展甚微。而在我国，受“新熊彼特学派”很大影响的我国科技政策研究者几乎较普遍地接受了新自由主义经济学。在笔者看来，导致这种状况的首要原因是“新熊彼特学派”的研究已经丢失了与李斯特经济学的联系，而在演化经济学其他流派中，欠发达经济问题则是一个被严重忽视的主题。因此，笔者在2012年提出，中国学者有必要在演化经济学中创建专门研究欠发达国家问题的“新李斯特学派”，②使其与老制度学派和新熊彼特学派并列为演化经济学的三大主要流派之一。但是，“新李斯特学派”并不局限在演化经济学之中，创建该学派的主要目的就在于改变李斯特经济学在中国被边缘化的状态，恢复民族国家经济发展在政治经济学研究中的核心地位，开创具有中国特色的本土经济学研究传统，使之成为后世本土经济学每当有重大创新之时，不得不挑战这种传统并赋予其新的生机，并在解决中国经济发展的重大问题上作出原创性的贡献，这是我们为什么要创立中国的新李斯特学派的主要理由。③

“新李斯特经济学”的意义何在呢？笔者在2015年曾以“新国际分工”为例说明了这个问题。全球价值链分工的发展使得一般工业制造作为发达国家的特征已然消失，而从李斯特到现代发展经济学，“经济发展的出路在于工业化”就一直是国家发展战略及其经济政策制定的理论基础，但当发展中国家现在大量出口工业制成品的时候，它们是否还能步入发达国家的行列？自1972年以来，美元霸权的诞生使世界贸易异化成为一种由美国印刷、不被任何实物支撑、只由美国军事力量支持的美元纸币去交换其他国家实物产品的贸易形态，使出口导向型经济成为美国剥削和掠夺的对象，彻底颠倒了历史上

---

① 贾根良：《新李斯特主义：替代新自由主义全球化的新学说》，《学习与探索》2012年第3期。

② 贾根良：《演化经济学的综合：第三种经济学理论体系的发展》，科学出版社2012年版。另见贾根良：《新李斯特学派：专门研究欠发达国家问题的经济学派》，《中国社会科学报》2014年6月11日。

③ 贾根良：《“新经济思想史与新李斯特学派丛书”总序》，载贾根良等：《新李斯特经济学在中国》，中国人民大学出版社2015年版。

英国、日本和许多小型经济体通过出口导向型经济发展模式实现国家崛起的经济学逻辑。在上述世界经济结构发生重大变化的情况下，李斯特经济学有关国富国穷的准则是否还成立？如果不能成立，我们如何做出修正和突破？目前的世界经济发展中存在着哪些前述经济理论家们不曾面对的新情况，从而需要我们为之做出超越李斯特经济学传统的创造性解答？李斯特经济学诞生于自由竞争的资本主义阶段，在他之后，资本主义已经发生了巨大变化，历经了从垄断资本主义阶段到20世纪70年代以后金融帝国主义的出现，但西方的“新李斯特经济学”未能对这种新的历史条件下如何赶超进行深入的理论研究，而这种研究正是我们创立新李斯特学派的初衷。在《新李斯特经济学在中国》一书中，我们已经吸收了现代演化经济学、马克思、凯恩斯和今年在美国成为“网红”的“现代货币理论”的最新研究成果，而现代货币理论的宏观经济学主要来自德国新历史学派（与李斯特有关）、后凯恩斯主义经济学、马克思—卡莱斯基经济思想以及老制度主义经济学。

2014年，在中国演化经济学年会召开“纪念李斯特经济学2015年传入中国90周年论文开题会暨中国新李斯特学派演化经济学座谈会”的同年，西方经济学界在李斯特的家乡罗伊特林根市召开了“李斯特诞辰225周年国际研讨会”，这次会议的论文在2019年以“弗里德里希·李斯特的经济思想”为名结集出版，拉尔德·哈格曼哈、斯蒂芬·塞特和欧根·文得乐在该书中指出，因为全球化和数字化两大趋势的变化，需要重读李斯特。[①]但与西方国家类似的图书一样，它更多的是经济思想史的研究，而“中国的新李斯特经济学”从一诞生就明确地提出：**从中国实际出发，通过新李斯特经济学的理论创新，致力于解决中国经济发展的重大问题**。经济思想史和经济史研究对于实现“中国新李斯特经济学”的这一目标虽然重要，但这种研究必须是以解决当前迫切的实际问题为目的的。为此，笔者提出“创造解释学”的“新经济思想史研究方法论”[②]：基于对经济前沿重大现象的经验观察，通过对经济思想史中旧有学说“微言大义”的批判性继承和创新，提出新理论，解释新现象，并提出新的政策建议。

笔者在2015年曾撰文总结了笔者此前长期思考成熟的新李斯特经济学的十大理论学说，在这里没有必要重述。[③]自然，中国新李斯特经济学的其他研究者也有自己的理论创新和政策建议，但在这里，为了凸显中国新李斯特经济学的实践品格，笔者对自己在过

① Harald Hagemann, Stephan Seiter and Eugen Wendler, *The Economic Thought of Friedrich List*, New York: Routledge, 2019.

② 贾根良：《“新经济思想史”刍议》，《社会科学战线》2010年第1期。

③ 贾根良：《新李斯特经济学作为一个学派何以成立？》，《教学与研究》2015年第3期。

去十多年提出的相关理论、战略设想和政策建议对中国的实际影响做一简单回顾。

2009—2010 年，笔者在对“国际大循环战略”进行批判的基础上，提出“国内经济大循环战略”，主张“大力支持我国高质量和高附加值产品出口的发展；对内则以工人和农民的收入增长、开发中西部和振兴高质量生产活动为三大引擎。通过让民族高质量生产活动和农村市场与原先用于出口的廉价工业制成品相互提供市场，实现国民经济的平衡发展。”①后来，笔者又对“国内经济大循环战略”进行了深入研究，阐述了其中的“高筑墙、广积粮、缓称王”（2011）、“外围包围中心”（2011；2013 年 7 月）和“不对称全球化道路”等战略构成要素，并在 2014 年将其凝练为二十四字纲领：“高端保护、内需市场、智能环保、国家领导、主权信贷、南南成长”。这些战略设想以及以前的理论研究对实际经济产生了一定的影响，笔者下面就选择其中的十个方面加以说明。

第一，笔者在 2010—2015 年的多篇论文中提出并阐述了新李斯特国家致富的新原理：出口中高端产品，进口中低端产品。2017 年 10 月党的十九大报告提出“促进我国产业迈向全球价值链中高端”。

第二，笔者在 2013 年和 2014 年的多篇论文中阐述了只有新兴产业的价值链高端和核心技术才有技术赶超的机会窗口的理论。习近平总书记 2013 年 3 月 4 日指出，“只有把核心技术掌握在自己手中，才能真正掌握竞争和发展的主动权，才能从根本上保障国家经济安全、国防安全和其他安全”。

第三，笔者在 2010 年提出将振兴高质量生产活动作为国内大循环战略三大引擎之一，并“大力支持我国高质量和高附加值产品出口的发展”。党的十九大报告提出我国经济“进入高质量发展阶段”，2019 年 11 月 29 日出台《中共中央、国务院关于推进贸易高质量发展的指导意见》。

第四，包括 5G、大数据、工业软件、机器学习等人工智能革命在内的智能工业化是中美经济战的主战场，2013 年 2 月，笔者在《光明日报》发表文章提出的“人工智能等科技革命的进一步发展”和“智能化”概念，早于 2017 年 7 月 20 日国务院印发《新一代人工智能发展规划》（国发〔2017〕35 号）。

第五，新型举国体制。2016 年，笔者曾在清华大学技术创新研究中心学术委员的学术研讨会上做过一个《美国企业家型国家与我国“新型举国体制”》的报告。在这个报告中，笔者指出举国体制并非我国独有，而且与军工密切相关，与我国“两弹一星”一

① 贾根良：《转变对外经济发展方式呼唤经济发展战略的变革》，《经济纵横》2010 年第 9 期。

样，美国曼哈顿工程和阿波罗登月计划也属于高度集中的举国体制。但美国战后高科技霸主地位的形成却是来自另一种相当不同的举国体制——相对分散的网络型举国体制。美国这种网络型“举国体制”为我国在市场经济条件下如何建设“新型举国体制”特别是军民融合国家战略的实施提供了重要借鉴，但存在着缺陷，我国应该发挥社会主义的体制优势，发挥国有企业作为创新驱动先锋和国家创新意志的政策工具的重要作用，建立比美国更加集中的网络型“举国体制”。2017 年，笔者将上述学术报告择要撰写成《借鉴美国经验在相关部委创建高级研究计划局》，被中国特色社会主义经济建设协同创新中心《成果要报》2017 年第 3 期（总第 125 期）所采用。2019 年 3 月，其修改稿又以“我国创新驱动发展战略亟须建立‘新型举国体制’”为题发表于《改革内参》2019 年第 9 期。2019 年 10 月 28—31 日召开的中共十九届四中全会提出“构建社会主义市场经济条件下关键核心技术攻关新型举国体制”。

第六，笔者是国内唯一公开发表文章呼吁在 15—20 年内不要加入 WTO 政府采购协定的学者，力主利用政府采购推进自主创新。2009 年提出“修订国货采购制度，坚决落实并严格执行政府、国有企业和其他公共机构采购国货的制度，违背纪律者将被免职，情节严重者被开除公职，并追究其法律责任”①。2012 年，笔者撰文建议我国在 15—20 年内不要加入 WTO 政府采购协定，整顿政府采购市场，尽快推行政府采购国产货。随后，笔者在 2016、2017 和 2018 年一直在呼吁恢复执行 2011 年关于自主创新产品政府采购的三个文件。据报道，2019 年 12 月 8 日，英国《金融时报》一篇题目为“北京下令政府办公替换掉国外 PC 和软件”的报道，引起了国际媒体的广泛关注，该报道称，中国计划从 2020 年开始，3 年内完成政府部门和公共机构计算机和软件的国产化替代。但是，建立政府采购的自主创新体系仍未在国家战略层面得到重视。在中美贸易摩擦的大背景下，中国加入 WTO 政府采购协定已经不可能，因此，笔者在这里继续建议：要本着“只争朝夕”的精神，尽快恢复执行 2011 年关于自主创新产品政府采购的三个文件，将政府采购的自主创新体系作为“社会主义市场经济条件下关键核心技术攻关新型举国体制”的一件大事来抓。

第七，“外围包围中心”（2011；2013 年 7 月）和“不对称全球化战略”（2014）。笔者于 2009 年提出并在 2010 年论证的“国内经济大循环战略”并非不重视对外贸易和外部市场的重要性，因此，笔者在 2011 年提出如下战略思想作为该战略的构成要素：“以中国为龙头，团结广大的第三世界国家，建立一种与美元体系相平行的国际经济新秩序。”②这

① 贾根良：《评佩蕾斯的技术革命、金融危机与制度大转型》，《经济理论与经济管理》2009 年第 2 期。

② 贾根良：《解决中国外汇储备贬值的大战略》，2011 年 8 月 4 日，http://www.wyzxwk.com/Article/jingji/2011/08/244246.html。

是笔者有关中国应将经济全球化重心转移至发展中国家的最早表述。2011年底，笔者又指出："以中国为龙头，建立一种以俄罗斯、广大发展中国家和欧盟等为统一战线的国际经济新秩序对我国就显得极为必要。"①2013年7月28日，在中国人民大学召开的"新时期深化经济体制改革战略研讨会"上，笔者做了"应对TPP的对策与中国经济全球化的新战略"的报告，在该报告中，笔者在题为"'外围包围中心'：中国经济全球化的新战略"中专门对这一战略进行了论证。为保证"外围包围中心"新战略的成功，笔者在该文中还提出了在国内市场扶植和保护民族产业全球价值链高端、在发展中国家建立人民币货币区以及避免过度开放和不对等开放等一些具体的政策建议。②这些战略构想都早于国家"一带一路"倡议的提出（2013年9月）。2014年初，笔者撰写了"不对称全球化战略"与中国经济全球化道路的文章，但是，这一战略中提出的针对发达国家实施"浅度全球化"和保护国内市场的建议并没有得到人们的重视，至今仍未对经济实践产生切实的影响。

第八，2017年6月，笔者提交"'一带一路'的转型升级和人民币国际化新方略"的政策建议。笔者提出，"一带一路"要立足于国内产业转型升级，在经贸关系上通过"双领先战略"和价值链高端战略引领"一带一路"，并借"一带一路"推进人民币国际化。所谓"双领先战略"就是在战略性新兴产业和第四次工业革命上对内实施"创造国内领先市场战略"和对"一带一路"国家实施"领先供应商战略"；所谓价值链高端战略就是在不放弃并强化我国在制造业价值链中低端竞争优势的条件下，构建由我国企业控制并占据价值链高端环节的全球价值链。"一带一路"倡议是人民币国际化的主要途径，其成功的基础在于以人民币结算、贷款和投资，为此，我国需要在国内尽早完全实行主权信贷，加强资本项目管制，通过贸易和实体经济活动推进人民币国际化。

第九，笔者在2015年提出的"发达国家产业保护说"在2018年的中美贸易摩擦中得到了完全的证实。实际上，早在1953年，著名发展经济学家拉格纳·纳克斯在英国牛津大学出版社出版的《不发达国家的资本形成问题》就已指出，发展中国家利用低工资劳动力，追求劳动密集型工业品出口战略，这种战略需要发达国家给予支持，或至少不歧视，但纳克斯认为这种支持无法得到保证，特别是发达国家的低工资成本工业在面临被进口品冲垮的危险时，就会实施保护主义政策。③2015年，笔者通过对李斯特"贸

① 贾根良：《世界经济大萧条与中国经济发展战略的革命》，《国外理论动态》2011年第12期。

② 贾根良：《应对TPP的对策与中国经济全球化的新战略》，2013年7月28日在中国人民大学召开的《新时期深化经济体制改革战略研讨会》上的发言稿，http://blog.sina.com.cn/s/blog_c334383f0101azhg.html，2013年7月31日。

③ 见贾根良：《扩大内需、平衡增长与主权信贷》，《光明日报》2012年6月8日。

易—发展三阶段理论”的批评，提出“发达国家产业保护说”。笔者在 2018 年 4 月 13 日撰文指出，“禁止中国高科技产品和中国直接投资进入美国是美国政府吸取了英国在 19 世纪末的教训”。从演化经济学理论和历史经验来看，后发大国都是从新兴产业、新兴技术入手通过制度创新实现对原先领先国家进行赶超的，因此，发达国家也有必要对新兴产业和新兴技术实施保护主义，我们必须正视这一客观现实。

第十，笔者是“中美经济脱钩”概念和战略的最早提出者，是笔者在 2010 年作为一种战略主张提出的：“中国要摆脱美元霸权的支配地位并贯彻独立自主的发展方针，应该考虑中美经济‘脱钩’的可能性和途径。”①笔者所谓“中美经济脱钩”实际上是“国内经济大循环战略”的另一种表述，它是笔者对历史经验长期思考得出的。正如迪特·森哈斯指出的，欧洲的历史经验说明，与发达国家之间的“选择性脱钩是后发展取得成功必不可少的先决条件”：西欧和中欧开启了现代化发展进程，那里的发展是由“临时切断贸易主动脉”所决定的，这一点难道仅仅事出偶然，或是深有大意?②从经济思想史来看，这种战略也是后发国家倡导独立自主工业化的经济学家提出的。因此，2018 年 5 月份笔者指出，中国与美国这对“夫妻”的“离婚”是中国走上独立自主、自力更生道路的基本条件。

但是，美国经济战略家为什么也提出“中美经济脱钩”呢? 原因就在于笔者早就指出的：美国需要价值链低端，中国需要价值链高端，对于中美两国来说，各自建立比较完整的产业链和价值链都是最好的选择。历史经验说明，如果两国经济过度一体化，贸易冲突甚至军事冲突就很难避免，所以，凯恩斯的看法是很有见地的：“更大程度的国家自给自足和国家间的经济分隔要比其他方式更好地促进和平的事业”，这对于当前的中美经济关系而言同样是金玉良言。

三、我国面临的严峻挑战与新李斯特经济学当前的任务

2012 年，笔者撰文指出，“世界正处于一个重大的转折时期，世界乃至各国经济亟须重大的制度改革，经济政策的焦点正在发生转移”，正在聚焦于五个方面：创新驱动的经济；实际工资而非 GDP 是衡量国富国穷的首要标准；恢复实体经济；抓住战略性新兴产业；国民经济比国际贸易更为重要。③自 2016 年以来，世界经济面临着向支配半个

① 迈克尔·赫德森：《保护主义：美国经济崛起的秘诀（1815—1914）》，贾根良等译校，中国人民大学出版社 2010 年版，第 312—313 页。

② 迪特·森哈斯：《欧洲发展的历史经验》，梅俊杰译，商务印书馆 2015 年版，第 243 页。

③ 贾根良：《国际金融危机后演化经济学发展的新趋势》，《教学与研究》2012 年第 5 期。

世纪之久的新自由主义发起最后冲锋的历史大变局。这种大变局首先是“国民经济比国际贸易更为重要”，各国都在保护自己的经济，以抵御自由竞争和自由贸易对国民经济的毁坏性影响；其次是民众希望回到战后“黄金时代”（“实际工资而非GDP是衡量国富国穷的首要标准”），再次是各国特别是中美对5G、人工智能和纳米新材料革命等国际竞争制高点的争夺（“抓住战略性新兴产业”和“创新驱动的经济”），最后是通过现代货币理论学派强调的财政政策振兴实体经济是大势所趋。当然最重要的是前两点：保护主义（国家经济学）和民众主义（国民经济学）的“新李斯特主题”，它对新自由主义形成了目前最强有力的冲击。然而，“新李斯特主题”需要新的理论才能彻底打破新自由主义支配的局面，这种新理论就是以通过财政政策振兴实体经济为使命的国家货币理论为核心的现代货币理论，它自然就为新李斯特经济学所采纳。

众所周知，新自由主义曾被普遍地看作是2008年全球金融危机的罪魁祸首。然而，自全球金融危机爆发以来，新自由主义经济政策不仅没有受到抑制，反而变得变本加厉，从而导致欧美经济陷入了更加混乱的局面。新自由主义者至今仍在使用撒切尔夫人“别无选择”的名言为其财政紧缩、财政整顿、国有资产私有化、福利国家的整体缩减、对社会保障的攻击进行辩护。事实上，几十年来，主流经济学家和建制派官员们依靠“别无选择”来说服选民：尽管其政策可能会伤害他们，但这是唯一的游戏，他们没有其他的选择。一些马克思主义经济学家或左派经济学家也认为，缺乏替代新自由主义的有力方案是导致垂死的新自由主义仍占据支配地位的重要原因。①但近两年来，越来越多的人发现，现代货币理论似乎就是人们正在寻找的替代新自由主义的强有力的方案，这是现代货币理论之所以在世界上影响越来越大的原因。随着现代货币理论演变成一场影响全球政治和政策话语的大众知识分子运动并成为主流学派，大约在十多年后，新自由主义终将退出历史舞台。但是，在我国，很少有人认识到西方发达资本主义国家这种历史大变局的进步性质。由于篇幅所限，笔者在这里只简单地讨论“中美经济脱钩”和对外开放的问题。

第一个问题是“中美经济脱钩”问题。美国经济战略家和美国政府企图通过所谓“中美经济脱钩”进一步达到控制和支配中国经济的目的，美国的这种“罪恶”目的已是“司马昭之心路人皆知”。在笔者看来，美国高调宣传与中国经济脱钩的真实意图是通过实施关税保护和科技冷战②等“脱钩”措施，达到保护美国国内市场、国内产业和

① 陈人江：《新自由主义之后还是新自由主义?》，《河北经贸大学学报》2018年第1期。

② 包括禁绝中国对美高科技投资，对中国企业所需关键零部件实行禁运，限制中国籍的理工技术专业的留学生、访问学者或科研人员赴美，更严格的对华技术禁运措施，对中国5G和《中国制造2025》实施精准打击，以及禁止中美之间在自然科学基础理论方面正常交流等。

技术，但与此同时，为了达到支配中国经济的目的，美国又要通过强化所谓知识产权保护、巩固跨国公司在中国市场价值链高端的垄断地位以及对美金融开放等措施对中国经济实行“紧密挂钩”。为此，美国正在实行两个新的重大战略。第一个就是通过对来自中国的产品征收高进口税，隔离美国本土和中国市场，其目的就在于刺激美国在一定程度上恢复本土的中低端生产，重建创新所需的完整产业链，增加就业，缓和国内阶级矛盾，并增加用于抵补减税或政府开支所需的财政收入，或更准确地说，美国对来自中国的产品征收高进口税是美元回笼的重要机制，是将中国作为美国的一个私人部门来处理的。①因为美国在华跨国公司对美大量出口不符合美国整体的国家利益或国民利益，因此，美国对其在华跨国公司输出到美国的产品征收同样的高进口税也在所不惜，同时也是为了迫使这些跨国公司以占领中国以及其他国家市场为根本目标，以达到美国充分利用本土和海外两个市场的目的。第二个战略就是为了在对华贸易逆差减少的情况下继续在中国推行美元霸权战略，为此，美国正在从通过贸易逆差输出美元为主的战略转变为通过贸易逆差和金融直接投资输出美元并重的战略，并有可能在未来转变为以后者为主，这是美国对华经济战略的重大变革，这就必然要求中国对美国实施金融开放。

对于美国高调要与中国经济“脱钩”的这种如意算盘，中国应该怎么办？2018 年 9 月，笔者为此曾公开撰文指出“中国比美国更需要保护自己的民族产业，保护价值链高端，保护国内市场”，“既然美国高举关税保护、禁止中国在美投资等保护主义大旗，那么，我国就可以完全有正当理由采取对等的反制措施”。②显而易见，如果要使美国的如意算盘落空，我国将不得不实施笔者自 2009 年以来所提出的一系列战略措施和政策建议。否则，我们就很有可能最终出现几年前笔者就担心的结果：重蹈英国在 19 世纪末的覆辙。然而，在美国意图或美国版本的“中美经济脱钩”已被人们普遍接受的情况下，中国是否还存在推翻这种格局的可能？李斯特曾指出，“晚近的保护制度是战争所促成的”③，如果中美发生军事冲突，这将会意外地导致中国采行保护主义战略吗？虽然我对中国经济发展战略发生重大变革的可能性比较悲观，但也不会放弃这种希望，希望有朝一日，我国能够为保护自己的民族产业，保护价值链高端，保护国内市场，保护财政金融体系，实施笔者所谓“高端保护、内需市场、智能环保、国家领导、主权信贷、

① 对于这一点，需要运用现代货币理论加以说明，读者可注意笔者在以后的文章中对这一问题的专门解释。

② 贾根良：《只有保护民族经济才是应对中美经济战的正确选择》，http://www.cwzg.cn/theory/201809/44331.html。

③ 李斯特：《政治经济学的国民体系》，商务印书馆 1961 年版，第 159 页。

南南成长”的“国内经济大循环战略”。为此，中国新李斯特经济学目前一个非常重要的工作就是做好新李斯特经济学的启蒙和普及工作。

第二个问题是对外开放问题。对外开放必须符合国家利益，在法币时代，追求贸易顺差和积累外汇储备的战略是违背国家利益的，原因就在于贸易顺差国获得的是逆差国不断贬值的主权货币，但丧失了实际资源的使用，相反，逆差国作为实际资源的使用者，才是实际利益的获得者。“出口是一种成本而进口则能带来收益”①，但现代货币理论学派的这一命题也不能绝对化，美国正是将其推向绝对化，导致了“去工业化”和国内阶级矛盾日益尖锐。如果将“出口是一种成本而进口则能带来收益”绝对化就会导致在对外经济关系上走上金融化的道路，这种道路是历史上威尼斯、荷兰和英国相继衰落的重要原因，这就是我在2010年为什么提出中国在总体上要奉行贸易平衡战略的原因。“如果中国的进出口保持长期的动态平衡，我国就不会积累这么多的美元储备，也不会陷入‘美元陷阱’。”②但最近几年，笔者一直在提倡贸易平衡并略有逆差战略，具体操作是：我国进口原材料、资源和低端产品的价值大于出口中高端工业和服务出口的价值，外国将对华贸易形成的顺差以人民币外汇储备形式储备起来。为此，我国必须彻底放弃贸易顺差战略，采取笔者在2011年就已提出的限制美元流入和停止引进外国直接投资的“金融保护主义”措施，利用无与伦比的内需市场，通过扩大中央政府财政赤字开支，实施笔者在2010年就倡导的国内经济大循环战略。

但是，上述新战略在将来有可能面临着我国发生外汇危机、金融危机、财政危机和粮食危机的严重威胁。由于篇幅所限，对于财政危机的可能性以及粮食危机的问题，本文暂不讨论。

首先，外汇危机。2011年，笔者就估计，由于外国直接投资在华投资收益在25%左右，而中国人民银行的外汇储备投资美国国债的收益率只有1%—2%，所以，在华跨国公司手中积累的人民币早已超过了中国人民银行当时的外汇储备，这是未来我国发生外汇危机的巨大隐患。2012年，笔者在讨论2011年开始实施的“扩大进口战略”作为达到“贸易平衡”的政策时，曾明确地指出：“我国贸易顺差主要是由在华跨国公司的加工贸易所形成的，如果把扩大进口作为一种战略长期实施，不仅无法降低对在华跨国公司的依赖，而且在未来某些时候是否会导致外汇危机？例如，以2010年我国1 831亿美元的顺差构成为例，外商投资企业占2010年我国贸易顺差的68%，顺差额为1 243亿美

① 兰德·瑞：《解读现代货币》，中央编译出版社2011年版，第189页。

② 贾根良：《保护主义与内向型经济是中国经济崛起唯一选择》，《当代财经》2010年第12期。

元；而我国民营企业和国有企业贸易顺差总计仅 598 亿美元，占比为 32%。由于外商投资企业所形成的贸易顺差实际上代表着外资对我国资产的索取权，是我国间接地对外资的隐性债务，因此，一旦外资外逃和外商投资企业不再通过结汇制把美元交给中国人民银行，而我国进口比例如果无法压缩，这将有可能发生外汇危机。"①2018 年 7 月，笔者对当时再次鼓呼"扩大进口战略"以解决中国贸易不平衡特别是对美贸易顺差的文章提出批评。

十多年以来，中国服务贸易逆差一直在高速增长，再加上目前美国对来自中国的产品征收高关税和大量进口美国农产品，中国对外贸易出现"贸易逆差"的年份已为时不远，但这种"贸易逆差"与笔者所倡导的"贸易逆差"存在着本质的区别，在这种情况下，未来中国发生外汇危机的风险进一步增大了。为了避免这种外汇危机的风险，笔者自 2010 年以来就提出了取消出口退税，调整贸易结构，保护高端价值链（演化经济学将知识密集型服务业归入高端价值链），停止引进外资等一系列措施，但这些建议并没有产生任何影响。

其次，金融危机。2011 年，笔者提出金融保护主义的建议："金融保护主义是应对货币战争的根本性措施，为了避免美元霸权和金融自由化对我国经济的掠夺，我国应该继续实行资本项目管制，严格审查②国内企业到海外上市，严厉打击热钱活动，为主权信贷的实施创造条件。主权信贷是与美元霸权相对立的，我国具有广阔的市场，主权信贷具有得天独厚的条件。单从人口上来说，我国的人口规模就超过美国、欧盟、日本和俄罗斯的人口总和，我国具有世界上任何国家或欧盟都无法企及的最大的内需市场，完全可以在任何产业上达到规模经济，不必过度依赖对外贸易，达到贸易平衡就可以了，这就是为什么我国要重走内需主导型经济的原因。在内需主导型经济和贸易平衡的情况下，美元一分钱也不让它进来，美元霸权就对中国无计可施了。"③

在笔者看来，（1）我国不缺乏资金，外国银行进入中国，必须将美元交给中国人民银行才能在中国开展业务，这不仅增加了"烫手"的外汇储备的负担，而且也挤占了本土银行的信贷规模，这对中国实体经济没有一点好处。（2）美国金融家的经营管理水平不会比我国本土金融家高。华尔街金融家制造的美国次贷危机是史无前例的，怎能说其经营管理水平高呢？如果没有奥巴马政府对金融业的大规模救助，美国的金融危机是无法收场的。我们应该警惕华尔街银行家在中国兴风作浪、制造新的金融危机。（3）引进

① 贾根良：《扩大进口战略的隐忧与国民经济平衡增长新论》，《当代经济研究》2012 年第 12 期。

② 笔者在随后的文章中改为"禁止国内企业到海外上市"。

③ 贾根良：《世界经济大萧条与中国经济发展战略的革命》，《国外理论动态》2011 年第 12 期。

外国金融资本将激发本土金融机构的竞争力，这个观点同样站不住脚。按照上一个观点，既然美国金融家的经营管理水平不会比我国本土金融家高，它怎会激发我国本土金融机构的竞争力呢？要知道，华尔街的所谓“竞争力”是美元霸权赋予的，由于作为主权货币的美元攫取了“世界货币”的地位，在国际货币等级体系中处于支配地位，是最有侵略性和投机性的强势货币，而处于国际货币等级体系底端的包括人民币在内的发展中国家的货币在金融开放条件下必将是一种任人宰割的弱势货币，必然会发生金融危机，从而更深地陷入对美国等发达国家的金融、贸易和技术等多方面的依附地位。因此，我国必须采取金融保护主义，保护中国的财政金融体系。

面对我国即将到来的这些严峻挑战，中国的新李斯特经济学应该怎么办？

首先，中国新李斯特经济学目前的任务之一就是介绍、研究和宣传反击新自由主义的力量和经济学新理论特别是现代货币理论在国外发展的状况，并在广大干部和群众中做好新李斯特经济学的启蒙和普及工作。

其次，美国保护其市场并控制中国市场的“中美经济脱钩”将对中国发展造成严重阻碍，中国的新李斯特经济学不得不在这种不利条件下，寻求更艰难但可以得到替代性发展的路径，以避免中国陷入“中等收入陷阱”。例如，构建抓住以新材料、纳米、可再生能源革命和生物制造为核心的第六次技术革命浪潮“机会窗口”的“国家核心技术创新体系”。在笔者看来，对于实现中共十九届四中全会提出的“构建社会主义市场经济条件下关键核心技术攻关新型举国体制”来说，最重要的是要致力于建立新一代中国国家创新体系——国家核心技术创新体系，其中构成要素可以包括政府采购的自主创新体系，军民融合，华为式大企业一体化攻克核心技术模式，国企定位于创新先锋和作为国家核心技术创新意志的政策工具，建立以国家实验室为核心的科研体系，围绕国家实验室催生一大批领导第六次技术革命浪潮的新型民营经济，等等。

最后，继续深入研究中国新李斯特主义的“中美经济脱钩”和“国内经济大循环战略”的具体政策问题，为将来中国经济发展战略有可能发生的变化提前做好相关理论指导和政策设计的准备工作。在这方面需要做大量的研究工作，如20世纪70年代发展中国家声势浩大的“建立国际经济新秩序”被美国瓦解的根本原因是区域集团不能自给自足，“一带一路”倡议如何避免重蹈覆辙？如何认识农业和农村在国内市场规模和“国内经济大循环战略”中的战略重要性？美国将粮食战争与金融战争捆绑的可能性有多大，如何应对？如何解决“国民经济平衡增长新论”中有关国内经济结构的重大改革问题？为什么发达国家特别是美国在华跨国公司是中国实施贸易平衡并略有逆差战略的根本性障碍？财政金融体系特别是国债市场的发展对中国新李斯特主义的“中美经济脱钩”和“国内经济大循环战略”为什么是至关重要的？对于这些问题，传统经济学是无能为力的，而中国新李斯特经济学具有重大的理论优势，中国新李斯特经济学一定能够为中国经济发展战略的巨变做出重要贡献。

从赶超发展角度重新认识弗里德里希·李斯特*

梅俊杰 **

摘　要　世人多从关税保护、政府干预这样的角度来认识弗里德里希·李斯特及其学说，这固然不错，但显然并不全面。实际上，李斯特站在落后国立场上，早已构建了一个内容广泛的赶超发展学说。这一学说基于落后国赶超发展的需要，系统提出了发展阶段论、生产源力论、幼稚产业论、国家干预论、经济规划论、产业协调论、交通优先论、非经济因素论、科技作用论、分工合作论、社会资本论等一系列超前的经济思想。况且，当为现实赶超需要而挑战斯密学派时，李斯特在长远发展方向上并未放弃稳健的自由主义追求。他始终把贸易保护当作通向自由贸易的一个阶段，反对不讲条件、过犹不及的保护主义；在强调经济民族主义时，他也依然倡导国际经济联合；在重视国家对赶超发展的关键作用时，他又处处谨防政府越俎代庖的过头行为等等。以宽广的赶超发展为视角，有助于我们重新认识李斯特及其学说，并从中吸取切合当今发展需求的现实启示。

关键词　赶超发展　新视角　重新认识　李斯特及其学说

关于德国经济学家弗里德里希·李斯特（1789—1846年），世人一般知道他是贸易保护和国家干预政策的主要倡导者，德国人从本国历史出发，多把他视为“德国关税统一、建立铁路网和实行保护关税的先驱”（拉夫，1987，p.458）。这样的结论固然都不算错，但是否就此充分评价了李斯特的历史贡献及其学说的当今意义呢？如果是，为何德国当代“新李斯特主义者”迪特·森哈斯仍然认为，李斯特及其学说“始终备遭埋没”，“迄未得到公正评价”（森哈斯，2015，p.31）？与此同时，1989年在纪念李斯特诞辰二百周年时，森哈斯本人专门论述了“李斯特与发展的基本问题”，其中特别强调“后发展或称赶超发展问题是李斯特进行思考的出发点”（Senghaas，2013，p.74）。这是一个重要观点，它提示我们，从“后发展”或更明确地从“赶超发展”这个角度来研判李斯特

*　本文系国家社科基金项目“弗里德里希·李斯特经济学说的当代价值研究”（项目批准号：18BJL002）的阶段性成果。

**　梅俊杰，上海社会科学院研究员。

及其学说，可能让我们超越关税保护、国家干预、产业培育、铁路建造这些局部性侧面，从而在更高的综合层面“重新认识”并“公正评价”李斯特的追求与贡献。进言之，如果以“赶超发展”为坐标，则不仅有助于更加全面充分地评价李斯特及其学说，而且有助于我们从中提炼出更切合当今发展实践的政策启示。

一、站在落后国立场上全面挑战斯密学派

李斯特的经济思想主要见于三种著作，即《美国政治经济学大纲》（1827 年）、《政治经济学的自然体系》（1837 年）、《政治经济学的国民体系》（1841 年）。第一部是李斯特移民美国期间应美国保护主义者所请，为批驳当时不利于美国工业发展的自由贸易思潮而写下的英文册子；第二部是他在法国期间，为参加法国道德与政治科学院“自由贸易还是关税保护”征文而写出的法文书稿；第三部则是上述征文受挫后，他为系统阐述本人政治经济学思想而最终在德国完成的德文作品。显然，这三种著作当时分别为美国、法国、德国撰写。

英国在打胜拿破仑战争（1803—1815 年）时，工业发展气势如虹，它与其他国家的差距基本上就是机器工厂与手工作坊之别（Ellsworth and Leith，1984，p.46，p.271）。落后一步的美、法、德无不面临英国的巨大竞争压力，三国均需找到某种能规避英国产业锋芒、克服自身后发劣势、争取迎头赶上的有效发展道路。针对这一特定需要，李斯特分辨了落后国与领先国各不相同的经济处境与政策需求，他站在落后国立场上，独到地提出了一套完整的赶超发展学说。如今所知的李斯特以国家为本位的经济民族主义理论、以工业化为中心的生产力理论、以政府干预为基础的关税保护理论，以及以经济史为依据的实证历史方法，实际上都是这一非常超前的赶超发展学说的具体组成部分。

李斯特赶超发展学说的思想脉络可归纳如下：既然现实世界中各国发展水平参差不齐，既然缺乏“世界联盟与持久和平”（李斯特，1997a，p.112），落后国为图存自立，便需要依赖国家这一政治经济单元，国家才是国民长远利益的捍卫者。因此，必须超越流行的“个人经济学和人类经济学”，建立兼具经济和政治视角、兼顾国民总体利益的“国家经济学”（李斯特，1997b，p.209）；一国的富强主要取决于生产能力（或应称之为“生产源力”），“财富的生产比之财富本身，不晓得要重要到多少倍”（李斯特，1997a，p.118）；“国家生产力的增长中，更重要的是工业力量的增长”（李斯特，1997a，p.202）；影响工业化的不单有经济因素，更有政治、法制、社会、文化、精神等众多非经济因素，它们“都是生产力增长的丰富源泉”（李斯特，1997a，p.123）；其中，“国家力量的干预”尤可促进落后国“工业、海运业、国外贸易获得真正大规模发展”（李斯特，

1997a，p.155）；特别是国家可借助保护性关税，“实行商业限制以便建立并保护自己的产业”（李斯特，1997a，p.155）。

在此经济学说中，李斯特的关税保护思想尤为后人关注。在他看来，经济发展有阶段之分，至少包括原始农业自给自足、外贸激发下工业起步、本国工业支配国内市场、进而恃强展开国际竞逐这四个阶段（李斯特，1997b，p.92）；发展程度悬殊的国家之间展开自由贸易，会使产业强国“控制弱小国家的贸易和工业，将其置于受奴役的地位”（李斯特，1997b，p.22）；关税保护则是“国家把贸易和产业机会留给自己”“保护国内工业的方法”（李斯特，1997b，p.184、p.109）；短期内关税保护固然“使价值有所牺牲”，但长远看却“使生产力有了增长，足以抵偿损失而有余”（李斯特，1997a，p.128）；农业不在关税保护之列，“唯有以国家的工业发展为目的时，才有理由实行保护制度”（李斯特，1997a，p.164）；一国达到充分富强后，应“逐步恢复自由贸易原则”，以借助竞争确保各产业长盛不衰（李斯特，1997a，p.105）；保护政策的施行需要相应条件，尤以“内部竞争”为要，“一个愚笨、懒惰、迷信的民族决不会从关税措施中获得任何好处”（李斯特，1997b，p.82、p.210）。

李斯特敏锐地认识到，“亚当·斯密的世界主义理论”即自由主义学说最符合领先国的需要，却有害于落后国（李斯特，1997a，p.307）。故此，他的学说在诸多方面都跟占据主流的斯密学派大唱反调。最突出的是，李斯特拒斥斯密学派的大同式世界观，强调现实世界由不同国家组成，彼此间利益相异，甚至不乏“醉心于征服并奴役其他国家的势力”（李斯特，1997b，p.29），故而民族主义才是现实的出发点；他对自由贸易持保留态度，断言自由贸易论是服务强者的一套学说，趋于产生扶强抑弱的后果，会令低端产业方蒙受损失；他不接受比较优势原则，认为比较优势越来越人为大于天成，经常是谁抢得先机谁就占据优势，目前的强国都有过借助保护政策人为培植产业的历史；他不赞成放任自流，主张落后国为追赶先进，必须施行政府干预特别是关税保护，借以培养生产力特别是工业生产力；他不认为发展只是经济问题，深信它也是政治和制度问题，故而高度重视非经济因素的作用（梅俊杰，2002，p.222）。总之，李斯特雄辩地说明，斯密学派不具有普世性，更属一套适合领先国的特殊理论。对于如许思想建树，艾尔弗雷德·马歇尔也称道，李斯特具备“出色天才和家国热忱”，“与李嘉图学派［亦即斯密学派］的封闭狭隘和自满自得适成对照”（Clairmonte，1959，p.43）。

以现实主义而非理想主义、从民族国家而非大同世界的角度看待国际关系，重视生产制造能力的长远培植而非贸易与消费方面的短期获利，动态地而非静态地看待产业和财富问题，融合政治经济而非单纯限于经济去思考国家富强之道，强调采用历史归纳方法而非依仗抽象理论推断，如此让李斯特的赶超学说迥然有别于本质上维护领先者优势的斯密学派，从而成就了自身鲜明的挑战特色。当然，也有若干文献强调李斯特与斯密不乏共性（Gray，1950，pp.119—144），重申李斯特也认可自由贸易原则，正如斯密也赞同某些保护主义做法（Preparata and Elliott，1996，pp.4—34），提出应当打破对李斯特和斯密的公式化（Harlen，1999，pp.733—744）。考虑到理论大家往往存在思想的多面性，考虑到门派形成过程中追随者的简单粗暴以及意识形态化后的门户之见，此类文献的纠偏与调和自有其合理性。然而总体看，高调揭批斯密学派终究是李斯特的爱国志业，他与斯密学派分道扬镳乃众目昭彰的事实。“如果说在英国，资本主义有比较长久的历史和较为巩固的基础，使斯密和李嘉图成为自由贸易的鼓吹者，那么，德国的落后状态促使李斯特成为经济民族主义的传道士。”（罗尔，1981，p.223）这句话点明了问题的要害所在，正是落后国的国情让李斯特成为“反英国、反世界主义、反古典学派和带有强烈民族性的资产阶级反对派在政治经济学领域中最有影响的代言人”（法比翁克，1983，p.31）。

李斯特生于1789年，次年斯密便过世，李斯特的成长岁月与英国工业竞争力大举上升、斯密学派声名鹊起正好相重合（梅俊杰，2014，p.29）。有鉴于此，李斯特并非斯密学派的天敌，相反他坦承，自己“曾经不仅是斯密和萨伊的忠实信徒，而且还是一位把他们的理论当作确实可靠学说而热情讲授的教师”（李斯特，1997，p.213）。然而，现实观察促使其思想发生转折。拿破仑实行封锁英国的“大陆体系”时，欧洲大陆的制造业一度发展迅速，而随着拿破仑战败并致封锁体系崩溃、自由贸易再次兴盛，欧陆幼稚的制造业甚至是农牧业因此遭遇英国的毁灭性打击。强烈的反差终令李斯特“改变信仰”并反戈一击（李斯特，1997，p.213）。这种思想改宗在开风气之先的大家身上不时可见，亨利·凯里、梅纳德·凯恩斯、劳尔·普雷维什等人经历过类似心路历程（梅俊杰，2014，p.299），但是，以挑战斯密学派之先机和影响而论，李斯特不愧为“第一人”。有道是：“当代经济学家看来日渐愿意这样承认李斯特：第一个从后进的欧洲国家角度批评斯密和李嘉图的突出人物”（Szporluk，1988，p.147）；“后发展国家最早的声援者之一，自由贸易和放任自流的首要批判者，幼稚产业保护的倡导者”（Henderson，1983，p.143）。

李斯特的思想得益于欧美的非自由主义源流，首先是欧洲由来已久的重商主义传统（季德、利斯特，1986，p.321）。重商主义诞生于民族国家兴起、国际竞争激化的近代欧洲，主张通过金银积累、贸易保护、工业扶植、就业促进、国家干预、强权打造、殖民征服等手段，实现国家富强并赶超世界先进（梅俊杰，2017，p.123）。李斯特深通并赞赏重商主义，指出所谓“重商主义”实乃“工业主义”（李斯特，1997，p.282），由此传承并光大了重商主义。李斯特另一思想源头则是他居住了六年的美国（1825—1832年）。赴美前他已对斯密学派表示怀疑（Tribe，2005，p.42），且已形成了关税保护思想（Henderson，1983，p.144），但他也受到亚历山大·汉密尔顿、丹尼尔·雷蒙德、马修·凯瑞等人经济政策主张及美国产业保护实践的进一步启迪（Hirst，2012，pp.111—117；Henderson，1982，p.262；Tribe，2005，p.53；熊彼特，1996，p.196）。此外，法国19世纪早期保护主义者，包括让—安托万·沙普塔尔、夏尔·迪潘、弗朗索瓦·费里埃（Henderson，2012，pp.262—275；季德、利斯特，1986，p.333）、路易·萨伊、路易—阿道夫·梯也尔，德国经济学家海因里希·冯·施托希（Ince，2016，p.382），以及德国经济学家亚当·米勒等人（Mann，1951，p.433），也程度不同的影响过李斯特。

需要指出，李斯特生前屡遭人身攻击，《政治经济学的国民体系》出版后，在引起轰动的同时也引出了剽窃指控（Wendler，2015，pp.203—210）。例如，卡尔·海因里希·布吕格曼指称李斯特抄袭亚当·米勒（Hirst，2012，p.122）；马克思、恩格斯也以为李斯特抄袭了弗朗索瓦·费里埃（马克思，1979，p.268；恩格斯，1962，p.525）；还有人指认李斯特与美国保护主义者之间思想相似（Tribe，2005，p.53）。经考证，所谓李斯特对米勒、费里埃等人的抄袭指控并无实据（季德、利斯特，1986，p.334；Szporluk，1988，p.113、p.245）。对于与他人的思想联系，李斯特在著作中时有公开承认（李斯特，1997a，p.296、p.294；李斯特，1997b，p.188 et al.）。即使是彼此学说的某些相似点，也终究是李斯特以自身框架吸收再创后的局部结果，他在借鉴的同时呈现了创造性。例如，虽然同样反对斯密，但米勒倾向于回归中世纪的经济和政治制度（Hirst，2012，p.122），“对现代工业总是表示敌意”（罗尔，1981，p.225），李斯特则大力倡导发展工业和现代交通；虽然同样使用“生产力”，但李斯特的概念比迪潘的概念具有丰富得多的内涵（Henderson，1983，p.160）；虽然同样强调政府激励，但汉密尔顿喜欢财政补贴，也赞成保护农业，李斯特则青睐关税保护，并反对施之于农业；虽然同样呼唤工业化，但圣西门要以工业消融国家，李斯特则要以工业强化国家；等等。况且，李斯特长于理论锋芒、舆论影响、历史引证、实践导向，也因此而“能影响多国政策”（Hirst，2012，p.117）。

总之，基于对既存非自由主义经济思想和政策实践的博采众长，包括对斯密学派的合理扬弃，加之对世界发展大势、德国等后进国家工业发展及关税保护需求的深切洞察，李斯特以其“伟大想象力”和“分析天才”（熊彼特，1996，pp.195—196），独到地构建了一套与斯密学派分庭抗礼的赶超发展学说，留下了“涉及现代发展基本问题的经典论著”（Senghaas，2013，p.74），从而成就了可与亚当·斯密、马克思鼎足而立的“第三方”（Lind，1998，p.25），堪称斯密、马克思之外又一位重大的范式开创者和体系创立者（Özçeliik，Özveren，2016，p.338；Mann，1951，p.432）。要言之，李斯特体系的“范式”就在于赶超发展，这是李斯特学说历史地位的真正基石。

二、同时开启赶超发展理论与实践之先河

李斯特的经济学说本质上关注一个主题，即如何在既存不公正的国际秩序中，借助国家干预、关税保护等有为手段，大力培植生产力，推进工业发展，俾以赶超先进、实现富强。这一学说在解决当年落后于英国的美、法、德的追赶问题时，凸显了一种“后发者”视角，特别体现为对领先国与落后国实力差距的揭示，对后发国遭遇边缘化压力的分析，对古典经济学流行教条的质疑，以及对有效赶超发展战略的探寻。这种视角在当今发展理论界早已耳熟能详，但其风气之先即使不是李斯特所开创，也至少由他集大成。故而有论：“李斯特的经济学是发展中国家的经济学，有它本身特殊的历史使命”（朱绍文，2000，p.114）；“这个体系的目的是推行一项加速实现经济落后国家工业资本主义的政策”（法比翁克，1983，p.37）；“李斯特远不止是德国自由主义和民族主义的代言人，他是所有欠发达国家雄心壮志的预言家”（Von Laue，1974，p.57）；他“去世之后一百年，《政治经济学的国民体系》所表达的意见依然启迪着全世界欠发达国家的领袖们”（Henderson，1983，p.218）。值得注意的是，这些评价都强调了李斯特学说对落后国发展的启示和意义。

第二次世界大战结束后，随着殖民地纷纷独立，追求国家富强和民生改善成为一股世界潮流，各种发展理论应运而生。但放眼观察，无论是当代右翼的发展经济学还是左翼的激进发展理论，就单个比较而言，尚无哪一学说在理论的丰富性和实践的可行性方面能比肩李斯特的赶超发展学说，更何况该学说在年代上的遥遥领先。

李斯特早就是一位现代意义上的经济增长理论家，他就落后国的发展问题作了视野宽阔的阐述，其发展阶段论、生产源力论、幼稚产业论、国家干预论、经济规划论、产业协调论、交通优先论、非经济因素论、科技作用论、创新体系论、分工合作论、社会资本论、人力资本论，等等，多为当代发展经济学的重要命题。李斯特的诸多观点比所谓“发展经济学的先驱”领先整整一个世纪，远早于罗森斯坦·罗丹（唯工业化论）、罗伯特·索洛（唯资本论）、冈纳·缪达尔（非经济因素论）、沃尔特·罗斯托（经济成长阶段论）、肯尼斯·阿罗（分工冲突论），以及托斯丹·凡勃伦（制度主义）、卡尔·波兰尼（制度支撑论）等。例如，关于缪达尔、罗丹的发展理念与李斯特学说的相

似性，已有专文论及（Belshaw，1959，p.415；Ho，2006，p.359；Ho，2005，p.742）。20世纪90年代，在经历了“东亚奇迹”后，人们蓦然发现，如今世界范围内的不少经济发展战略，尤其是关于“国家经济作用的诸多理念，早为李斯特所预言、分析并捍卫”（Levi-Faur，1997，p.171）。无怪乎迪特·森哈斯称誉李斯特为“当今发展理论之鼻祖”（Senghaas，2013，p.73）；埃德加·扎林也断言：“任何人要想就欠发达国家的发展问题著书立说，首先应当师从这位增长理论与发展政治学伟大的先辈”（Szporluk，1988，p.13）。

同样，反观激进发展理论的倡导者（从劳尔·普雷维什、贡德·弗兰克、萨米尔·阿明，到阿吉利·伊曼纽尔、伊曼纽尔·沃勒斯坦、迪特·森哈斯），就其对世界经济中不对称结构的揭示，对经济民族主义的强调，对政治和制度突出作用的阐述，以及对摆脱依附之路的探寻而言，激进派实与李斯特一脉相承。有研究者指出：“李斯特先期提出了‘依附论’的许多理念，甚至是‘依附论’的相关术语”（Garbe，1977，p.252）。左翼发展理论的一大支柱就是民族主义，而世人公认李斯特乃“民族主义政治经济学的先驱之一”（Levi-Faur，1997，p.155），他“坚硬地把民族主义与工业化熔铸到一起”（Von Laue，1974，p.59）。另一方面，罗曼·佐波罗克在比较李斯特与马克思后下过结论，在当代发达与欠发达问题上，马克思主义与李斯特学说之间“绝对存在联系”，不少人自以为持有马克思主义视角，却意识不到自己其实“与李斯特有着更多的共同点”（Szporluk，1988，p.236）。更有人称，在揭批英国自由主义方面，李斯特“超过了包括马克思和恩格斯在内的其时任何异议者”；“在理论方面，经济计划之父的头衔属于李斯特，而不是马克思”（Clairmonte，1959，p.43，p.39）。

显然，李斯特学说原已覆盖并融汇了后世左右两翼的诸多理念，这一长处得益于“李斯特实事求是的头脑和敏锐的目光”（季德、利斯特，1986，p.319），毕竟他“从未构想出某个单一的促进发展或阻碍发展的因素，而总是把发展视为多因素广泛互动的结果”（Senghaas，2013，p.77）。尤应看到，他固然高调挑战了斯密学派，却并未与自由主义决裂，这种“左右逢源”的特点可见于其一系列目光远大的深刻见解。例如，他始终把保护主义当作通向自由贸易的一个阶段，特别反对不讲条件、过犹不及的保护主义；他在强调民族主义的同时又倡导国际联合，故而被尊为欧盟的先知；他一方面强调国家对于赶超发展具有不可或缺的作用，另一方面又时时谨防国家越俎代庖的过头行为。部分由于这种务实的调和性，有时难以将其简单归入某个派别，对他的学说定位也难免仁智不一。于是，在世人眼里，他既是“经济民族主义者”“新重商主义者”，又是“保守自由主义者”“自由主义思想家”，还是“社会民主主义者”“社会主义者”，甚至另有人称之为“希特勒帝国主义者”、“纳粹思想家”、世界大战的“罪魁祸首”（Clairmonte，1959，p.36；Wendler，2016，vii；Özçeliik，Özveren，2016，p.348；Davies，2004，p.30）。

仔细分辨李斯特的多重侧面可言，他在理想上始终怀有长远的自由主义追求，这一点如今越来越引起人们的注目。不过，针对后发国当下所处阶段的特殊国际处境与现实发展需求，他又着重凝聚了偏向左翼、切合实用的锐利锋芒，这也是他能贡献于赶超发展事业的缘由所在。与这一侧面同样显著的另一侧面，就是李斯特“作为杰出实践家”（法比翁克，1983，p.1）的本色。李斯特本非坐而论道的理论家，他是雷厉风行的实干家，其学说固然充满挑战性和批判性，但始终具有很强的应用性和建设性。故此，无论在生前还是身后，我们都能看到他的学说切实促进了落后国的政治经济发展。在借重李斯特赶超发展学说的那些后发国中，设法摆脱依附状态、逐渐改善经济处境者有之，而实现自主发展并后来居上、升至国际发展链顶端者也有之。同时成功开启赶超发展的理论先河和实践传统，这一点集中反映了李斯特及其学说的先见性和卓越性。

首先得益者是当年落伍的德国。李斯特毕生致力于祖国的市场统一、关税保护、铁路修筑三大要务。为建设境内受保护的统一市场，他推动成立工商联合会后，终于1834年促成关税同盟，以后还呼吁建立各种统一的机构制度（法比翁克，1983，p.20），为德国的统一和发展奠定了重要基础。李斯特为建造德国铁路网而身体力行，使得“德国这个四分五裂的国家居然能比其邻国更快地建造铁路”（Henderson，1983，p.124），从而有力加速了德国的工业化进程。当然，主要由于德国的内部分歧，加之他本人的图新立异及个性原因，李斯特备受迫害和排挤，乃至身心俱惫而自我了断。之后，在英国推动下，欧洲向自由贸易迈进，李斯特随即“被人遗忘达30年之久”（法比翁克，1983，p.66）。然而，其精神遗产派生了经济学的历史学派，在之后德国实现统一和崛起的过程中全面复活，主政的奥托·冯·俾斯麦也从斯密学派的信奉者转变为“李斯特的崇拜者”（李斯特，1997b，p.2；Szporluk，1988，p.195；Hirst，2012，p.134），简直成了李斯特的“遗嘱执行人”（Wendler，1996，p.461）。约瑟夫·熊彼特综上而论：“李斯特像所有那些从事漫长艰苦斗争终于名垂青史的人一样，是一个民族英雄”（熊彼特，1996，p.194）。

在立国未久、尚欠发达的美国，李斯特除负责开矿挖煤、修建最早铁路外，也推进了美国的关税保护运动。一方面，他的发展学说受惠于美国的保护主义理论及早期工业化实践；另一方面，他又直接影响了美国的工业界和决策层，协力打造了以关税保护、自主发展为核心的赶超型“美利坚体系”（Wendler，2016，p.36）。尽管对李斯特在美的贡献历来评价不够，但保罗·萨缪尔森还是承认：“我会把弗里德里希·李斯特的名字加到美国最重要国民经济学家的名录中”（Wendler，1989，p.83）。同样，在发展滞后的俄国，李斯特的学说也得到重视并应用。俄国财政大臣曾向李斯特当面咨询经济发展问题，以后俄国学界即介绍并研究李斯特学说。及至19世纪后期，谢尔盖·维特作为李斯特学说的忠实信徒，有机会主导了俄国跨越式的工业化和现代化（哈凯夫，2013，ii—iv）。维特著书宣传并付诸实施了李斯特发展战略，从关税保护到修筑铁路可谓亦步亦趋，最终成就了“在落后国家加速经济发展的首个现代试验”（Von Laue，1974，p.119），并因此对以后的苏联和其他后发国家产生示范效应。

在其他众多地区，李斯特学说都发挥过促进民族自强、扶正经济政策、激励工业发展、助力国际竞争的作用。在深受自由贸易之害的爱尔兰，独立运动领导人亚瑟·格雷菲斯高度赞赏李斯特学说，用以构建新芬党的党纲。他把李斯特著作“视为爱尔兰国族建设的基本教程”，称之为抵抗英国霸权时应当人手一册的“福音书”（Wendler，1996，pp.318—321；Szporluk，1988，p.163）。欧洲奉行李斯特学说的政要还如：法国总统路易·阿道夫·梯也尔、匈牙利革命领导人拉约什·科苏特、斯洛伐克民族运动领袖路德维托·史都尔、奥斯曼现代化先驱沙德克·里法特、芬兰民族运动领袖约翰·威廉·斯内尔曼、罗马尼亚首相彼得·奥雷利安、丹麦财政大臣威廉·沙林、意大利总统路易吉·伊诺第（Wendler，2015，pp.208—209；p.587、p.609；p.525；p.570；p.161；p.460；p.50；p.325）。至于世界范围内学术界和工商界的李斯特信奉者，更是数不胜数，在此仅举两个事实：一是很多国家出现了以李斯特学说为对象的硕士和博士论文，像瑞士在1904年就设有以李斯特为主题的博士点（Wendler，2015，p.515）；二是李斯特的作品已被译成英语、法语、意大利语、西班牙语、葡萄牙语、匈牙利语、保加利亚语、罗马尼亚语、俄语、瑞典语、芬兰语、汉语、日语、韩语、孟加拉语等，他成了马克思外名声最大的德国经济学家（Wendler，2016，p.5）。

总言之，虽然思想理论向政策实践的传递往往是个复杂难辨的过程，但当事人的自陈和学者们的研究足以表明，在诸如工业立国还是农业立国、关税保护还是自由贸易、自立图强还是自甘依附、瞩目长远还是得过且过的选择关头，李斯特学说早已为诸多落后民族提供了雄起赶超的建设性指南。可叹者，第二次世界大战后在制定国内及国际发展政策的热潮中，李斯特这个德国人作为赶超发展理论创始先驱的影响力反而流散不彰，而“假如李斯特的卓越力作成为从事发展政策的政、学、产各界人士的必读书目，许多错误本可得以避免”（Senghaas，2013，p.85）。

三、李斯特的学说如何启示当今赶超发展

理解李斯特的人公认，他是“具有前瞻眼光”的“远见卓识者”，欧根·文得乐的《李斯特传》和以前 W. O. 亨德森所作传记在书名中都用了“visionary”这一字眼。确实，李斯特两个世纪前对现代世界做过一系列令人惊异的准确预测，他曾预言：美国将先在 19 世纪下半叶成为西半球的超级大国，美国人口将从 1 800 万增至 20 世纪末的 3 亿；英国将巩固并扩张殖民帝国，其物质财富、金融资本、海上实力、语言文化均会空前强大，但在后发国赶超态势下也会盛极而衰；德国注定会实现国家统一，发展为欧洲经济最富裕、文化最繁荣的一流国家，并成为欧洲和平的主要保障者；欧洲终将组建无障碍贸易联盟，整合一体的共同市场会促进欧洲的兴盛与和平；中国从 20 世纪下半叶起将上升为世界第二超级大国，终可积累与新大陆相媲美的财富；俄国未必能够解决自身多元的民族问题，但在打造强国的过程中或会主导欧洲大陆，不过，中欧和西欧国家联合起来就可免遭其奴役；奥斯曼帝国行将衰败，但阿拉伯民族尤其会强力抵制殖民化和外来影响；拉美国家仍将依赖初级产业的生产和出口，难以取得显著经济发展；非洲的经济前景并不乐观，若其人口增长得不到遏制，如何守住北上的移民对欧洲将至关紧要（Wendler，2016，pp.7—9；Henderson，1983，p.76）。

面对上述预言，想必世人多会惊叹李斯特对世界大势的“穿越”眼力。事实上，当时的威廉·罗雪尔即称李斯特为“伟大的预言家”（Hirst，2012，p.133），如今也有研究者认为，李斯特才是名副其实的地缘政治学大师（Palacio，2013，p.1）。由于其非同一般的前瞻见识，令人在阅读李斯特著作时，比如在读到其代表作中有关商业和金融市场的“教训”（李斯特，1997a，pp.238—239）时，会领略一种扑面而来的现代感，诚所谓：“李斯特著作中的某些篇章有一种彻底‘现代’的气息”（Szporluk，1988，p.135）；“李斯特为理解发展问题所作的贡献难以置信地时新现代”（Senghaas，2013，p.74）。毫无疑问，这种现代感得自李斯特超常的洞察力及随之而来的历史穿透力，但也终究是因为，现实世界的政治经济逻辑数百年来并无实质性改变。无论物质消费方式、工商技术手段、国际话语内容、国际组织机构等发生了何等变化，这个世界的基本秩序很大程度上仍处于李斯特所曾揭示的那种格局。正是这一点，决定了李斯特学说依然能为当今世界提供多方面启示。

目前这个世界与李斯特的世界在几个关键点上不免陈陈相因：其一，现实世界仍旧为各主权国家所分割，国际社会的无政府状态和国家间的利益分歧跟以前大同小异，和谐大同在全球化时代仍属可望而不可即的悬想。其二，提升产业结构、跨入发达门槛依

然是广大国家孜孜以求的目标，然而，全球工业化两百年来如愿晋升的国家为数不多，落后国与先进国的综合国力差距总体上有增无减。其三，国家政权的作用不降反升，尤其对后发国而言，面临着更激烈的国际竞争和更复杂的发展任务，“看得见的手”更趋关键，这已成为发达与欠发达各国近现代演变中的一个共同趋势。其四，需要实施贸易和产业保护的理由难以消退，幼稚工业仍需成长、国际收支仍要平衡、贸易条件仍求改善、政府收入仍望增加、就业保障压力更大、国际竞争更加激烈，于是，即使国际规则管制严厉，保护主义却面目更加翻新、手段更加精细化（梅俊杰，2002，p.227）。凡此种种，说明如今的后发国家无法摆脱李斯特当年冷峻分析过的那种国际格局。

另一方面，恰如当年后发国家受困于代表领先国利益的斯密学派，如今的后发国也不免受到新自由主义理论的误导，这就需要世人重温李斯特学说。新自由主义惯于宣称，全球化已经改变世界的游戏规则，落后国只有撤除阻碍生产要素自由流动的一切藩篱，方能赶上国际发展步伐。按照这一信念，即便是处于初级阶段的弱小国家，也应当采用自由贸易、市场洞开、管制放松、私有化之类经济政策。无奈，这种“华盛顿共识”有意无意间漠视了先发国与后发国之间的深刻差异，事实证明“未能产生所承诺的结果”（Stiglitz，2007，p.16）。秉持李斯特学说可知，今日的全球化环境固然孕育着更多发展机会，但也设下了更多发展障碍。“如今的产业比以往更加呈现启动成本高昂、规模收益显著乃至‘赢家通吃’的特点，研发等人为手段在比较优势的创造中发挥着前所未有的作用，后发国需要跨越的产业发展门槛也在进一步抬高”（梅俊杰，2014，p.309）。这意味着现代贸易和产业活动所处的环境与李斯特时代相比，甚至更加远离自由贸易论原本假定的理想环境，这让李斯特学说中贸易保护之类的论点平添了现实合理性和可应用度。

同样，李斯特的生产力理论也依然具有强大的指导意义。李斯特学说始终强调，为了一国生产力的壮大，应当采取长远眼光，不妨暂时割断某些国际联系、“牺牲部分眼前利益”，最终争取“抵偿损失而有余”（李斯特，1997a，p.128）。全球化时代，国内经济与世界经济的联系早已今非昔比，在此情况下，后发国更加需要恰当地定位自身的国际经济联系。应当看到，国际贸易、国际投资、国际金融之类的目的，归根到底要服务于本国经济的持续成长、充分就业、要素利用、结构转型、资本积累、技术进步、盈利能力、竞争优势，一句话，是为了增强可续生产能力、改善国民普遍福祉、实现国家长治久安。以此为标杆，后发国的决策者尤应立足本国所处发展阶段，避免成为“不动脑筋的全球化的鼓吹者”。研究表明，“第二次世界大战以来发展得比较好的国家，是那些有能力制定国内投资战略推动增长的国家，是那些有能力建立适当的体制克服外界负面冲击的国家，而不是那些仅仅依靠解除贸易与资本限制的国家。因此，决策者必须在经济增长的基本面上下功夫，即应当紧紧把握促进实体投资、稳定宏观经济、开发人力资源、建立良好治理体制等重点问题，而不应当让国际经济一体化左右自己的发展观”（罗德里克，2004，p.7）。这样的清醒观点在李斯特那里无不耳熟能详。

李斯特学说中有关国家干预的阐述也同样穿越时空，为当今的后发国提供了宝贵启示。对非物质因素的高度重视本乃李斯特学说的一大特色，他认为思想意识、教育培养、社会自由、政法制度等构成了“现代人类的精神资本”（李斯特，1997a，p.124）。而在非物质因素中，他尤其推崇国家政权在经济发展中的助推作用，这是他历览各国成败得失经验教训后的一个实证结论。“李斯特考察了太多的正反两方面发展进程，不再相信发展是一个由看不见的手引导的自发过程。在他看来，时机恰当、力度恰当的国家干预乃成功发展不可缺少的先决条件”（Senghaas，2013，p.77）。他设想的国家干预包含两个方面，一是针对领先国的竞争打压构筑贸易和产业保护的壁垒；二是有为地采取培植生产力的内政措施，如完善交通等基础设施并改良政法制度安排。问题是，世人多记取李斯特关于保护主义的前一点，往往忽略其关于内政完善的后一点，未能认识到二者同为国家干预的题中应有之义，后一点的重要性甚至会随经济发展而日益提升。李斯特身后世界各国的发展历程，包括众多后发国的发展受挫、东亚等少部分经济体的异军突起，实际上进一步印证了他这一思想的先见性和卓越性。

显而易见，在当今全球化时代，李斯特学说，以其努力求索赶超发展有效方案、聚焦广义生产力培植、强调制度等非经济因素、主张政府干预扶持产业、注重从经济史归纳经验教训、警惕经济原理的时空限制等特色，多能矫治新自由主义之对应过失。早有指出，古典经济学以来的自由派往往过于轻巧地提出某些一刀切的结论，“忘记了在经济学上，如果不考虑到中间环节和时空变化，要想从纯理论过渡到实际应用总是靠不住的。……李斯特的功绩就在于他强调了这个真理”（季德、利斯特，1986，p.328）。当然，如今借重李斯特学说并不等于要抛弃自由学派中大量合理适用的成分，只是在新自由主义难以兑现其乐观承诺的背景下，亟须在这两大流派之间找回某种平衡，借以矫枉反正、兴利除弊。以此观之，李斯特的回归从原先的波澜不惊一变为有声有色，也就不足为奇了。国际发展学界业已形成一个“新李斯特学派”（Selwyn，2009，p.158；Ince，2016，p.393），包括迪特·森哈斯（著有《欧洲发展的历史经验》）、张夏准（著有《富国陷阱：发达国家为何踢开梯子》）、阿图尔·考利（著有《国家指导型发展：政治权力与全球边缘之工业化》）、琳达·维斯（著有《国家与经济发展》）、艾利斯·阿姆斯顿（著有《逃离帝国：发展中国家的喜忧历程》）、拉斯·麦格努松（著有《民族、国家与工业革命》）、埃里克·赖纳特（著有《富国为什么富　穷国为什么穷》）、杰弗里·威廉森（著有《贸易与贫困》），以及国内贾根良等（著有《新李斯特经济学在中国》）。新李斯特学派的兴起再次证明了李斯特学说穿越时代的理论价值与实践效力。

这里还须指出，李斯特学说对当今的借鉴意义同样体现于其自由主义的那一面，这也是该学说宏大性、穿透力、经典性之所系。有观点认为，李斯特提出长远追求自由贸易，曾不过是“在空口应酬”（Henderson，1983，p.144），应当说这种看法是片面甚至错误的。当把目光投向赶超发展这一更大的目标，而不是局限于贸易保护等限制性手段时，就不难作出正确的判断。故此有言：“世人若将李斯特视为一个单纯的保护主义者，那便是莫大的误解”（Hirst，2012，p.134、p.2、p.61）。李斯特反复强调：国家之所为，只能是单靠个人无力兴办之事，而“关于国民知道得更清楚、更加擅长的那些事”，国家不应“越俎代庖”（李斯特，1997a，p.147）；“自由总是同工商业与国家财富的进展齐头并进的”（李斯特，1997a，p.103）；“内政制度的改善，总是与工商业的发展齐头并进的”（李斯特，1997a，p.180）；“凡是长期处于适当组织的立宪政体下的国家，在工商业和海运事业方面就会获得那样巨大的成就”（李斯特，1997a，p.250）；“不同的国家在不同政体下都会获得些进步。但是有些国家的政体足以使国家获得高度自由和力量，使它们的法律和政策长期稳定，使它们拥有效能很高的制度；只有这样的国家，才能达到高度的经济发展”（李斯特，1997a，p.281）。如此之类的反复教诲，比起他用作工具的那些限制性政策措施，显然更加具有恒久性。对于任何借威权动员体制已积累可观基础、政府干预程度本就无出其右、发展方式亟须市场化转型、经济增长尚未伴随制度变革的国家而言，它们无不具有很强的现实针对性。

当然，李斯特的学说由两个世纪后的今日来看，也必然难免可商甚至错误之处，一些学者原已有所指正（Henderson，1983，pp.163—164；杨春学，1997，p.10；梅俊杰，2002，p.228），这个方面以后尚需专论。但相对于某些方面可能的谬种流传，更大的问题是李斯特学说总体上被“有意抹杀和遗忘”（何新，2001，p.191），致使赶超发展进程经受额外曲折。为此，我等后发国学界对之首先应取正视、重视的态度。目前的李斯特及其学说国际范围内的回归正好提供了一个重温其真知灼见、弘扬其当今意义、再思其历史地位的机会。毫无疑问，这里讨论的是一个很早具备落后国视角的经济学说，是一个建立在史实基础上的实证学说，而且是一个有过成功实践的赶超发展学说。从赶超发展角度重新认识李斯特及其学说，将有助于我们吸取切合现实的启示，从而更有效地求解当今国内的和国际的发展问题。

参考文献

[1] [德] 弗里德里希·恩格斯:《卡尔·马克思〈政治经济学批判〉》,《马克思恩格斯全集(第13卷)》,人民出版社1962年版。

[2] [德] 京特·法比翁克:《弗里德里希·李斯特》,吴薇芳译,商务印书馆1983年版。

[3] [美] 西德尼·哈凯夫:《维特伯爵:俄国现代化之父》,梅俊杰译,上海远东出版社2013年版。

[4] 何新:《思考:新国家主义的经济观》,时事出版社2001年版。

[5] [法] 夏尔·季德、夏尔·利斯特:《经济学说史(上册)》,徐卓英等译,商务印书馆1986年版。

[6] [德] 迪特尔·拉夫:《德意志史:从古老帝国到第二共和国》,波恩 Inter Nationes 出版社1987年版。

[7] [德] 弗里德里希·李斯特:《政治经济学的国民体系》,陈万熙译,商务印书馆1997年版。

[8] [德] 弗里德里希·李斯特:《政治经济学的自然体系》,杨春学译,商务印书馆1997年版。

[9] [美] 丹尼·罗德里克:《新全球经济与发展中国家:让开放起作用》,王勇译,世界知识出版社2004年版。

[10] [英] 埃里克·罗尔:《经济思想史》,陆元诚译,商务印书馆1981年版。

[11] [德] 卡尔·马克思:《评弗里德里希·李斯特的著作〈政治经济学的国民体系〉》,《马克思恩格斯全集(第42卷)》,人民出版社1979年版。

[12] [英] 杰拉德·迈耶、达德利·西尔斯:《发展经济学的先驱》,谭崇台等译,经济科学出版社1988年版。

[13] 梅俊杰:《自由贸易的神话:英美富强之道考辨》,新华出版社2014年版。

[14] 梅俊杰:《后进国发展理论的先声:弗里德里希·李斯特发展学说评估》,《学术界》2002年第1期。

[15] 梅俊杰:《重商主义真相探解》,《社会科学》2017年第7期。

[16] [德] 迪特·森哈斯:《欧洲发展的历史经验》,梅俊杰译,商务印书馆2015年版。

[17] [奥] 约瑟夫·熊彼特:《经济分析史(第2卷)》,杨敬年译,商务印书馆1996年版。

[18] 杨春学:《中译者前言》,载弗里德里希·李斯特:《政治经济学的自然体系》,商务印书馆1997年版。

[19] 朱绍文:《经典经济学与现代经济学》,北京大学出版社2000年版。

[20] Belshaw, James P., "Gunnar Myrdal and Friedrich List on Economic Development", *The Indian Economic Journal*, Vol. VI, Apr. 1959.

[21] Clairmonte, Frederick, "Friedrich List and the Historical Concept of Balanced Growth", *Indian Economic Review*, Vol.4, No.3 (Feb. 1959).

[22] Davies, Stephen, "From Pennsylvania to Verdun: Friedrich List and the Origins of World War I", *Freeman*, Jan. /Feb. 2004.

[23] Ellsworth, P. T., and J. Clark Leith, *The International Economy*, Macmillan Publishing Company, 1984.

[24] Garbe, Otfried, "Friedrich List and His Relevance for Development Policy", *Intereconomics*, No.9/10, 1977.

[25] Gray, Alexander, "The Individual and the State: Adam Smith and Friedrich List", *Transactions of the Faculty of Actuaries*, Vol.20, No.175 (1950—1951).

[26] Harlen, Christine Margerum, "A Reappraisal of Classical Economic Nationalism and Economic Liberalism", *International Studies Quarterly*, Vol.43 (1999).

[27] Henderson, W. O., *Friedrich List: Economist and Visionary 1789—1846*, Frank Cass, 1983.

[28] Henderson, W. O., "Friedrich List and the French Protectionists", *Zeitschrift für die gesamte Staatswissenschaft (Journal of Institutional and Theoretical Economics)*, Bd. 138, H. 2 (June 1982).

[29] Hirst, Margaret Esther, *Life of Friedrich List, and Selections from His Writings*, Forgotten Books, 2012 (originally published 1909).

[30] Ho, P. Sai-wing, "Distortions in the Trade Policy for Development Debate: A Re-examination of Friedrich List", *Cambridge Journal of Economics*, 29, 2005.

[31] Ho, P. Sai-wing, "Analyzing and Arresting Uneven Development: Friedrich List and Gunnar Myrdal Compared", *Journal of Economic Issues*, Vol.XL, No.2, June 2006.

[32] Ince, Onur Ulas, "Friedrich List and the Imperial Origins of the National Economy", *New Political Economy*, Routledge, 2016.

[33] Levi-Faur, David, "Friedrich List and the Political Economy of the Nation-State", *Review of International Political Economy*, Vol.4, No.1 (Spring 1997).

[34] Lind, Michael, "The time is ripe for the Third Man: Forget Marx and Smith. Friedrich List is the economist for us", *New Statesman*, Nov.13, 1998.

[35] Mann, Fritz Karl, "Review of *Friedrich List* by Carl Brinkmann", quoting from Brinkmann, *The American Economic Review*, Vol.41, No.3 (June 1951).

[36] Özçeliik, Emre; Özveren, Eyüp, "Friedrich List & Joseph Schumpeter: Strange Bedfellows in the Pedigree of (Development) Economics", *METU Studies in Development*, 43 (Apr.), 2016.

[37] Palacio, Juan Fernando, "Was Geopolitics Born 60 Years Before Mahan and Mackinder? The Forgotten Contribution of Friedrich List", *L'Espace Politique* (online), launched on Nov.19, 2013.

[38] Preparata, Guido Giacomo; and Elliott, John E., "Protecting the Infant Industry: Cosmopolitan versus Nationalist Economists", *International Journal of Social Economics*, Vol.23, Iss.2 (1996).

[39] Selwyn, Ben, "An Historical Materialist Appraisal of Friedrich List and His Modern-Day Followers", *New Political Economy*, Vol.14, No.2, June 2009.

[40] Senghaas, Dieter, *Dieter Senghaas, Pioneer of Peace and Development Research*, Springer, 2013.

[41] Stiglitz, Joseph, *Making Globalization Work*, Penguin Books, 2007.

[42] Szporluk, Roman, *Communism and Nationalism: Karl Marx versus Friedrich List*, Oxford University Press, 1988.

[43] Tribe, Keith, *Strategies of Economic Order: German Economic Discourse, 1750—1950*, Cambridge University Press, 2005.

[44] Von Laue, Theodore H., *Sergei Witte and the Industrialization of Russia*, Atheneum, 1974.

[45] Wendler, Eugen, *Friedrich List: An Historical Figure and Pioneer in German—American Relations*, Verlag Moors & Partner, 1989.

[46] Wendler, Eugen, (ed.), *Die Vereinigung des europäischen Kontinents: Friedrich List-Gesamteuropäische Wirkungsgeschichte seines ökonomischen Denkens*, Schäffer-Poeschel Verlag, 1996.

[47] Wendler, Eugen, *Friedrich List (1789—1846): A Visionary Economist with Social Responsibility*, Springer, 2015.

[48] Wendler, Eugen, *Friedrich List's Exile in the United States: New Findings*, Springer, 2016.

国有企业改革

实践是检验国有经济改革成败的唯一标准

刘　瑞*

摘　要　长达200年的社会主义公有制经济实践表明：建立公有经济的创新设计最初来自对私有经济的批判和替代；公有制经济是社会主义经济的硬核；公有经济在建立和发展过程中创造了无数个实验创新形式，但历史选择了国有制形式。其中，南斯拉夫工人自治联合体实验最值得重视。中国国有经济改革是基本成功的，原因在于国有经济并不把利润最大化当作经营追求唯一目的，而是具有经济和社会双重经营目标；国有经济具有内在的组织协调性和利益共同性，具有抗击私有资本特别是外国垄断资本围猎及市场危机的制度优势；国有经济采取了市场经济通行的治理方式即两权分离下的委托代理制，解决了市场经济中经济正当性问题；国家至上主义历史文化传统也容易让中国社会接受以大企业为主的国有经济形式。中国国有经济实验成功的理论启示是：竞争是市场经济繁荣的关键，与产权的性质无关；国家监管市场的裁判员身份可以与国有经济的所有者身份隔离开来。国有经济内涵是社会主义国家运用其掌控的经济资源和力量建立的经济体，其外延是国有组织和国有资本两种基本形式。前者是国有经济的使用价值载体，后者是国有经济的价值载体。二者各有不同的实践含义和优势，管企业和管资本二者不可偏废。

关键词　国有经济　国企改革

中国社会主义国有经济的建立与发展已经走过了70个年头。从最初没收官僚资本和外国资本，赎买民族资本，从而建立起崭新的社会主义国有经济，到建立单一的全民所有制和集体所有制的公有制经济，中国完成了第一轮社会主义国有经济发展周期。然后进入改革开放时代，国有经济开始进入到第二轮发展周期。从企业扩权到企业承包，再从工厂制到公司制，进而推进到有限责任制、股份制，国有经济形成了以现代公司制为主的机制。眼下国有经济发展进入到第三个周期，实行以管资本为主的混合所有制。对于此前两轮国有经济发展改革，一直存有争议。但无论如何，正如笔者早在五年前分

---

*　刘瑞，经济学博士，中国人民大学应用经济学院教授。

析过的，第一轮国有经济发展使得国有资产增加 7.9 倍，由此奠定了第二轮发展的基础。第二轮发展虽然使得国有企业数量减少了 60%，但是国有资产却猛增 50 多倍！①因此，中国国有经济发展成效是显而易见、十分显著的，任何否定国有经济的论调在事实面前均站不住脚。只有树立起这种自信心，才能顺利进入第三轮国有经济发展周期。

一、不忘国有经济改革的初心

过往今来，国有经济发展与改革应当不忘初心。从历史上看，国有经济并非与社会主义有天然联系。早在社会主义经济制度建立之前，所谓官办企业、国有经济就已经出现。这些国有经济与封建主义经济制度和资本主义经济制度捆绑在一起，实际上还是国王、皇帝、总资本家等统治阶级兴办的私营企业，一种保持了私人大资本属性的私营经济。恩格斯就曾经指出，普鲁士政府首相俾斯麦所致力的国有化是一种“冒牌的社会主义”②，因为它隶属于资产阶级政权之下。显然，国有经济要成为社会主义基本经济制度的基础，首先要在政治上层建筑上获得合法性，即由社会主义政治机构或无产阶级政权出面建立。从理论与实践互动的历程观察，当初社会主义理念中的经济并非专注于国有经济形式，而是笼统的公有制经济或社会所有制。之后的社会主义经济实践，才逐步把社会主义公有制经济定位在国有经济形式上。这个结果是历史进程的使然，不以人们的意志为转移。

如果不考虑社会主义的思想形成源头而只从空想社会主义实践算起的话，对公有制经济的实践探索至少有 200 年历史。英国的欧文不仅在 1819 年推动了机器工厂工作日限制在十个小时以内并禁止使用童工的法令设置，还在 1800 年起就在他的新拉纳克纺织厂开设了长达 20 年的模范公社，1817 年组建了安置失业者的“协和村”，并到北美设立共产主义移民区。③以后还有空想社会主义者也创新尝试过公有经济。对长达 200 年的社会主义公有制经济实践探索有三个特点值得强调：

第一，建立公有经济的创新设计最初来自对私有经济的批判和替代。一方面，这种批判来自意识到私有资本贪婪性和食利性是造成广泛社会经济问题的根源，形成社会革命的动因之一。另一方面，这种替代来自意识到人类社会曾经拥有过的公有经济生活体验。无论是氏族部落的原始共产主义生活还是宗教世界中的公有制生活，私有制并不是

---

① 刘瑞：《中国基本经济制度的自我完善——理解所有制的混合与国有经济“三力”》，《人民论坛 · 学术前沿》2014 年第 5 期（上），第 70 页。

② 中共中央编译局：《马克思恩格斯选集》（第三卷），人民出版社 1972 年版，第 317—318 页。

③ 普列汉诺夫等：《论空想社会主义》（上卷），商务印书馆 1980 年版，第 88，89，174 页。

人类社会与生俱来的。所以空想社会主义者才提出私有制是万恶之源。把私有制与财富不均等、货币联系在一起。①话虽偏激，但是从今天的现实看，其批判性和现实性依然存在。众所周知，马克思和恩格斯运用历史唯物主义和辩证唯物主义方法将空想社会主义转变为科学社会主义，强调了物质的存在决定精神的存在，当私有制存在的物质基础依然很强大时，用公有制取代私有制也是困难的。然而无论是空想社会主义还是科学社会主义，将人类命运的终结于公有经济而不是私有经济，则是认识一致的。

第二，公有制经济是社会主义经济的硬核。所有致力于社会主义理念实现的实践均是把建立公有制经济作为主要内容。理论上均认为，社会主义是替代资本主义的社会革命，不是社会改良，而社会主义如果继续以私有资本为内核便不是真正意义上的社会主义，充其量是福利资本主义或人民资本主义。道理在于：只有在生产领域用公有制取代私有制，才能将社会主义经济逻辑彻底贯彻到分配、交换、消费等其他社会再生产环节，才能建立起社会主义经济体系。现在中国国有经济改革中有观点借政府提出竞争中性而进一步提出所有制中性，对两种不同的经济制度刻意模糊，与混合所有制不是一回事，是有悖于社会主义经济体制改革初衷的。

第三，公有经济在建立和发展过程中创造了无数个实验创新形式，但历史选择了国有制形式。从早期的空想社会主义的乌托邦公社制实验开始，历经苏联经济总局调度指挥的工厂制和集体农庄制，南斯拉夫的工人自治联合体制，60 年代初苏联推行的联合公司制、以色列的基布茨模式、新加坡的淡马锡模式、中国农村的人民公社制和集体合作制，改革开放之后的企业承包制，企业股份制，企业混合所有制等等。改革开放之后人民公社制已经大面积退出，但仍然在一些农村地区还保留了公社属性的形式，如江苏华西村、河南南街村、山东南口村等，不一而足。这些实验有的已经失败，有的实验还在持续。经验教训极为深刻，研究社会主义经济的学者首先应当深入观察和分析这些社会主义经济实验物质样本，再来从事理论归纳与演绎。其中最值得重视的是南斯拉夫的工人自治联合体实验。

南斯拉夫最初是想复制苏联模式来建立社会主义经济制度包括国有制经济，因为当时成功的社会主义经济制度是苏联模式。但是很快南斯拉夫人就发现了苏联模式的种种弊端，于是转而从 1950 年开始自己探索如何建立和发展工人自治社会主义。随着自治从企业微观层面的劳动联合体扩大到非企业微观层面的自治利益共同体，进一步扩展到区

① 参见普列汉诺夫等：《论空想社会主义》（上卷），商务印书馆 1980 年版。埃蒂耶纳·卡贝：《伊加利亚旅行记》（第二、三卷），商务印书馆 1978 年版，第 25—43 页。

域中观领域的自治省和共和国，直到宏观领域的联邦国家，到20世纪70年代南斯拉夫就宣称已经建立起社会自治的社会主义经济体制。①这个体制被西方学者称为市场社会主义。南斯拉夫学者自己则认为："我国自治社会的方针是，'通过联合劳动与资金，过渡到联合劳动及其分工的自由的、自我组织'，即过渡到马克思说的'自由生产者联合体'。"②因此，南斯拉夫自治制度的基本组织形式是工人自治的联合劳动组织。所谓联合劳动，包括现在劳动（活劳动）和过去劳动（物化劳动）两方面，过去劳动就是指生产资料、社会资金。根据1974年宪法和《联合劳动法》，劳动者可以自由地、直接地、平等地把自己的劳动及其管理的生产资料和社会资金联合起来，组成联合劳动组织，自己管理自己的劳动、劳动条件和劳动成果。③我国学者也认为："经过20多年的实践和不断总结经验，南斯拉夫现在已经建立了一套适合本国情况的社会主义自治制度，大大调动了工人阶级和劳动人民的社会主义积极性，有力地推动了社会主义建设事业的迅速发展。"④然而南斯拉夫的这种自治模式没有通过实践检验。南斯拉夫在20世纪90年代初解体，正值整个冷战的结束和东西方阵营的解体，所以鲜有严肃的国内学者感兴趣认真研究和仔细分析南斯拉夫自治制度在国家主体消亡过程中所起的作用。笔者认为，正是这种试图超越国有经济制度的自治经济制度是瓦解南斯拉夫多民族多宗教联邦制国家的原因。自治制度成为南斯拉夫市场社会主义的掘墓人。但是工人自治改革试验在公有制经济建立进程中具有更大的正面启示意义。

从中国以及其他不多的国家的成功实践看，社会主义实践历史最终选择了以国有经济作为公有制经济存在形式。现在我们面临的进一步使命是，国有经济发展要在市场交换条件下通过经济竞争而不是依靠行政垄断来发展壮大公有制经济，通过经济竞争发展壮大起来的国有经济一定是高效率的，一定是增强公有经济优越性的。因此，国有经济实践的结果要满足三个要求：社会生产力持续发展，社会公平与正义进一步扩大，人民生活幸福持续增加。

二、坚持实践检验国有经济改革成败的几点思考

笔者认为，过去40年中国国有经济改革是基本成功的，无视这点而设计后续改革

① 参见爱德华·卡德尔：《南斯拉夫计划制度》，北京出版社1979年版。

② 米洛万·巴普洛维奇：《南斯拉夫自治经济制度的产生与发展》，北京大学出版社1985年版，第178页。

③ 上海国际问题研究所柳光青、张显高、庄咏文编写：《南斯拉夫的社会主义自治制度和经济发展》，上海人民出版社1979年版，第17页。

④ 上海国际问题研究所柳光青、张显高、庄咏文编写：《南斯拉夫的社会主义自治制度和经济发展》，上海人民出版社1979年版，第12页。

方案将会犯根本性、颠覆性错误。今后进一步的改革应当沿着这个路径继续前行。全面总结国有经济成功原因还需要做广泛数据挖掘和深入历史思考，本文篇幅有限。这里仅作如下观点陈述：

首先，中国国有经济实验成功的原因可能有：第一，国有经济并不把利润最大化当作经营追求唯一目的，而是具有经济和社会双重经营目标。因而不会像私营经济那样唯利是图，与民争利。实际上，凭借国有经济所掌握的人脉关系和经济资源，想要实现利润最大化是轻而易举的事情。而现实中一些领域的国有企业不盈利、少盈利，乃至亏损，在普通人看来似乎是国有企业的弊端。这是没有看到国企担当社会责任的一面。其实这类国企付出利润损失，获得社会收益。如果没有国企为社会买单，势必社会将会自己买单。第二，国有经济具有内在的组织协调性和利益共同性，具有抗击私有资本特别是外国垄断资本围猎及市场危机的制度优势。外国资本或私有资本也想联手占领市场瓜分市场，但由于国有资本的存在而无法做到。第三，国有经济采取了市场经济通行的治理方式即两权分离下的委托代理制，从而解决了所谓产权虚置问题，也就解决了国有经济在市场经济中的经济正当性问题。改开时代之初，关于国有经济与市场经济兼容性问题很有争议性，但是进入 21 世纪之后，兼容性问题已经被新型国企治理机制的形成而化解，代之以是国进民退还是国民共进的问题。第四，中国具有长期的国家至上主义历史文化传统也容易让中国社会接受以大企业为主的国有经济形式。实际上，整个亚洲文化圈都比较接受国家意识形态和大企业组织形式，烙上国家信用的大企业组织就给予社会更高的信任度。

其次，中国国有经济实验成功在理论上证明了：其一，竞争是市场经济繁荣的关键，与产权的性质无关。产权清晰和治理规范的新型国有企业也能够参与公平竞争，这与旧式国有企业有根本区别。目前许多人实际上还没有把新老国企区分开来，还在用九斤老太太的眼光看国企。其二，国家监管市场的裁判员身份可以与国有企业的所有者身份隔离开来。将国有经济所有者机构从国家市场监管机构中独立出来，让国家市场监管机构对所有的企业一视同仁实施管理就能够实现竞争中性。现在改革只差一步，即比照国家监察委员会的设置，把国资委从国务院政府管辖之下升格为全国人大管辖之下，真正体现国有经济的属性。

再次，国有经济在市场经济条件下需要做内涵与外延的重新界定。原来在计划经济时代使用全民所有制来定义国有经济，现在已经被改开时代的实践废除掉了，正式文件中已经不再使用全民所有制概念。实际上，全民所有制与社会所有制含义一样，实践上做不到，理论上也无法自圆其说。但是目前随着国有经济改革深入，国有经济事实上也有概念变化。其内涵是社会主义国家运用其掌控的经济资源和力量建立的经济体，其外延是国有组织和国有资本两种基本形式。国有组织形式（包括现行划分的企业、事业单位和政府出资组建的社会机构）是国有经济的使用价值载体，国有资本形式是国有经济的价值载体。二者各有不同的实践含义和优势。在实体经济领域，谁实际占有和使用关键物质资源，谁的影响力和控制力就存在。在虚拟经济领域，谁拥有的资本份额大，谁的支配力和实力就大。在两种国有经济形式关系上，国有组织具有物质手段的稳定性和基础性，国有资本具有价值符号的流动性和变现灵活性，其经济推动能量比组织物质形式要大，发挥四两拨千斤的作用。因此，二者不能偏废，顾此失彼。

最后，国有经济是采取国有组织形式为主还是国有资本形式为主，是实践性的问题，但也关乎如何实现社会主义经济原则。管理国有组织形式需要建立一整套合理高效的组织内部治理机制。目前在对国有组织治理机制的改革过程中，主要改革注意力集中在管理层，对如何实现劳动者权利与积极性重视不够。南斯拉夫工人自治的理念实际上需要继承。因为在复制了私营经济的委托代理治理机制之后，也把私营经济的资本雇佣劳动关系和机制一并带进到国有组织内部。这种做法在一定程度上抵消了公有制经济内外部优越性。改革开放40年中，以前老国企中劳动者与管理者之间的平等关系开始解构，工人阶级当家作主的主人翁意识开始消融。如果这种内部治理结构变得与私营经济一模一样，不仅无法实现马克思所说的自由劳动者的联合体梦想，也无法从生产领域建立起公有经济框架，其他分配、交换、消费领域更无法指望。建立公有经济中的生产组织之所以重要，看似是要发挥公有制经济集中力量办大事的优势，其实内在的目的是将生产劳动者从资本压迫的分工体系中解放出来，发挥劳动者的生产积极性和创造力。恩格斯就指出："旧的生产方式必须彻底变革，特别是旧的分工必须消灭。代之而起的应该是这样的生产组织：在这个组织中，一方面，任何个人都不能把自己在生产劳动这个人类生存的自然条件中所应参加的部分推到别人身上；另一方面，生产劳动给每一个人提供全面发展和表现自己全部的即体力的和脑力的能力的机会，这样，生产劳动就不再是奴役人的手段，而成了解放人的手段，因此，生产劳动就从一种负担变成一种快乐。"①像富士康那样的流水线生产方式导致年轻劳动者忧郁自杀的情景不能复制到国有企业组织中来。

目前有一种观点认为，企业是有生命周期的，因而国有经济组织也有生命周期。并把这个作为从管企业转向管资本的理由之一。实际上这是一种误导，国有经济组织具体

① 《马克思恩格斯选集》（第三卷），人民出版社1974年版，第333页。

形式如何可以在不同时期有不同的变化，但是国有经济组织与国家政治组织共进共退。依照共产主义学说，国家政治组织迟早会消亡，因而国有经济组织自然也会消亡。①当下，在经济全球化趋势之下出现了国家部分经济主权的转移和让渡，但是国家政治组织及其功能并未消失。同样，也出现了国有企业的跨国化和部分虚拟化现象，但是国有企业组织形式的物质存在仍然是社会主义经济实力的体现和力量所在，竞争实力日益增强的国有企业依然是发达资本主义国家十分忌惮的对象。因此不能轻言放弃国有经济组织形式和放弃国有企业管理。

另一方面，管资本符合市场经济下资本主导作用的运行规律。资本主义市场经济运行规律是个别资本通过竞争和信用杠杆集中和积聚到社会资本，发挥四两拨千斤作用，产生资本规模效益和范围效益。马克思称科学是社会生产力，但是也称资本为第一推动力。②社会主义市场经济理应遵循这种资本运行规律，发挥国有资本实现规模效益和范围效益最大化的作用。按照国有经济改革思路，国有资本同时在竞争领域和非竞争领域存在并发挥作用，而这两个领域具有不同的资本保值增值的环境和目标。尤其是在竞争领域，如何实现国有资本保值增值更具有挑战性。目前中国资本市场机制还不健全，国家在新一轮改革开放进程中又加快了资本市场的对外开放程度和力度。因而管资本并不比管企业轻松，涉及的风险更加严峻。固然改革的目的是要通过管资本来实现国有经济更好的发展和做大做强做优，但是一旦国有资本进入资本角逐市场，犹如羔羊进入狼群，最大的担忧就是国有资本被经验老到的国内外私人垄断资本围猎蚕食。资本运作经营搞好了能够发展壮大国有经济，搞不好则可能对国有经济造成巨大损失，直接引发金融危机。因此对推进以管资本为主的国有经济改革需要设定风险底线，建立预警机制，加强责任监督，改革步伐需慎之又慎。

① “国家真正作为整个社会的代表所采取的第一个行动，即以社会的名义占有生产资料，同时也是它作为国家所采取的最后一个独立行动。那时，国家政权对社会关系的干预将先后在各个领域中成为多余的事情而自行停止下来。那时，对人的统治将由对物的管理和对生产过程的领导所代替。国家不是‘被废止’的，它是自行消亡的。”引自《马克思恩格斯选集》（第三卷），人民出版社 1974 年版，第 320 页。

② 马克思：《资本论》（第二卷），人民出版社 1975 年版，第 393 页。

国有企业对中国经济增长的影响

齐　昊　［美］大卫·科茨*
田　柠　李　政　译　马梦挺　校**

摘　要　本文考察了国有企业对中国经济增长的影响。本文考虑了几种可能的渠道，通过这些渠道，国有企业可以发挥支持增长的作用：第一，通过大规模投资稳定经济低迷时期的经济增长；第二，通过投资风险较高的技术领域促进技术进步；第三，遵循高端路径方法（high-road approach），给工人支付生活工资，这有利于中国未来走向更可持续的增长模式。我们的实证分析发现，较高比例的国有企业有利于长期增长，并倾向于抵消经济衰退在区域层面的不利影响。

关键词　国有企业　经济增长　稳定器　中国经济

一、引言

国有企业（SOEs）在中国经济中发挥了重要作用。我们所指的国有企业，既指国有独资企业，也指国有控股公司，不包括国有或国有控股的金融机构。2015 年，国有企业利润总额达到2.3万亿元，占全社会经营总盈余的13.2%。国有企业在税收方面的作用更为重要。2015 年，国有企业的税收占中国税收总额的 30.9%（SASAC，2016；NBS，2017）。在可获得更多数据的中国工业部门①，2015 年国有企业占总资产的38.8%，总收入的21.8%，总利润的 17.2%和总就业的 18.2%（NBS，2017）。在 2015 年，中国国有企业的税前利润大约是美国非金融企业部门税前利润的一半（BEA，2017）。

在本文中，我们研究了国有企业对中国经济增长的影响。虽然单纯关注 GDP 增长对发展中国家而言并不可取，但高产且可持续的产出增长率是一个重要目标。本文发现的证据表明，很大比例的国有企业对长期 GDP 增长和宏观经济稳定有积极影响。

国有企业的增长效应在文献中一直存在争议。传统观点认为，国有企业降低了经济

---

*　齐昊，中国人民大学经济学院副教授；大卫·科茨：马萨诸塞大学阿默斯特分校经济系教授。

**　田柠，吉林大学经济学院硕士生；李政，吉林大学中国国有经济研究中心主任，吉林大学经济学院教授。马梦挺，中国人民大学经济学院博士研究生。

①　在中国，工业部门是指采矿、制造、生产和分配电力、天然气和水的部门总和。

增长，因为它们在微观层面上效率低下（例如 Chen and Feng，2000；Lin and Liu，2000；Brandt and Zhu，2010），或者它们吸收了可以被私营企业更有效利用的稀缺资源（例如 Jefferson，1998）。我们认为传统智慧在经验和理论方面都存在重大缺陷。

首先，传统观点在基于劳动生产率或全要素生产率比较微观效率时，没有考虑到国有企业和私营企业在工作时间上的差异。在中国，加班在私营企业中比在国有企业中更为常见。根据 2006 年中华全国总工会第六次全国工人劳动条件调查，国有企业工作周（即每周工作时间）为 46.14 小时，而私营企业为 53.16 小时（ACFTV，2010）①。按工人数量而不是工作时间来衡量劳动投入将高估私营企业相对于国有企业的微观效率。

其次，传统观点与国有企业在促进技术进步方面表现良好的证据相冲突，我们在本文第三部分第三小节中说明了这一点。技术进步在经济增长中发挥着核心作用。

第三，企业效率是一个微观问题，但经济增长是一个宏观过程。我们无法在微观效率的基础上判断企业是否有利于经济增长。更高的微观效率意味着更高的潜在盈利能力，但必须满足一系列条件才能将潜在的盈利能力转变为可持续和快速的经济增长，其中充足的需求、技术进步和劳动力的再生产是最重要的。虽然国有企业的盈利能力可能低于私营企业，但它们可以创造经济范围的正外部性，促进经济增长。例如，Bai 等人（2000）认为，国有企业为失业者提供社会安全网，这对社会稳定和整个经济的生产力至关重要。Lo 和 Zhang（2010）以及 Lo 和 Li（2011）认为，国有企业是促进中国生产率增长的卡尔多—维多恩效应的制度基础。

在本文中，我们认为国有企业在中国经济中通过多种渠道发挥了促进增长的作用：第一，国有企业扮演了经济稳定器的角色，抵消经济衰退的不利影响②；第二，国有企业通过对风险技术领域进行投资来促进技术进步。此外，国有企业通过向工人提供生活工资来建立一种对待工人的高端路径方法，这对于劳动力的再生产至关重要。我们认为这种高端路径方式具有潜在的促进增长作用，有利于中国经济在不久的将来转变为更可持续的增长模式。国有企业的盈利能力似乎低于私营企业，然而，私营企业的较高盈利能力在很大程度上是由于对工人的大量剥削造成的。如果私人企业的利润得到投资，结果就是增长——但私营企业的利润也会转向股息和非生产性用途，如投机性购买既有资产。这一论点推动了对数据的检验，以确定国有企业是否与更快的增长相关联。我们使

① 《中华人民共和国劳动法》规定，实行劳动者平均每周工作时间不超过 44 小时的工时制度。

② 一些经济学家认为，长期增长与周期性行为无关。我们拒绝这种观点。衰退或经济增长放缓可能会降低经济的长期增长率。

用固定效应模型来估计国有企业对区域经济增长的影响。本文分为五个部分，第一部分是引言，第二部分是文献综述，第三部分讨论了中国国有企业促进经济增长的可能方式，第四部分通过实证方法检验了国有企业对经济增长的影响，第五部分阐述了本文结论。

二、文献综述：是否有共识

理论文献集中于微观效率而非国有企业的增长效应。Zhang（1995）和Zhou（2000）认为，由于委托代理问题和预算软约束问题，国有企业在微观层面效率低下。但是，由于所有权与管理层的分离，所有现代企业都必须面对委托代理问题。资本主义经济中典型的大公司由雇佣的经理人经营，而不是由拥有它的股东经营。如何让高层管理人员为最终所有者的利益行事是所有大型组织共同的问题。预算软约束问题也出现在资本主义国家的私营部门，例如政府在2008年金融危机期间只对大型金融机构和大型非金融公司（如通用汽车和克莱斯勒）提供救助。企业的国家所有权不是软预算问题的根本原因，因为当国家服务于私人资本利益时，私营企业也可能出现这个问题。①因此，声称国有企业效率低下的论点也可以用于证明私营企业效率低下。从这个意义上讲，这些论点未能说明国家所有权与微观效率之间的因果关系。另一方面，Kaldor（1980）认为公共公司可以克服私人公司短视行为所带来的不足。Chang和Singh（1993）认为，公共企业可以通过动员储蓄和刺激投资来创造更好的投资环境。

在实证研究中，关于国有企业对经济增长的影响，跨国研究的结果并不一致。Fowler和Richards（1995）以及Jalilian和Weiss（1997）发现，国有企业对发达经济体或发展中经济体的经济增长没有显著的负面影响。Doamekpor（1998）和Zhu（2005）发现，国有企业对经济增长做出了重大贡献。Cook和Uchida（2003）发现，在1988—1997年期间，国有企业的私有化对63个发展中经济体的经济增长产生了显著的负面影响。另一方面，Plane（1997），Barnett（2000）以及Gylfason，Herbertsson和Zoega（2001）发现私有化对经济增长具有显著的积极影响，暗示国有企业不利于经济增长。

对中国的实证研究结果同样也不一致。进一步观察这些研究可以发现，由于计量经济学上的原因，其中部分研究的结果是不稳健或不一致的。Chen和Feng（2000）发现，利用区域数据，国有企业不利于截面回归的经济增长，并将这种不利影响归因

① 相比于陷入困境的私营企业，预算软约束在国家企业的情形下可能是一个更大的问题。国有企业往往对国家资源提出强烈要求，虽然国家有时会拯救大公司，但一家大型私营公司的经理无法确保国家会在需要时提供支持。

于国有企业的微观低效率。但是，与面板回归相比，由于未观察到的变量，截面回归可能会获得不一致的结果。Lin 和 Liu（2000）采用固定效应模型来提高一致性，发现较大比例的私营企业有利于经济增长。虽然他们的区域面板数据涵盖了相对较长的时期（N=31，T=24），但在他们的研究中没有进行单位根检验。其他一些研究采用与 Lin 和 Liu（2000）相同的计量经济学方法，并确认了国有企业的负面影响（Phillips and Shen，2005）。由于缺乏单位根检验，这些结果可能会受到虚假回归的影响。此外，并非所有这些回归都控制了区域和年份的固定效应。

在一项关于企业家精神的研究中，Li 等人（2012）利用私营企业在总就业中的份额来衡量企业家精神，并发现这一指标对经济增长有积极影响。在本研究中，作者将广义矩估计法（GMM）应用于区域面板数据（N=31，T=31）而未报告工具变量的数量。值得注意的是，当面板数据的样本容量相对较小时，GMM 的可靠性较差（Bazzi and Clemens，2013）。另一方面，Huang，Li 和 Lotspeich（2010）认为，国有企业可以通过防止大规模失业来促进社会稳定，这可能会抵消国有企业的微观低效率。利用 1992—2007 年间的区域面板数据，他们发现国有企业和私营企业对经济增长的影响没有显著差异。在估计中，根据数据采用两年或三年的平均值，因此他们的区域面板数据更短，并且控制了区域和年份固定效应。

关于国有企业增长效应的文献没有达成共识。理论研究强调了委托代理问题和预算软约束问题，但未能在国家所有权与这些问题之间建立因果关系。与这些研究相反，我们关注的是宏观效率而非微观效率。我们强调，国有企业是内嵌于独有的制度之中，因而以不同的方式行事。这些行为在微观层面可能看似效率低下，但在宏观层面支持经济增长。微观和宏观效率之间的矛盾可以追溯到马克思和凯恩斯。由于计量经济学问题，目前的实证文献不足以为我们正在解决的问题提供可靠的答案。这些研究主要集中在国有企业的同期效应上。本文反而考察了同期和长期的影响，因为只有从长远来看才能观察到对增长的宏观效应。本文还明确考察了国有企业在应对经济衰退方面的效应，这将影响到长期增长。

三、国有企业如何促进经济增长

国有企业可以通过多种方式促进经济增长。首先，当私营企业减少投资时，国有企业会维持并增加投资，从而在经济衰退时保持总需求。因此，国有企业稳定了经济增长，减少经济衰退的破坏。其次，随着投资，国有企业开展了民营企业不愿做的重大技术创新，促进了经济增长。此外，国有企业在工人待遇方面采取高端路径方式，有利于维持劳动力的再生产，提高工人技能，促进生产过程创新，增加消费需求。如果中国走向更可持续的增长模式，这种高端路径方法应该有促进增长的作用。

（一）国有企业的边界

为了研究国有企业的促增长作用，我们需要将国有企业与非国有企业进行比较，这要求两者之间有明确的界限。如上所述，国有企业既指国有独资企业，也指国有控股企业。国有控股公司仅在20世纪90年代后半期国企改革后才出现。表1列出了2015年中国的就业结构，其中国有企业就业属于XII类和XIII类。只有非公司的国有企业才属于XII类；占国有企业多数的其他国有企业都属于XIII类。我们没有包括IX类（国有单位就业），因为IX类的很大一部分不是企业就业。

表1　　2015年总就业结构

<table>
<tr><td rowspan="8">I. 总就业（100）</td><td>II. 农村就业（47.8）</td><td colspan="3">IV. 农业就业、农村私营企业就业和农村自主创业（47.8）</td></tr>
<tr><td rowspan="7">III. 城市就业（52.2）</td><td colspan="3">V. 城市私营企业就业（14.4）</td></tr>
<tr><td colspan="3">VI. 城市自主创业和不明身份就业（14.8）</td></tr>
<tr><td rowspan="5">VII. 城镇单位就业（23.0）</td><td colspan="2">VIII. 集体所有单位就业（0.6）</td></tr>
<tr><td rowspan="2">IX. 国有单位就业（8.0）</td><td>XI. 政府和政府资助的机构就业（数据不可得）</td></tr>
<tr><td>XII. 国有企业就业（数据不可得）</td></tr>
<tr><td rowspan="2">X. 其他单位就业（14.3）</td><td>XIII. 国有控股企业就业（数据不可得）</td></tr>
<tr><td>XIV. 其他工作（数据不可得）</td></tr>
</table>

注：括号中的数字是每个部门在总就业中的比例。
资料来源：国家统计局（NBS，2017年）。

不幸的是，工资和投资等主要经济变量的大部分可用数据都是针对国有单位而非国有企业，而国有控股公司的数据仅存在于规模以上的工业企业部门（above-scale industrial enterprise sector，ASIE）。因此，我们需要仔细审查一项指标是否真正反映了国有企业的特征，并在指标可能有偏差时提醒读者。

在界定了国有企业边界的情况下，我们将国有企业与非国有企业或私营企业进行比较。非国有企业是一个比私营企业更大的类别。除民营企业外，非国有企业还包括外资企业、集体企业①和非国有控股的股份制企业。但是，当非国有企业的数据不可得时，我们将使用私营企业的数据。

（二）经济稳定器

国有企业的投资比中国的私人投资更稳定。这在维持总需求，防止经济衰退和减少所有投资者的不确定性方面发挥了至关重要的作用。自2004年以来，中国发布了所有企业和国有企业完成的月度投资数据，可用于显示国有企业在总投资放缓时的反应。如图1所示，当非国有企业投资在2008—2009和2015—2016年间增长放缓时，国有企业投资增长尤为迅速。

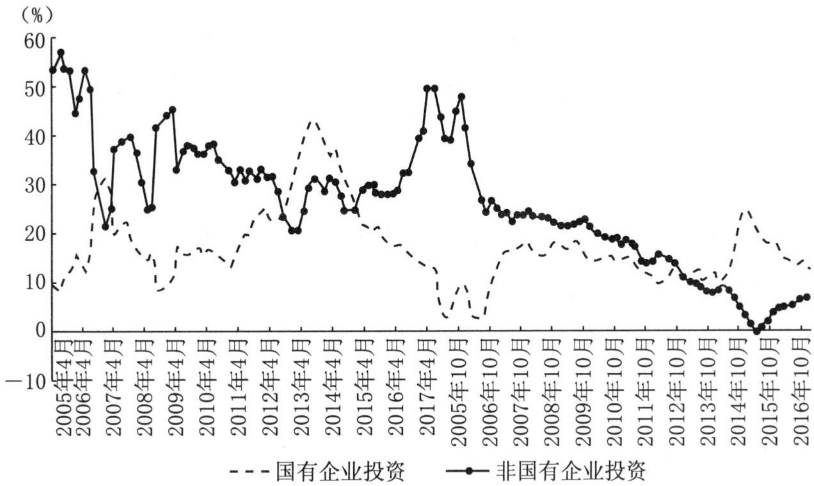

图1　2004—2017年国有企业投资与非国有企业投资的年度名义增长率

注：投资的年名义增长是相对于去年同月投资的月度投资增长。上图显示了年度名义增长率的三个月移动平均值。

资料来源：国家统计局（NBS，2018年）。

经济稳定器的作用源于中央政府对国有企业投资决策的控制。国有资产监督管理委员会（SASAC）是106家最大的国有企业（也称中央企业）的控股股东，其中有47家企业进入2015年《财富》全球500强企业名单（国资委，2015）。中共中央任命51个最重要的中央企业的董事长和党委书记。通过这些机构，中央政府可以指示国有企业在必要时进行大规模投资。虽然国有企业在自己的投资决策中有一些发言权，但这些决策是在政府与国有企业之间稳定关系的背景下制度化的。一方面，中央政府需要国有企业

① 集体所有制企业与国有企业一样，都是公共企业。然而，这些企业自20世纪90年代以来已成为一个非常小的部门，排除它们不会影响我们的结果。

来实现宏观目标；另一方面，国有企业，尤其是最大的国有企业，需要中央政府的政策和财政支持以及提供稳定的宏观环境。这种政府—企业的相互依赖促使国有企业履行中央政府的命令。此外，国有企业的投资受益于国有企业与金融机构之间的稳定关系。在经济低迷时期，银行倾向于维持甚至增加国有企业的资金。

从理论上讲，稳定器作用对经济增长兼有短期和长期影响。从短期来看，国有企业的投资可以减轻经济衰退的严重程度。由于经济衰退可能对长期增长产生永久性影响，国有企业通过抵消短期内经济下滑的不利影响也可以促进长期增长。因此，国有企业的稳定器作用可以有效地缓解像美国在 2008—2009 年经济衰退之后出现的“滞后”效应（Summer，2014）。①国有企业的长期影响还取决于国有企业投资的效率和盈利能力。从长远来看，国有企业投资可能会导致产能过剩，给长期增长带来额外负担，特别是当中央政府对国有企业投资领域失去控制，国有企业以混乱的方式进行投资时。鉴于国有企业对长期经济增长可能产生正反两方面的影响，这需要进行实证检验。

国有企业作为经济稳定器的作用意味着国有企业在经济中的份额与经济增长之间可能存在互为因果的关系。我们假设较高比例的国有企业会带来更快的增长，但预计增长放缓也会导致国有企业的比例增加。国有企业对增长的积极影响可能被第二种关系隐藏，通过后者，更快的增长导致国有企业的份额减少。在实证分析中必须考虑到这一点，以避免互为因果关系。

（三）促进技术进步

为了衡量国有企业技术进步的增长，我们计算了研发（R&D）支出占产出的比例、新产品带来的工业产出，以及每 1 000 名员工的专利数量（如表 2 所示）。我们使用 1995 年、2004 年和 2008 年进行的中国工业普查或经济普查数据，因为它提供了国有独资工业企业和国有控股工业企业的数据，符合我们对国有工业企业的定义。值得注意的是，我们尚未考虑国有企业与非国有企业之间新产品或专利的异质性。表 2 显示，除了 1995 年新产品的产业外，每年三个技术进步的指标，国有企业都要优于非国有企业。2008 年，国有企业相对优势的增加依然持续。Li 和 Xia（2008）观察到类似的事实。另外，Hsieh 和 Song（2015）发现 1998 年至 2007 年国有企业的全要素生产率增长速度快于私营企业。②

---

① 滞后指的是由于经济衰退阻碍了资本存量的增加和更新，并使劳动技能降低，经济衰退的短期影响是永久性的。由于大衰退的长期影响，美国国会预算办公室在经济大萧条之后数次下调了对美国经济的计划全产能 GDP 增长路径。

② Hsieh 和 Song（2015）没有考虑工作时间的差异，然而这可能对全要素生产率的增长产生较小的影响。

表 2　　国有企业和非国有企业的技术进步

		1995 年	2004 年	2008 年
研发/产出(%)	国有企业	0.33	0.77	0.9
	非国有企业	0.22	0.43	0.49
新产业[①]/产业(%)	国有企业	7	15	16
	非国有企业	15	10	10
专利[②]/1 000 名员工	国有企业	N.A.	0.47	1.14
	非国有企业	N.A.	0.45	0.85

注：① 根据国家统计局（NBS，2010a），"新产品"是指采用新技术原理和新设计生产的产品，或者是在结构、材料或生产工艺方面改进最初产品的产品，以便提高产品性能或扩展产品功能。

② 在中国，有三种类型的专利：发明专利、实用新型专利和外观设计专利。这里我们指的是发明专利，因为发明专利反映了比其他类型更重要的创新。

资料来源：数据来自国家统计局（NBS，1997；2006；2010a）。虽然 1995 年的人口普查报告只是国有企业而不是国有控股公司，但它与 2004 年和 2008 年的人口普查相当，因为 1995 年的国有控股公司很少。最近的经济普查是在 2013 年进行的。然而，2013 年人口普查并未提供国有控股公司技术进步的数据。

人们可以通过考虑研发活动的机会成本来质疑国有企业在促进技术进步方面的作用。换句话说，如果国有企业的研发活动效率低于非国有企业，那么非国有企业可以更有效地实现技术进步的相同表现。如果是这种情况，更多的技术进步可能与较少的国有企业相关联。沿着这条路线，在一项有影响力的研究中，Wei、Xie 和 Zhang（2017）认为，与私营企业相比，国有企业在创新方面的表现乏善可陈，因为他们发现每 1 000 万元公司级投资研发中，非国有企业比国有企业的专利数量高得多。作者基于取得的专利数量来衡量研发活动的效率。①然而，技术是高度异质的。对专利数量的简单比较忽略了国有企业和非国有企业专利的异质性。主要的技术创新需要大量投资，但不一定带来更多的专利，这将降低通过该方法测量的研发活动的"效率"。因此，Wei、Xie 和 Zhang（2017）提出的证据并未证明国有企业的创新效率较低；相反，这可能是因为国有企业将研发重点放在重大创新上。

国家科学技术进步奖提供了一种比较不同类型企业在技术进步中表现的方法，因为只有重大创新可以争夺这一奖项。该奖项是五项最重要的国家科技奖项之一；它也是唯一可以授予组织的奖项。每年，国务院都会将这一奖项授予在技术研究、开发和创新方面做出创造性贡献，推广先进技术应用，推动新技术产业化，或完成重大技术项目的中国公民或组织。该奖项面向大学、研究机构、医院和企业。获奖项目代表了中国最具影

① 同样的结果可以用表 2 中的数字来计算：2008 年，非国有企业每 1 000 万元研发投资的专利数量比国有企业高出 37%。

响力的技术进步，为了解不同企业如何为国家技术前沿的拓展作出贡献提供了机会。①

我们使用最新的2016年（MOST，2017）数据进行比较。这些数据不包含所有权信息，我们使用国家企业信用信息公示系统，辅以中国股票市场和会计研究数据库以及企业网站的公开信息，以确定企业是国有企业还是非国有企业。2016年，共有610个获奖组织，其中306个组织为企业；在这些企业中，60.5%是国有企业。这一结果表明，国有企业在推动重大创新方面发挥了至关重要的作用。

这些奖项中的大多数都是针对涉及多个组织的团体项目，其中一个组织被列为“第一”或领导者。在2016年获奖的132个项目中，有36个项目的第一组织是企业。在这36家项目领导企业中，有31家是国有企业，只有5家非国有企业。因此，国有企业在重大技术项目中发挥了主导作用。

我们将为获奖项目共同工作的第一组织定义为“领导者”，将其他组织定义为“追随者”。在给定追随者类型的情况下，有趣的是看谁是领导者。表3给出了这种领导者—跟随者关系。对于国有企业是追随者，领导者很可能也是国有企业，不太可能是非国有企业。另一方面，对于非国有企业是追随者，领导者很可能是非企业组织，但依然不太可能是非国有企业。表3显示，21个非国有企业追随者与国有企业领导人合作，而只有两个国有企业追随者与非国有企业领导人合作。

表3　领导者和追随者

追随者	领导者			总计
	国有企业	非国有企业	非企业组织	
国有企业	70	2	49	185
非国有企业	21	2	98	121

资料来源：获奖者名单来自MOST（2017）。企业所有权根据国家企业信用信息公示系统、中国证券市场和会计研究数据库的信息确定。

国家科学技术进步奖分为三个等级：大奖、一等奖和二等奖。获得大奖或一等奖的项目在某些领域具有重要意义，如京沪高速铁路项目、超深水半潜式钻井平台和双线杂交水稻。值得注意的是，这些项目不仅具有科学意义，而且具有经济重要性——它们旨在降低运输成本，确保能源供应或提高生产率，所有这些都可能有助于经济增长。从2002年到2016年，国有企业作为领导者贡献了63.6%的大奖和44.6%的一等奖，而非国有企业作为领导者仅贡献了3.8%的一等奖却并无大奖。这表明了国有企业在开展重大创

① 虽然这些奖项对私营企业开放，但授予这些奖项的国务院有可能偏向国有企业。

新方面的重要性，这些创新可能会在各个部门产生巨大的正外部性。尽管在重大创新中占主导地位，但工业国有企业的研发支出仅占规模以上工业部门研发总支出的40%左右。①这表明国有企业在利用资金追求重大技术创新方面拥有相对更高的效率。

人们仍然可以认为，假设非国有企业在针对重大创新的研发活动中花费相同数量的资金，它们可能会比我们在国有企业中观察到的表现更好。然而，私营企业不愿意投资于重大创新，这些投资通常是高风险的投资。重大创新有助于提高国家竞争力，并为整个国家带来益处。面对激烈的竞争，私营企业倾向于关注边际创新，以降低成本或使产品多样化。然而，重大创新要求企业不那么激烈的竞争环境，投资决策的长远观点以及与股东、员工和金融机构等其他利益相关者的稳定关系。与私营企业相比，国有企业更有可能满足这些要求。

最后，国有企业的高端路径可以对创新绩效产生积极影响。国有企业员工的工资相对较高，这给国有企业施加压力，要求他们提高技术水平，以便在与低工资非国有企业的市场竞争中生存。

（四）对待员工的高端路径方法

国有企业采用高端路径对待员工。如上所述，国有企业的工作周比私营企业短。此外，国有企业支付的工资明显高于私营企业：2015年，国有企业的平均工资比私营企业高出65%（NBS，2017）。②即使教育和性别得到控制，国有企业的员工仍然享有显著的工资溢价（Ge and Yang，2014）。③以城镇就业的平均可支配收入作为生活工资标准，2015年，国有企业的平均工资比标准高出10%；而私营企业则比标准低三分之一（NBS，2017）。通过不支付生活工资，私营企业得到间接补贴。④Li等人（2013）以及Li和Qi（2014）表明，如果按照中国的劳动法要求支付工资，私营企业的利润将变为负数。此外，大多数国有企业员工都可以获得社会保障，而只有少数私营企业员工可以获得社会保障。根据国家统计局的数据，参加养老保险和医疗保险的农民工比例2014年分别为16.7%和17.6%；大多数农民工都是由私营企业雇用的（NBS，2015）。如果私营企业支付相同的工资和福利并且与国有企业的工作时间相同，那么它们就不会具有现在这样的盈利能力和效率。⑤

---

① 我们根据2008年经济普查的数据估算研发支出中的国有企业份额，2016年可能略有不同。

② 我们使用国有单位的平均工资，因为官方统计数据没有报告国有企业的平均工资。

③ 较高的工资与国有企业较高的资本密集度相关。国有企业的技术更先进，国有企业的劳动生产率更高；因此，国有企业有能力支付更高的工资。然而，还有历史和制度因素确保工人可以通过提高工资来提高劳动生产率。

④ 未支付生活工资的私营企业由其员工、员工家属和/或国家补贴。

⑤ 虽然汇总数据表明国有企业的工资和工作条件更好，但它们并不总是对员工采取高端路径方式。最近，国有企业越来越多地使用合同工。

向工人支付高工资并不一定有利于经济增长。正如我们在第四部分中看到的那样，计量检验结果表明，中国经济在1993年至2012年的20年间表现出以利润为导向的增长模式，这意味着GDP中较高的工资份额会导致经济增长放缓。尽管如此，国有企业的高端路径可能会在当前的增长模式和向更可持续模式的转型过程中促进经济增长。

首先，支付更高的工资并不一定与GDP中更高的工资份额相对应，因为GDP的工资份额不仅取决于工资，还取决于劳动生产率。对待员工的公路方法可以促进劳动生产率的增长，如果劳动生产率的上升速度超过工资增长率，则会增加而不是降低利润份额。更高的工资和更好的福利可以提高员工的忠诚度和士气；它们也有助于提高工作技能和刺激创新。高端路径可以创造相互信任和相对和谐的管理层—员工关系。对劳动过程的比较研究表明，相互信任的管理层—员工关系是支撑日本汽车制造公司相对于其美国竞争对手取得成功的关键因素（Helper and Henderson，2014）。

其次，国有企业在对待工人方面采取的高端路径可能会对经济增长起到前瞻性作用。这一作用很重要，因为当前经济模式的一些关键方面是不可持续的。可持续的经济增长需要劳动力的可持续再生产，这反过来要求雇主支付生活工资。不支付标准的生活工资——这在私营企业中很普遍——迟早会产生社会和经济增长的障碍。低工资和低工资导致的加班工作挤压了劳动力再生产的时间，牺牲了工人的健康。恶劣的工作条件和无意义的长时间工作加剧了劳资冲突，破坏了社会稳定。

不可持续性的另一个方面是过度依赖投资和出口（Zhu and Kotz，2010）。由于工资低，经济的消费需求不足，使经济容易受到过度投资，贸易冲突和全球经济的外部冲击影响。因此，转向更可持续的增长模式需要稳定增加工资和总需求中的消费，并摆脱对投资和出口的依赖。考虑到对待工人的高端路径方法，国有企业更容易接受更高的工资。因此，国有企业可以成为连接旧的和更可持续的新经济模式的桥梁。

总之，有许多理由期望国有企业为经济增长作出贡献，尽管这种影响可能不会在短期内出现。鉴于国有企业与经济增长之间的相互因果关系，考虑到经济稳定器的作用，人们可能会发现，更多的国有企业似乎与较低的经济增长有关。这是关于国有企业对经济增长影响的观点相互矛盾的一个原因，尽管意识形态偏见是认为国有企业“必须”对经济增长有害的另一个原因。关于促进技术进步的作用，创新通常需要时间才能在经济上获利并在整个经济中传播，这也使得国有企业的积极影响可能只会在长期出现。对待员工的高端路径可能的好处也会在长期中实现。只有在转型发生后我们才能看到向可持续经济模式过渡的前瞻性作用。总之，我们可以在下面的计量经济学分析中检验的假设是国有企业是否抵消了经济衰退并促进了长期经济增长。

四、实证分析

（一）实证模型

在本节中，我们根据覆盖 29 个省、自治区和直辖市（由于数据可获得性而排除重庆和西藏）和 20 年（1993—2012）的面板数据集来估算国有企业的增长效应。为了克服经济周期对国有企业衡量的影响（如上所述），我们采用所有变量的 5 年平均值。因此，平均面板数据集涵盖 29 个区域和 4 个非重叠时期（1993—1997，1998—2002，2003—2007 和 2008—2012）。我们建立以下实证模型：

$$GROWTH_{it} = \beta_0 + \beta_1 LS_{it} + \beta_2 SOE_{i,\ t-1} + \beta_3 SOE_{i,\ t} + \beta_4 SLOW_{it} + \beta_5 SOE_{it} \times SLOW_{it} + \sum_j \beta_j X_{jit} + \gamma_i + \delta_t + \varepsilon_{it} \quad (1)$$

在等式（1）中，下标 i 和 t 分别代表区域和周期；γ_i 和 δ_t 分别代表单位和年份固定效应；ε_{it}是误差项。*GROWTH* 是实际 GDP 的增长率，*LS* 是劳动收入在国民收入中的份额。这两个变量建立了非正统增长和分配模型的基本框架。在非正统增长和分配模型（特别是 Kaleckian 模型）中，经济增长可以表示为工资份额或利润份额的函数（Naastepad and Storm，2006；Stockhammer，Onaran and Ederer，2008；Hein and Vogel，2007）。β_1 的符号显示了增长体制的类型；如果 $\beta_1>0$，它是以工资为主导的增长体制；如果 $\beta_1<0$，它是一个以利润为导向的体制。

接下来，我们将 SOE 变量添加到基本增长—分配框架中。国有企业变量衡量的是国有企业在经济中的份额。如何衡量 SOE 将在下一小节中讨论。我们增加了国有企业的一期（即 5 年）滞后，以捕捉主要技术创新的影响，这意味着这些创新平均需要五年才能在经济上有效。在整个应用过程，成本降低和市场形成过程中，这些影响不能立即实现，技术的传播可能需要数年；因此，技术进步的经济影响往往与几年前发生的国有企业的活动有关。如果 $\beta_2>0$，则支持国有企业从长远看促进经济增长的假设。为了在经济衰退中捕捉国有企业的稳定器效应，我们在同期国有企业变量和虚拟变量 *SLOW* 之间增加了一个交互项，如果一个地区一年的固定投资（按实际价值计算）的增长率低于改革时期所有地区的平均水平，则定义为 1，否则为 0。固定投资的增长率被用作基准，因为国有企业可以通过增加投资来应对低水平的私人投资。交互项的系数 β_5 反映了国有企业可以抵消经济放缓的不利影响。对于交互项，当 *SLOW*＝0 时，国有企业的同期效应变为 β_3，而当 *SLOW*＝1 时，国有企业的同期效应变为 $\beta_3 + \beta_5$。

除了国有企业变量，还包括其他控制变量，这些变量经常出现在中国经济增长的实证研究中：*PRI* 和 *SEC* 代表了部门结构；*OPEN* 代表贸易开放；*FDI* 代表吸收外来直接投资；*GOV* 代表政府的规模。表4给出了变量定义和数据来源。表5给出了描述性统计。

表4　　变量定义和数据来源

变量	定义	数据来源
GROWTH	区域GDP实际增长率	国家统计局(NBS, 2010b), CSY
LS	员工报酬/(GDP-固定资本折旧)	CSY
SOE_1	国有工业企业和国有控股工业企业的就业/规模以上工业企业的就业	国家统计局(NBS, 2010b), CSY
SOE_2	国有工业企业和国有控股工业股份制企业产值/规模以上工业企业产出	国家统计局(NBS, 2010b), CSY
PRI	第一产业增加值/GDP	国家统计局(NBS, 2010b), CSY
SEC	第二产业增加值/GDP	国家统计局(NBS, 2010b), CSY
OPEN	(出口+进口)/GDP	国家统计局(NBS, 2010b), CSY
FDI	外国直接投资/GDP	Wind数据库
GOV	政府消费/GDP	国家统计局(NBS, 2010b), CSY

注：CSY是指中国统计年鉴的各种问题。国家统计局（NBS, 2010b）仅涵盖1949—2008年间的数据，因此我们从CSY收集其余数据。

表5　　描述性统计

变量	数量	均值	标准差
GROWTH	116	0.110	0.019
LS	116	0.575	0.077
SOE_1	116	0.524	0.226
SOE_2	116	0.526	0.207
PRI	116	0.161	0.082
SEC	116	0.451	0.077
OPEN	116	0.314	0.400
FDI	116	0.035	0.035
GOV	116	0.144	0.038

（二）衡量SOE

等式（1）中的变量是国有企业在经济中的份额。目前的研究使用了SOE变量的各种定义。例如，Lin和Liu（2000）衡量私营企业产值在工业总产值中的份额。Phillips和Shen（2005）采用了五项指标：国有企业在总就业、工业总产值、建筑业、零售业和固定投资中的份额。

在所有可能的指标中，我们首先排除了国有企业在建筑业或零售业中的份额，因为这些指标仅反映了一些小部门中国有企业的比例。其次，国有企业在职工（正式员工）

数量中的份额可能会高估国有企业的比例，因为在城市正规部门改革中，职工在城市就业中的比例从1993年的81%大幅下降到2008年的38%（NBS，2010c）。再次，国有企业在总就业中的份额不是一个合适的衡量指标。这实际上是通过国有单位的就业除以总就业来计算的，而国有单位的就业包括政府和非营利机构的就业，但不包括国有控股公司的就业。国有企业在固定投资中的份额也存在同样的问题。

为了衡量国有企业在企业部门中的份额，我们不得不重点关注规模以上工业企业（ASIE）部门。官方统计数据提供了ASIE部门的国有企业数据。我们采用国有企业在ASIE部门就业和国有企业在ASIE部门产出中的份额。①

（三）方法和结果

我们使用固定效应模型来估计等式（1）。最近，将GMM应用于中国的区域面板数据已变得很受欢迎；然而，GMM是为“大N和小T”面板设计的，但我们的面板是小N。同时，鉴于我们有一个短面板（T=4），我们无法探索面板的时间序列维度，并且面板单位根检验并无意义。虽然它很简单，但固定效应模型可以通过清除未观察到的个体效应来提高估计的一致性。我们还为所有模型添加了时期虚拟变量。鉴于中国的改革是一个以不同速度在不同地区发生的渐进过程，解释变量很可能与时期相关。豪斯曼检验也表明应该添加时期虚拟变量。

我们没有使用工具变量来处理关键变量的可能内生性。由于许多因素可能对经济增长产生直接影响，因此很难为增长模型找到合适的外生工具变量。尽管如此，我们对原始数据取5年均值已经处理了由于国有企业的反周期波动导致的增长与同期国有企业之间的反向因果关系。此外，国有企业的滞后是增长的外生因素。为了避免遗漏变量，除了区域固定效应外，我们还控制时间虚拟变量以及其他影响经济增长的因素。因此，虽然在内生性方面估计存在不完善，但我们认为结果可以为正在解决的问题提供了一些证据。

表6给出了以SOE_1为衡量指标的估计结果。模型（1）是增长和分配之间的简单关系。*LS*的系数是负的且具有统计显著性，表明增长机制是以利润为导向的，这与Molero-Simarro（2015）的结果相呼应。在表6中的所有模型中，*LS*的系数都是负的；特别是，模型（6）中系数的绝对值更大，这意味着从2003年到2012年，增长机制变得

① ASIE数据仅在1998年之后可用。在1993—1997年间，我们使用国有企业在工业职工数量中的份额和在“具有独立会计制度的企业”的工业产出中的国有企业份额。如上所述，职工在城市就业中的比例从1993—2008年间大幅下降。这种下降主要发生在1998年国有企业改革加速之后；因此，我们使用的措施仍然可以反映1998年之前的国有企业份额。此外，表6中的模型（6）和表7中的模型（11）报告了2003—2012年间的结果，这些数据都是关于ASIE的，可以看作是一个稳健性检验。

表6　SOE_1 的估计结果

	(1)	(2)	(3)	(4)	(5)	(6)
LS	−0.104***	−0.085***	−0.089***	−0.079***	−0.059**	−0.146**
	(−3.078)	(−2.917)	(−4.177)	(−3.816)	(−2.539)	(−2.358)
$LSOE_1$		0.085***	0.071***	0.074***	0.065**	0.143*
		(5.337)	(3.234)	(3.267)	(2.080)	(1.957)
SOE_1			−0.010	−0.012	−0.002	−0.122
			(−0.608)	(−0.560)	(−0.105)	(−1.573)
SLOW			−0.012***	−0.027***	−0.025***	−0.042***
			(−4.701)	(−5.446)	(−4.613)	(−3.378)
$SOE_1 \times SLOW$				0.027***	0.022**	0.066**
				(2.821)	(2.372)	(2.213)
PRI					−0.062	−0.013
					(−0.693)	(−0.077)
SEC					0.032	−0.085
					(0.647)	(−0.966)
OPEN					0.004	0.032
					(0.221)	(1.351)
PDI					0.035	0.150
					(0.325)	(0.562)
GOV					0.016	−0.222*
					(0.371)	(−1.848)
调整 R^2	0.512	0.611	0.664	0.677	0.674	0.621
观测数	116	116	116	116	116	58
观测时期	1993—2012	1993—2012	1993—2012	1993—2012	1993—2012	2003—2012

注：因变量是地区 GDP 的实际增长率。*t* 值出现在括号中。*，** 和 *** 分别代表 $p<0.1$，$p<0.05$ 和 $p<0.01$。所有标准误都是异方差性的。所有变量包括常数和年度虚拟变量。

更加以利润为导向。模型（2）增加了滞后的 SOE 变量，其具有正面和统计上的显著性影响。这种积极效果仍然适用于所有模型。模型（3）增加了同期的 *SOE* 和 *SLOW* 变量。模型（4）进一步添加交互项。同期 SOE 的系数是负的，但在模型（3）和模型（4）中统计上都不显著。模型（4）中的交互项系数是正的且具有统计显著性，这意味着国有企业抵消了经济衰退带来的一些不利影响。模型（4）的结果意味着国有企业在长期和经济衰退中促进增长，尽管国有企业在正常时期对增长没有显著的同期影响。当添加控制变量时，该结果保留在模型（5）中。这些控制变量对增长没有统计学上的显著影响。模型（6）侧重于 2003—2012 年。模型（6）的结果表明，国有企业对经济衰退的长期效应和抵消效应都变得更大。在控制变量中，*GOV* 对增长具有负面和统计上的显著影响，这可能表明前者政府机构的生产功能在 20 世纪 90 年代后半期和 21 世纪初国企改革后被转移到企业；其他变量仍然不显著。

表7给出了以SOE_2为衡量指标的结果。模型（7）—模型（11）分别对应于表6中的模型（2）—模型（6）。与表6中的结果一样，*LS*的结果表明增长体制是以利润为导向的。在所有模型中，同期*SOE*的系数在统计上是不显著的。国有企业的长期影响在模型（7）、模型（8）、模型（9）和模型（11）中是正向的和统计上显著的，但在相同置信水平下模型（10）中的在统计上不显著（在$p=0.15$时显著）。在模型（9）、模型（10）和模型（11）中，$SOE_2 \times SLOW$的系数是正的且具有统计显著性。在模型（10）中，所有控制变量在统计上都是不显著的。相比之下，在聚焦于2003—2012年间的模型（11）中，*PRI*和*SEC*具有负面和统计上显著的影响；*OPEN*具有正的且统计上显著的影响；*GOV*具有负的和统计上显著的影响。模型（10）和模型（11）中控制变量的结果之间的差异可能表明2003年之后的增长更多地依赖于房地产（这是第三产业的一个重要部门）和全球市场。

表7　　SOE_2的估计结果

	（7）	（8）	（9）	（10）	（11）
LS	-1.106***	-0.098**	-0.092***	-0.073***	-0.173***
	(-3.109)	(-4.499)	(-4.515)	(-3.030)	(-4.021)
$LSOE_2$	0.060***	0.059***	0.062***	0.038	0.220***
	(3.227)	(2.781)	(3.167)	(1.592)	(5.634)
SOE_2		-0.032	-0.035	-0.019	-0.013
		(-1.103)	(-1.286)	(-0.646)	(-0.450)
SLOW		-0.013***	-0.028***	-0.024***	-0.068***
		(-4.884)	(-3.824)	(-3.497)	(-4.707)
$SOE_2 \times SLOW$				0.018*	0.115***
				(1.727)	(4.188)
PRI				-0.018	-0.426***
				(-0.179)	(-3.530)
SEC				0.050	-0.107*
				(1.034)	(-1.871)
OPEN				-0.007	0.056***
				(-0.466)	(3.855)
PDI				0.082	0.086
				(0.742)	(0.448)
GOV				0.052	-0.343***
				(1.055)	(-3.439)
调整R^2	0.550	0.646	0.655	0.656	0.796
观测数	116	116	116	116	58
观测时期	1993—2012	1993—2012	1993—2012	1993—2012	2003—2012

注：因变量是地区GDP的实际增长率。*t*值出现在括号中。*，**和***分别代表$p<0.1$，$p<0.05$和$p<0.01$。所有标准误都是异方差稳健的。所有模型包括常数和年份虚拟变量。

因此，计量经济学分析发现，在正常时期和经济衰退时期，国有企业对增长没有显著的同期影响。国有企业在经济衰退中的同期效应，即 $\beta_3+\beta_5$，在表6和表7的大多数模型中统计上不显著。①同时，结果支持了我们关于国有企业对经济增长有正的且长期的影响以及国有企业可以抵消经济衰退的不利影响。

最后，我们进行了一系列稳健性检验。首先，我们用国有企业在规模以上工业企业部门增加值和国有企业在工业增加值总额中的份额取代 SOE_1 和 SOE_2。其次，我们采用国有企业在较大部门的份额，即结合规模以上工业部门和建筑部门的部门。第三，我们使用年度数据而不是五年平均值。在这种情况下，我们进行单位根检验并发现面板中的变量是I（0）或I（1）变量，因此我们将合并的均值组方法应用于数据。总的来说，关键结果仍然存在于稳健性检验中。②

（四）政策影响：短期主义与长期增长

如上所述，对于某些地区而言，国有企业似乎与同期增长呈负相关关系，因为当经济放缓时，国有企业往往增长得更快。我们发现某些模型中同期效应的系数具有接近的统计显著性。此外，一些较先进的地区（如浙江省）现在拥有的国有企业很少，这可能会向其他地区发出虚假信号，即私有化可以促进各地的增长。

因此，即使私有化在长期内损害了经济增长并使经济更容易受到外部冲击或内部矛盾带来的经济衰退的影响，国有企业和地方官员也很有可能将国有企业私有化。③然而，鉴于地方官员之间围绕晋升激烈的竞争，他们的行为通常以短期主义为特征。地方官员可能会寻求将地方国有企业私有化，因为他们相信这会加速GDP的增长，或者“改革”的国有企业会美化他们的简历，从而有利于政治晋升，而官员在私有化的负面影响出现之前就离开该地区。官员通常可以从私有化中获得的个人物质利益也可能促进这种机会主义行为。

这种私有化的短期主义也可能出现在中央政府层面。但是，官员之间的竞争并不是国家层面的动力。国家和领导层有更多的空间来考虑长期目标并抑制地方的短期主义。国资委在2003年成立，负责监管最大的国有企业，使国家能够加强对长期目标的关注，并在一定程度上将最大的国有企业与地方的短期主义隔离开来④。在这种情况下，国家对私有化的态度对于国有企业的未来至关重要。

近年来，特别是自全球金融危机和中国大规模刺激计划以来，中国经济进入所谓的

① 仅在模型（11）中具有统计意义上的显著性和正的影响。

② 可根据要求提供稳健性检验。

③ 在中国的背景下，国家指的是中央政府。

④ 值得注意的是，国家最近通过取消或削弱国资委可能对国有企业施加的干预来改变国资委的作用（国务院，2017）。这种变化可能会影响国家使国有企业追求长期目标的能力。

“新常态”阶段，其特点是增长放缓、债务/收入比率高、部分行业产能过剩、房地产泡沫增大、工资上涨。债务上升和产能过剩是国有企业的严重问题，因为它们被鼓励在金融危机期间大量借贷以资助大型投资。现在是国家思考如何解决国有企业问题以及启动新一轮私有化是否有助于解决这些问题的关键时刻。我们的研究表明，从长远来看，私有化对经济增长是有害的。我们认为，私有化将破坏中国在不利条件下实现良好经济增长的核心支柱。

五、结论

在本文中，我们试图解决中国背景下的经典问题：国家所有权对经济增长的影响是什么？早期的文献没有考虑到私营企业苛待它们的工人，违反中国的劳动法，并为工人提供低于维持生活的工资。从长远来看，这种做法将侵蚀私营企业对经济增长的贡献。目前的大多数研究忽视了国有企业在稳定经济增长和促进技术进步方面的作用。我们认为国有企业在几个方面正在发挥促进增长的作用。国有企业通过大规模投资在经济下滑时稳定增长。国有企业通过投资风险较高的技术进步领域来促进重大技术创新。此外，国有企业采用高端路径对待工人，这将有利于向更可持续的经济模式过渡。我们的实证分析表明，中国的国有企业促进了长期增长，抵消了经济衰退的不利影响，而对经济增长没有统计上显著的同期影响。

与典型的资本主义经济相比，中国以拥有一个庞大的国有部门而著称。从历史上看，中国改革开放后的经济转型和制度变迁不断影响着国有企业在经济中的作用。不断变化的角色反映了经济的动态矛盾。国有企业从从事基本生产和提供福利的单位转向面向市场竞争的自主公司，同时成为国家干预经济的工具。人们可以预期，未来国有企业的作用将会进一步发生变化。国有企业如何发展对解决中国经济的当代矛盾和寻找可持续经济模式的道路至关重要。

参考文献

[1] All-China Federation of Trade Unions (ACFTU). 2010. *Diliuci Zhongguo Zhigong Zhuangkuang Diaocha* (The Sixth Survey of the Conditions of the Chinese Workers). Beijing: China Worker Press.

[2] Bai, Chong-En, David D. Li, Zhigang Tao, and Yijiang Wang. 2000. A multitask theory of state enterprise reform. *Journal of Comparative Economics* 28 (4): 716—38.

[3] Barnett, Steven. 2000. *Evidence on the Fiscal and Macroeconomic Impact of Privatization.* International Monetary Fund Working Paper No. WP/00/130. New York: IMF.

[4] Bazzi, Samuel, and Michael A. Clemens. 2013. Blunt instruments: Avoiding common pitfalls in identifying the causes of economic growth. *American Economic Journal: Macroeconomics* 5 (2): 152—86.

[5] Brandt, Loren, and Xiaodong Zhu. 2010. *Accounting for China's Growth.* IZA Discussion Paper No.4764. Bonn, Germany: Institute of Labor Economics.

[6] Bureau of Economic Analysis (BEA). 2017. National income and product accounts. Accessed at: https://www.bea.gov.

[7] Chang, Ha-Joon, and Ajit Singh. 1993. Public enterprises in developing countries and economic efficiency: A critical examination of analytical, empirical, and policy issues. *UNCTAD Review* 4: 45—82.

[8] Chen, Baizhu, and Yi Feng. 2000. Determinants of economic growth in China: Private enterprise, education, and openness. *China Economic Review* 11 (1): 1—15.

[9] Cook, Paul, and Yuichiro Uchida. 2003. Privatization and economic growth in developing countries. *The Journal of Development Studies* 39 (6): 121—54.

[10] Doamekpor, Francois K. 1998. Contributions of state-owned enterprises to the growth of total output. *International Economic Journal* 12 (4): 65—77.

[11] Fowler, Paul C., and Donald G. Richards. 1995. Test evidence for the OECD countries, 1965—85: The relationship between the size of the public enterprise sector and economic growth. *International Journal of Social Economics* 22 (3): 11—23.

[12] Ge, Suqin, and Dennis Tao Yang. 2014. Changes in China's wage structure. *Journal of the European Economic Association* 12 (2): 300—36.

[13] Gylfason, Thorvaldur, Tryggvi Thor Herbertsson, and Gylfi Zoega. 2001. Ownership and growth. *The World Bank Economic Review* 15 (3): 431—49.

[14] Hein, Eckhard, and Lena Vogel. 2007. Distribution and growth reconsidered: Empirical results for six OECD countries. *Cambridge Journal of Economics* 32 (3): 479—511.

[15] Helper, Susan, and Revecca Henderson. 2014. Management practices, relational contracts, and the decline of General Motors. *Journal of Economic Perspectives* 28 (1): 49—72.

[16] Hsieh, Chang-Tai, and Zheng Michael Song. 2015. *Grasp the Large, Let Go of the Small: The Transformation of the State Sector in China.* NBER Working Paper No. w21006. Cambridge, MA: National Bureau of Economic Research.

[17] Huang, Xianfeng, Ping Li, and Richard Lotspeich. 2010. Economic growth and multi-tasking by state-owned enterprises: An analytic framework and empirical study based on Chinese provincial data. *Economic Systems* 34 (2): 160—77.

[18] Jalilian, Hossein, and John Weiss. 1997. Policy arena: Bureaucrats, business and economic growth. *Journal of International Development* 9 (6): 877—85.

[19] Jefferson, Gary H. 1998. China's state enterprises: Public goods, externalities, and Coase. *The American Economic Review* 88 (2): 428—32.

[20] Kaldor, Nicholas. 1980. Public or private enterprise—the issue to be considered. In *Public and Private Enterprises in a Mixed Economy*, ed. William J. Baumol, 1—12. London: Palgrave Macmillan.

[21] Li, Hongbin, Zheyu Yang, Xianguo Yao, Haifeng Zhang, and Junsen Zhang. 2012. Entrepreneurship, private economy and growth: Evidence from China. *China Economic Review* 23 (4): 948—61.

[22] Li, Shaomin, and Jun Xia. 2008. The roles and performance of state firms and non-state firms in China's economic transition. *World Development* 36 (1): 39—54.

[23] Li, Zhongjin, Ying Chen, Hao Qi, and Zhun Xu. 2013. A living wage, overtime work and China's economic sustainability. *Zhengzhi Jingjixue Pinglun* [*China Review of Political Economy*] 3 (3): 35—57.

[24] Li, Zhongjin, and Hao Qi. 2014. Labor process and the social structure of accumulation in China. *Review of Radical Political Economics* 46 (4): 481—88.

[25] Lin, Justin Yifu, and Zhiqiang Liu. 2000. Fiscal decentralization and economic growth in China. *Economic Development and Cultural Change* 49 (1): 1—21.

[26] Lo, Dic, and Guicai Li. 2011. China's economic growth, 1978—2007: Structural-institutional changes and efficiency attributes. *Journal of Post Keynesian Economics* 34 (1): 59—84.

[27] Lo, Dic, and Yu Zhang. 2010. Making sense of China's economic transformation. *Review of Radical Political Economics* 43 (1): 33—55.

[28] Ministry of Science and Technology (MOST). 2017. 2016 Guojia Kexue Jishu Jinbu Jiang Xiangmu Mingdan [Winners of the State Science and Technology Progress Awards in 2016]. Accessed at: http://www.most.gov.cn/ztzl/gjkxjsjldh/jldh2016/jldh16jlgg/201701/t20170105_130203.htm.

[29] Molero-Simarro, Ricardo. 2015. Functional distribution of income, aggregate demand, and economic growth in the Chinese economy, 1978—2007. *International Review of Applied Economics* 29 (4): 435—54.

[30] Naastepad, Ro C. W. M., and Servaas Storm. 2006. OECD demand regimes (1960—2000). *Journal of Post Keynesian Economics* 29 (2): 211—46.

[31] National Bureau of Statistics (NBS). 1997. *The Data of the Third National Industrial Census of China in 1995.* Beijing: China Statistics Press.

——. 2006. *China Economic Census Yearbook 2004*. Beijing: China Statistics Press.

——. 2010a. *China Economic Census Yearbook 2008*. Beijing: China Statistics Press.

——. 2010b. *China Compendium of Statistics 1949—2008*. Beijing: China Statistics Press.

——. 2010c. *China Statistical Yearbook 2009*. Beijing: China Statistics Press.

——. 2015. 2014 Quanguo nongmingong jiance diaocha baogao [2014 report on the Survey of

Migrant Workers in China]. Accessed at: http://www.stats.gov.cn/tjsj/zxfb/201504/t20150429_797821.html.

——. 2017. *China Statistical Yearbook 2016*. Beijing: China Statistics Press.

——. 2018. National data. *Accessed at*: http://data.stats.gov.cn.

[32] Phillips, Kerk L., and Kunrong Shen. 2005. What effect does the size of the state-owned sector have on regional growth in China? *Journal of Asian Economics* 15 (6): 1079—102.

[33] Plane, Patrick. 1997. Privatization and economic growth: An empirical investigation from a sample of developing market economies. *Applied Economics* 29 (2): 161—78.

[34] State Council of China. 2017. Guowuyuan Guoziwei Yiguan Ziben Weizhu Tuijin Zhineng Zhuanbian Fangan [The State-owned Assets Supervision and Administration Commission of the State Council gives priority to the management of capital and pushes forward the transformation of its functions]. Accessed at: http://www.gov.cn/zhengce/content/2017-05/10/content_5192390.htm.

[35] State-owned Assets Supervision and Administration Commission (SASAC). 2016. 2015 nian quanguo guoyou ji guoyou konggu qiye jingji yunxing qingkuang [The operation of state-owned and state-controlled enterprises in 2015]. Accessed at: http://www.sasac.gov.cn/n2588035/n2588330/n2588370/c3778719/content.html.

——. 2015. 47 jia zhongyang qiye ruwei 2015 nian shijie 500 qiang [47 central enterprises made the 2015 Fortune Global 500 list]. Accessed at: http://www.gov.cn/xinwen/2015-07/23/content_2901270.htm.

[36] Stockhammer, Engelbert, Özlem Onaran, and Stefan Ederer. 2008. Functional income distribution and aggregate demand in the Euro area. *Cambridge Journal of Economics* 33 (1): 139—59.

[37] Summers, Lawrence H. 2014. US economic prospects: Secular stagnation, hysteresis, and the zero lower bound. *Business Economics* 49 (2): 65—73.

[38] Wei, Shang-Jin, Zhuan Xie, and Xiaobo Zhang. 2017. From "made in China" to "innovated in China": Necessity, prospect, and challenges. *Journal of Economic Perspectives* 31 (1): 49—70.

[39] Zhang, Weiying. 1995. Gongyouzhi jingji zhongde weituoren dailiren guanxi lilun fenxi he zhengce hanyi [The principal-agent relation in public economy: Theoretical analysis and policy implications]. *Jingji Yanjiu* [*Economic Research Journal*] 4: 10—20.

[40] Zhou, Qiren. 2000. Gongyouzhi qiyede xingzhi [The nature of public firms]. *Jingji Yanjiu* [*Economic Research Journal*] 11: 3—12.

[41] Zhu, Andong. 2005. *Public Enterprises in Mixed Economies: Their Impact on Economic Growth and Social Equity*. PhD thesis, Economics Department, University of Massachusetts-Amherst.

[42] Zhu, Andong, and David M. Kotz. 2010. The dependence of China's economic growth on exports and investment. *Review of Radical Political Economics* 43 (1): 9—32.

蒋一苇路线与国企改革*

孙晓冬　宋　磊**

摘　要　在国企改革实践的背后，潜在地存在着不同改革理念之间的竞争。关于国企改革的主流理念以经济绩效为核心，以主流经济学对于企业本质的认识为依托，以所谓最优市场体系为指向。关于国企改革的非主流理念可以概括为蒋一苇路线，这种理念兼顾经济绩效和组织形态创新，与演化经济学的企业本质论相连接，可以与市场经济多样性理论融合。在国企改革取得阶段性进展、再次面临改革方向的抉择的当下，揭示被长期忽视的理念竞争的结构以及蒋一苇路线的内涵有助于理解国企的应然形态、丰富改革选项。

关键词　国企改革　理念竞争　蒋一苇路线　经济绩效　组织形态创新

20世纪70年代后期以来的国企改革取得了巨大的成绩。在这样的过程之中，学术界作出了应有的贡献。在改革初期，国企的改革实践是多样的，学术界关于国企改革的研究成果也十分丰富；但是，随着改革进程逐步推进，国企的改革实践日渐向特定的方向发展，学术界关于国企改革的研究也开始围绕特定的改革思路展开。换言之，在过去四十余年，国企改革领域的实践和研究逐渐被特定的理念所支配。

需要指出的是，笔者并不否认国企改革的主流理念的意义和贡献。但是，国企改革的战略目标和评价标准都不是单一的。具体来说，国企改革的战略目标至少涉及经济效率以及示范作用，国企改革的评价标准也应该围绕这样两个目标设计。但是，令人遗憾的是，在特定理念的主导之下，国企的示范作用问题完全淡出，经济绩效支配了改革实践和相关研究。从意识形态的角度来讲，社会主义国家的国企显然应该对于其他所有制企业发挥示范作用，而这种示范作用应该主要通过组织形态创新来实现。更为重要的是，只有能够在组织形态层面发挥示范作用的国企才可能长期、稳定地展现竞争优势并创造经济效益。在上述意义上，我们有理由认为，国企改革实践和相关研究存在改进的空间。

*　本文受到北京大学国家治理研究院国家治理现代化发展战略研究项目的支持。

**　孙晓冬，中国政法大学副教授；宋磊，北京大学教授。

关于国企改革存在两种理念：一种改革理念主要关注经济绩效，另一种理念则试图在经济绩效和示范作用之间保持平衡。第一种理念主要在主流经济学家之间流行，可以称为经济绩效论；第二种理念以蒋一苇的相关研究为先导、在崔之元和路风那里得到发展，可以称为蒋一苇路线。关于国企改革的理念竞争的结果是经济绩效论压倒了蒋一苇路线，这一结果直接导致国企的示范作用不再是国企改革的主要内容、国企在组织形态创新方面进展不大。

在国企改革进入新阶段的当下，笔者试图以重申国企在组织形态方面的示范作用的重要性、讨论蒋一苇路线与国企的组织形态创新之间的关系、归纳蒋一苇路线淡出的原因的方式来丰富关于国企改革的选项。

一、组织形态创新与国企改革

国企应该在组织形态创新方面成为表率。笔者作出这一判断的原因如下：第一，由于后进大国的崛起往往伴随着企业层面具有范式变迁意义的组织形态创新的出现，所以，国企长期不能在组织形态创新方面实现突破或长期落后于民营企业意味着国企的存在意义将受到严重挑战；第二，由于组织形态创新是企业竞争力的根本源泉，所以，如果国企不能在组织形态创新方面实现突破，那么国企至少在竞争性领域很难稳定地获得竞争优势。

后进大国崛起与该国企业层面的组织形态创新之间的关系既可以从后发优势论——后进国家赶超进程的逻辑起点之一——推导出来，也可以从后进国家经济史的角度进行论证。

一般来说，后发优势论的要点可以归纳如下：第一，由于后进国家和先进国家在技术水平以及企业组织形态上存在明显的落差，所以，如果后进国家可以在实现工业化的问题上形成社会共识，那么对于先进技术和企业组织形态的引进将大大推动后进国家的工业化进程；第二，后进国家越落后，其工业化越可能在投资银行或政府的主导下以有组织的形式进行（格申克龙，2009：53，55，59）。格申克龙的上述论述广为人知。但是，松散的行文方式阻碍了学术界注意到他关于后发优势的另外一些深刻认识。比如，在他看来，后进国家发挥后发优势的过程不仅是对于先进国家的机械学习。在这种学习过程之中，由于本土因素发挥了关键作用，所以那些展现出“创造性适应能力”（格申克龙，2009：60），成功地发挥了后发优势的国家不但可以追上，而且可能超越原来的领先国家。进一步地，格申克龙认为，实现了赶超的后进国家的特征不仅“体现在发展的速度上，而且还体现在从这些进程中产生的工业生产结构与组织结构方面”（格申克龙，2009：10）。这里所说的生产结构的特征主要指后进国家的企业规模呈现扩大的趋势，所谓组织结构的特征则指向组织形态创新。换言之，他认为，成功实现赶超的后进国家的企业可以在企业规模和组织形态方面实现突破。类似地，世界体系论者阿里吉也指出在世界经济体系之中具有主导权的国家必定在企业组织形态上具有创新（阿瑞基等，2003：18，26，108—163，315）。①

我们知道，美国、德国和日本——在中国之前成功实现赶超的主要后进大国——在赶超过程之中分别发展出了美国生产方式、德式管理体系和精益生产方式。

换言之，美德日的实践验证了成功地实现赶超的后进大国必定发展出具有范式变迁意义的企业组织形态这一命题。于是，在我们面前就出现了这样一个推论：作为当代最为成功的后进大国，中国的崛起同样必然伴随着具有范式变迁意义的企业组织形态创新。②需要注意的是，如果中国经济的成长并不伴随这样的组织形态创新，那么中国崛起的理论意义将大打折扣。③对于本文来说，更为重要的问题是，这种组织形态创新将由具有何种所有制形态的企业推动。如果这种组织形态创新由民营企业推动，那么国企将处于非常尴尬的局面。相反，如果这种组织形态创新由国企推动并吸引了民营企业进行学习，那么国企的存在价值才真正在实践之中获得了证明。④

对于组织形态创新与企业竞争优势之间的关系，同样可以从理论与经验两个角度进行论证。在管理学理论之中，企业竞争优势从根本上来说是可以带来超额利润（租金）稀缺的能力或资源、即竞争对手难以在短期之内完全模仿或掌握的能力或资源（Barney，1997；Teece，Pisano and Shuen，1997）。很明显，这种能力和资源只能通过具有原创性的组织形态创新来获得。实际上，能够获得并长期维持竞争优势的企业都是在组织形态方面进行了创新的企业，而这些创新的原创性程度决定了竞争优势的持续时间。政治经济学家拉佐尼克（Lazonick）的以下论述直观地表明我们可以从理论和经验两个角度来论证组织形态创新与企业竞争优势之间的关系。

---

① 研究者曾经将上述分析抽象为格申克龙—道尔命题并从学理上比较详细地论证了为什么成功地实现赶超的后进大国往往在企业组织形态方面发展出具有范式变迁意义的创新（宋磊，2015）。

② 事实上，阿里吉认为中国正在成为当代的主导国家，并对于中国的生产组织方式进行了初步的讨论（阿里吉，2009：347）。

③ 企业层面的组织形态包括企业内组织形态与企业间关系两个侧面。到目前为止，中国企业主导的组织形态创新之中具有范式变迁意义的部分主要存在于企业间关系领域，而不是企业内组织形态领域。受篇幅限制，本文不详细讨论这个问题。

④ 从技术能力的角度论证国企的存在价值是近年来比较常见的研究思路。特定行业的国企在长期地积累技术能力方面确实具有某些优势。但是，技术能力的积累是特定组织形态的产出。在这个意义上来说，国企的组织形态非常重要。

"企业层面的组织成功对于经济发展具有重要意义或许是一种新的经济思想。但是关于企业层面的组织成功的经济学研究可以追溯至亚当·斯密（制针工厂）、卡尔·马克思（工厂制度）、阿尔弗莱德·马歇尔（工业区）、约瑟夫·熊彼特（作为基础性现象的创新）、埃迪斯·潘若斯（企业的成长理论）和阿尔弗莱德·钱德勒（管理革命）。更为重要的是，关于企业层面的组织成功的经济学研究存在于关于先进国家和发展中国家的经济发展的比较历史研究之中。"（Lazonick，2011：39）

至此，我们发现，组织形态创新以及基于组织形态创新的示范作用是国企证明其正当性、获得并维持竞争优势的重要途径。但是，在相当长的时期之内，组织形态创新——这里所说的组织形态创新不是对于西方企业现有组织形态的简单模仿——既不是国企改革的主要内容，也不是国企改革研究的关键主题。这种现象的出现与蒋一苇路线在关于国企改革的理念竞争之中逐步淡出密切相关。

二、蒋一苇路线的出现与发展

关于国企改革的蒋一苇路线指通过创造性地设计国企的组织形态来改善国企的经济绩效的改革思路。这种思路发端于蒋一苇的研究，在崔之元和路风那里得到了发展。需要强调的是，持有这种改革思路的学者并不完全否定从所有制的角度对于国企进行改革的必要性，他们坚持的是所有制改革并不必然带来国企效率的提高。

蒋一苇的改革三论在关于中国经济改革的文献之中占据重要地位（蒋一苇，1980，1989，1991）。但是，对于他的研究的解读却存在问题。一般来说，学术界往往认为蒋一苇相关研究的意义在于确立了将企业作为主要改革方向的改革思路。如果我们只关注"企业本位论"，那么这样的结论大体上是正确的。但是，蒋一苇的改革三论实际上共同构成一个完整的改革思路："企业本位论"突出了企业改革的重要性，"经济民主论"和"职工主体论"则揭示了具体的改革路径。

在"经济民主论"之中，依据经典作家的论述，蒋一苇认为，社会主义经济的本质特征在于经济民主，国有企业应该也必须体现经济民主的原则，推行经济民主有助于提高企业效率（蒋一苇，1989：13，10—12）。①在经济民主问题上，蒋一苇作出了开创性贡献，他的一些具体思路在今天也具有现实意义。②进一步地，蒋一苇指出，在国有企业推行经济民主，必然带来企业劳动制度、决策制度和分配制度的变化（蒋一苇，1989：

① 在这里，所谓经济民主指微观层面的经济民主和宏观层面的经济民主。本文主要讨论前者。

② 比如，他主张在各级人大设立专门委员会，通过投资公司或资产管理公司来管理国有资产。同时，他首次提出了职工持股和混合所有制的思路（蒋一苇，1989：14—15）。

15—17；1991：5—6）。在这里，我们可以看到，尽管蒋一苇讨论的是企业层面的经济民主问题，但是他真正重视的是与经济民主相关的生产组织方式问题。在这个意义上，蒋一苇以倡导经济民主的方式提出了以改善生产组织方式的形式来推动国企改革的思路。

众所周知，蒋一苇的国企改革思路在实践之中被长期搁置。出现这种现象的原因主要是学术界没有充分理解他的研究的理论意义。一般来说，学术界往往将他的经济民主论理解为南斯拉夫实践的中国化。由于南斯拉夫的实践归于失败，所以中国学术界也失去了对于经济民主论的兴趣，直接或间接地接受了以所有制改革为核心的改革思路。但是，这种表面化的理解妨碍了我们注意到关于国企改革的蒋一苇路线。笔者认为，蒋氏三论在形式上试图以经济民主推动国企改革，实质上主张在基本维持公有制的前提下，通过改变企业的组织形态来提高国企的效率。用政治经济学的术语来表达，蒋一苇路线的要点是通过生产组织方式的调整来提高企业效率，尽管蒋一苇并不反对对于所有制的具体形式进行调整。这种改革思路与以建立现代企业制度，即以产权为核心的改革思路具有重要的区别。

崔之元的研究与蒋氏改革三论之间的联系不仅存在于他对于经济民主的重视，而且存在于他对于现代企业制度的辨析。在经济民主问题上，如果说蒋一苇的主要思想来源是部分东欧国家的实践，那么崔之元的思想来源则主要是后福特主义为核心的西方国家的实践。我们知道，后福特主义并没有从根本上改变西方国家企业的所有制，其主要意义在于通过生产组织方式的创新来提高企业绩效（崔之元，1997）。同时，崔之元向国内学术界介绍西方国家多样化的企业制度的主要目的显然是摒弃对于现代企业制度的简单化理解，试图影响国企改革的方向（崔之元，1996：40）。正是在这样的背景之下，笔者认为，崔之元的相关研究是蒋一苇路线的延续。

路风的研究涉及组织社会学、国企改革和创新政策等诸多领域。但是，在他的所有研究之中存在一条主线，那就是企业的生产活动的组织方式（路风，1989，2006，2016）。正是这种研究路径使得他发展了蒋一苇路线。在《国有企业转变的三个命题》之中，路风雄辩地论证了生产组织方式，而非所有制，才是直接决定国企绩效的关键变量。因此，所有制改革不是提高国企效率的充分条件（路风，2000a）。很明显，这样的改革思路与蒋一苇路线是一致的。

至此，我们发现，在国企改革领域，中国学术界中存在可以称为蒋一苇路线的改革思路。这种思路强调以生产组织方式的调整来提高企业绩效。这种改革思路不但高度符合社会主义的经济意识形态，而且有可能推动国企的组织形态创新、提高企业的经济绩效。但是，令人遗憾的是，20世纪90年代以来，这种改革思路从改革实践之中逐步淡出。国企在组织形态创新方面乏善可陈的原因之一即在于此。

三、蒋一苇路线为什么淡出

蒋一苇路线涉及生产组织方式、市场经济多样性以及企业的性质等重要理论问题。这一改革思路逐步淡出的主要原因是包括政治经济学界在内的中国学术界关于上述理论问题缺乏深入研究。由于生产组织方式问题本来就不是新古典经济学的研究重点，所以，新古典经济学家不重视蒋一苇路线是可以理解的现象。在这里，我们主要讨论为什么本来应该高度重视蒋一苇路线的政治经济学者也忽视了这一改革思路。

首先，中国学术界关于生产组织方式的研究并不发达。尽管企业层面的生产组织方式，即劳动和技术的结合方式问题是经典作家非常重视的研究主题，但是除了个别例外，中国学者在这一问题上却长期缺乏深入研究。出现这一现象的主要原因是多数中国学者倾向认为政治经济学的研究对象是生产方式，而生产方式是生产力和生产关系的总和。另外，为企业层面的生产组织方式问题预留了研究空间的所谓“中介说”也被放弃。这样的研究格局意味着企业层面的生产组织方式问题基本上被排斥出政治经济学的研究范围。于是，具有不同研究取向的中国的政治经济学者和中国的新古典经济学家形成了一个令人费解的事实上的研究联盟：两派学者都将生产关系或所有制作为他们关于国企改革研究的主题。在这样的研究格局之下，强调通过企业层面的生产组织方式的变化来推动国企改革的蒋一苇路线自然难以进入这些学者的视野。

其次，市场经济多样性论或比较政治经济学被中国学术界长期放逐。在国际学术界，与作为蒋一苇路线主要内容的生产组织方式问题相关的主要研究传统是市场经济多样性论或比较政治经济学。①如果中国学术界重视市场经济多样性论或比较政治经济学，那么中国学者将会意识到蒋一苇路线的价值。但是，在改革时期，实际情况是市场经济多样性论或比较政治经济学在中国学术界一直处于非常边缘的位置。②考虑到与市场经济多样性论或比较政治经济学相对接近的比较经济体制论在20世纪80年代初期已经被引入中国（伯恩斯坦，1980），上述现象确实令人费解。③

① 市场经济多样性论或比较政治经济学发轫于20世纪60年代，与政治经济学在学理上比较接近。这一理论早期研究重点是不同市场经济体制的制度安排的差异，进入21世纪之后，企业层面的组织形态开始成为这一理论的中心问题（Hall and Soskice，2001）。

② 21世纪初期，一位比较政治经济学者注意到国内学术界关于比较政治经济学的研究接近空白（朱天飚，2006）。

③ 中国的政治经济学者不重视市场经济多样性论或比较政治经济学的原因或许是他们认为中国的市场经济在本质上与其他国家的市场经济不同。但是，即使接受他们的这一观点，在论证中国市场经济的特殊性的时候，市场经济多样性论或比较政治经济学仍然具有重要的参考价值。

再次，尽管一些学者注意到了企业内部的直接生产成本问题以及马克思关于这一问题的分析，从而为从生产组织方式的角度研究国企改革创造了空间（荣兆梓，1995：23），但是这一思路在政治经济学者的研究之中并没有被发展。实际上，如果中国的政治经济学者注意到演化经济学家和管理学者关于企业究竟是契约的集合还是能力与资源的集合的讨论，他们本来可以意识到蒋一苇等人所重视的企业层面的生产组织方式问题对于国企改革的重要性。①

四、余论

长期以来，在关于国企改革的讨论之中，组织形态创新并不是重要的议题。这样的研究状态反映了学术界关于国企的认识：一方面，盈利压倒创新，成为相关研究的主题；另一方面，国企的创新主要被限定为技术创新。但是，这种认识存在两个问题。第一，在诸如宏观经济的稳定器、绩效等经济贡献之外，如何对于其他所有制企业发挥引领作用显然应该是国企改革的战略目标之一，而组织形态创新是国企应该发挥示范作用的重要领域；第二，在某些行业，组织形态创新是技术创新得以出现的前提条件，悬置组织形态创新有可能降低技术创新的空间。

在关于国企改革的研究之中存在着理念竞争，尽管这种竞争几乎从来没有受到关注。在以现代企业制度或产权为核心的主流理念之外，存在着以生产组织方式为核心的竞争性理念。这种竞争性理念以蒋一苇的研究为开端，在崔之元和路风那里得到了发展，可以概括为蒋一苇路线。蒋一苇路线淡出改革进程，限制了国企在组织形态方面进行创新的空间。在国企改革取得阶段性成就、华为等民营企业在组织形态创新方面展现出领先趋势的情况下，回顾蒋一苇路线的内容和演变，有助于深化国企改革。

参考文献

[1] Barney, J. (1997) *Gaining and Sustaining Competitive Advantage*, Addison-Wesley Publishing Company.

[2] Hall, P. and Soskice, D. eds. (2001) *Varieties of Capitalism: The Institutional Foundation of Comparative Advantage*, New York: Oxford University Press.

[3] Lazonick, W. (2011) The Innovative Enterprise and the Developmental Stare: Toward an Economics of "Organizational Success", Working Paper.

① 路风之所以在国企改革和创新政策领域新见迭出，主要原因之一是他长期从演化经济学和作为管理学的动态能力论的角度关注企业理论的发展（路风，2000b）。

[4] Teece, D., Pisano, G., Shuen, A. (1997) Dynamic Capabilities and Strategic Management, *Strategic Management Journal*, 18: 509—533.

[5] 阿瑞基·乔万尼、西尔弗·贝弗里等:《现代世界体系的混沌与治理》，王宇洁译，三联书店2003年版。

[6] 崔之元:《美国二十九个州公司法变革的理论背景》,《经济研究》1996年第4期。

[7] 崔之元:《经济民主的两种形式》,《读书》1997年第4期。

[8] 蒋一苇:《企业本位论》,《中国社会科学》1980年第1期。

[9] 蒋一苇:《经济民主论》,《中国社会科学》1989年第1期。

[10] 蒋一苇:《职工主体论》,《中国劳动科学》1991年第9期。

[11] 莫里斯·伯恩斯坦:《东西方的经济计划》，朱泱、周叔俊译，商务印书馆1980年版。

[12] 路风:《单位：一种特殊的社会组织形式》,《中国社会科学》1989年第1期。

[13] 路风:《国有企业转变的三个命题》,《中国社会科学》2000年第5期，2000a。

[14] 路风:《动态企业理论的发展》,《国际经济评论》2000年第5期，2000b。

[15] 路风:《走向自主创新——寻求中国力量的源泉》，广西师范大学出版社2006年版。

[16] 路风:《光变：一个企业及其工业史》，当代中国出版社2016年版。

[17] 乔万尼·阿里吉:《亚当·斯密在北京：21世纪的谱系》，路爱国等译，社会科学文献出版社2009年版。

[18] 荣兆梓:《企业性质研究的两个层面——科斯的企业理论与马克思的企业理论》,《经济研究》1995年第5期。

[19] 宋磊:《格申克龙—道尔命题与中国实践》,《开放时代》2015年第5期。

[20] 亚历山大·格申克龙:《经济落后的历史透视》，张凤林译，商务印书馆2009年版。

[21] 朱天飚:《比较政治经济学》，北京大学出版社2006年版。

数量政治经济学

在新的历史条件下马克思纯粹流通费用补偿理论的建构研究*

李　翀**

摘　要　纯粹流通费用补偿问题是马克思政治经济学研究的难点。马克思在《资本论》（第2卷）指出，纯粹流通费用从剩余价值补偿。但是，马克思在《资本论》（第3卷）又指出，纯粹流通费用通过加价补偿。这个问题20世纪50年代在我国经济学界引起了激烈的争论，并陆续讨论至今。纯粹流通费用补偿问题的本质是如何通过加价的方式实现从剩余价值补偿并保持总价值与总生产价格相等。本文认为，加价不是在价值之上加价而是在价值之下加价，在加价后引入卢森贝式扣除以后可以保持总价值等于总生产价格。本文在保持马克思原意的前提下研究了纯粹流通费用补偿问题以后，又进一步指出纯粹流通费用从剩余价值补偿难以解释新的历史条件下的经济现实。纯粹流通费用补偿问题应该从完整的资本循环过程来分析，商业劳动不创造价值和剩余价值，但它把纯粹流通费用转移到最终销售的商品价值中去，纯粹流通费用从最终销售的商品价值中得到补偿。

关键词　纯粹流通费用　补偿来源　补偿方式　利润平均化

一、马克思关于纯粹流通费用补偿问题的看法

（一）商业劳动的性质

马克思认为，商品的销售是为了实现商品的价值和剩余价值，在商品销售阶段工人的劳动是非生产性劳动，这种劳动是不创造价值的。马克思在论述商品流通阶段的性质的时候指出："状态的变化花费时间和劳动力，但不是为了创造价值，而是为了使价值由一种形式转化为另一种形式。在这里，事情并不因双方都想借此机会占有超额的价值量而发生变化。这种劳动由于双方的恶意而增大，但并不创造价值……"①

马克思在分析商品销售阶段的工人劳动的时候还指出："他和别人一样劳动，不过

---

*　本文获得国家社会科学基金重点项目"新的历史条件下马克思政治经济学的建构研究"（16AJL002）的资助。

**　李翀，北京师范大学经济与工商管理学院教授，博士生导师。

①　马克思：《资本论》（第2卷），《马克思恩格斯全集》（第24卷），人民出版社1972年版，第147页。

他的劳动的内容既不创造价值，也不创造产品。他本身属于生产上的非生产费用。……他的作用宁可说是使社会的劳动力和劳动时间只有更少一部分被束缚在这种非生产职能上。"①

（二）纯粹流通费用的补偿来源

马克思在《资本论》（第2卷）指出，处于商品流通阶段的劳动是非生产性劳动，在商品流通阶段产生的费用是纯粹流通费用，对整个资本家阶级来说是从剩余价值补偿。

马克思指出："一般的规律是：一切只是由商品的形式转化而产生的流通费用，都不会把价值追加到商品上。这仅仅是实现价值或价值由一种形式转变为另一种形式所需的费用。投在这种费用上的资本（包括它所支配的劳动），属于资本主义生产上的非生产费用。这种费用必须从剩余产品中得到补偿，对整个资本家阶级来说，是剩余价值或剩余产品的一种扣除，就像对工人来说，购买生活资料所需的时间是损失掉的时间一样。"②

马克思的论证逻辑是清晰的：既然处于商品流通阶段的劳动不创造价值和剩余价值，包括商品流通阶段劳动者工资在内的流通费用只能从剩余价值补偿，剩余价值是纯粹流通费用的补偿来源。

（三）纯粹流通费用的补偿方式

马克思在《资本论》（第3卷）第十七章"商业利润"中分析了纯粹流通费用如何补偿的问题。他指出，在第十七章前分析价值转化为生产价格的时候是没有考虑商业资本的，如果考虑商业资本，利润率平均化的过程将发生变化。

马克思的范例如下：从 $720c+180v+180m=1\,080$ 的价值或生产价格等式开始，这意味着平均利润是 180÷（720+180）= 20%。现在假定除了900镑的产业资本投入以外，还有100镑的商业资本投入，商业资本也要得到平均利润，这样平均利润率为 180÷（900+100）= 18%。产业资本家按照投入900镑的资本和18%的平均利润，即162镑的利润把商品卖给商业资本家：$720c+180v+162m=1\,062$。商业资本家按照投入100镑的资本和18%的平均利润即18镑的利润出售商品：1 062+18 = 1 080。全部商品资本的实际价值或实际生产价格 $=K+p+h$（K 表示成本价格，p 表示产业利润，h 表示商业利润）。③

① 马克思：《资本论》（第2卷），《马克思恩格斯全集》（第24卷），人民出版社1972年版，第149页。

② 马克思：《资本论》（第2卷），《马克思恩格斯全集》（第24卷），人民出版社1972年版，第167页。

③ 马克思：《资本论》（第3卷），《马克思恩格斯全集》（第25卷，上册），人民出版社1974年版，第317—318页。

接着，再假定商业资本家加入50的纯粹流通费用，平均利润率变为180÷（900+100+50）=17.14%。产业资本家按照900+900×17.14%=1 054.26的价格卖给商业资本家，商业资本家按照1 054.26+（100+50）×17.14%+50=1 130的价格出售商品。①

这样就产生了一个问题，如果把100商业资本理解为生产性流通费用，把50理解为纯粹流通费用，那么在考虑纯粹流通费用的条件下，纯粹流通费用是通过加价进行补偿的，而且总生产价格1 130高于总价值1 080。

马克思在讨论这个范例的过程中，在提到商业资本中的流动资本和固定资本补偿问题时还指出："如果这个成本要素是由流动资本构成的，它就全部作为追加要素加入商品的出售价格，如果这个成本要素是由固定资本构成的，它就按照自己损耗的程度，作为追加要素加入商品的出售价格；不过，这样一个要素，即使它和纯粹的商业流通费用一样，不会形成商品价值的实际追加，也会形成一个名义上的价值。"②

马克思在《资本论》（第2卷）指出纯粹流通费用是从剩余价值补偿的，但在《资本论》（第3卷）中似乎又提出是从加价中补偿的，这是否存在矛盾？如果不存在矛盾，如何通过加价的方式实现从剩余价值补偿纯粹流通费用？正是这个问题引起中国经济学界的激烈争论。

二、关于纯粹流通费用补偿问题的争论

（一）20世纪50年代的争论

纯粹流通费用补偿问题曾经在20世纪50年代的中国经济学界引起一场大争论，后来断断续续有相关的论文发表，延续至今。

江诗永在《经济研究》1956年第4期发表了题为《论商业利润和纯粹流通费用的补偿问题》的论文，引起了这场争论。他在论文中提出下述看法：

第一，纯粹流通费用补偿问题是政治经济学教学中的难题，不论是苏联的政治经济学教科书，还是苏联经济学者来中国访问，提及这个问题的时候都只是简单地指出纯粹流通费用从剩余价值补偿，但如何补偿，补偿构成如何，均讲不清楚。

第二，马克思提出了"名义价值"的概念，这意味着商业资本家纯粹流通费用的不变资本部分是加入商品价格中去的。商品生产上的社会必要劳动时间决定了商品的现实

① 马克思：《资本论》（第3卷），《马克思恩格斯全集》（第25卷，上册），人民出版社1974年版，第326页。

② 马克思：《资本论》（第3卷），《马克思恩格斯全集》（第25卷，上册），人民出版社1974年版，第321页。

价值，商品流通中的社会必要劳动时间提高了商品的名义价值，这是马克思劳动价值理论的新发展。

第三，由于商业劳动不创造价值，商业资本家纯粹流通费用的可变资本部分只能从总剩余价值中补偿。这就是说，商业资本家从低于价值的价格从产业资本家购进商品，再按照等于价值的价格销售商品，从而补偿作为可变资本的纯粹流通费用。①

樊弘对江诗永的看法提出批评，他认为江诗永曲解了马克思纯粹流通费用补偿理论。按照樊弘的看法，马克思把纯粹流通费用中的不变资本和可变资本都加到商品的价格中去的，而不是像江诗永所说的只有纯粹流通费用中的不变资本才加到商品的价格中去。②

徐毓枬也对江诗永的看法提出批评。他称在江诗永的论文发表以前曾与他讨论过论文不对的地方，但江诗永仍然坚持发表了他的论文，所以有必要以论文的方式进行讨论。徐毓枬提出了下述问题：

第一，从马克思提及"名义价值"的上下文来看，马克思所说的流通费用并不仅包括纯粹流通费用，而且包括生产性流通费用。也就是说，马克思的意思是：一切流通费用都会提高商品的价格，如果流通费用是生产性的，那么与之相应有价值增加；如果流通费用是非生产性的，那么没有价值增加与之相应，价格只是名义上的提高。因此，并不是像江诗永理解的那样，只是纯粹流通费用的不变资本部分导致名义价值增加。

第二，马克思在没有区分产业资本和商业资本的前提下讨论了利润的平均化以后，把商业资本从产业资本独立出来讨论利润平均化所发生的变化。在价值转化为生产价格以后，总价值等于总生产价格。但是按照江诗永的看法，总生产价格变成与总名义价值相等了。另外，马克思在《资本论》（第2卷）明确指出纯粹流通费用是从剩余价值补偿的，但是江诗永却说纯粹流通费用不变资本部分是从增加的名义价值补偿的，这样总生产价格不等于总价值，与马克思的劳动价值理论发生了矛盾。

第三，应该对整体资本家和个体资本家加以区别。从整个资本家阶级来看，纯粹流通费用是从剩余价值补偿的；从个别资本家来看，纯粹流通费用是通过提高价格补偿的，这是一种辩证的统一。③

蒋学模不同意江诗永关于纯粹流通费用不变资本和可变资本具有不同的补偿形式的看法，他认为不变资本和可变资本都是纯粹流通费用，都是通过加价的形式补偿的。

---

① 江诗永：《论商业利润和纯粹流通费用的补偿问题》，《经济研究》1956年第4期。

② 樊弘：《评〈论商业利润和纯粹通费用的补偿问题〉》，《经济研究》1956年第5期。

③ 徐毓枬：《纯粹流通费用的补偿问题：一个尝试性的解决》，《经济研究》1956年第5期。

蒋学模提出应该从三个方面理解马克思的纯粹流通费用补偿问题：第一，补偿的价值源泉。按照马克思的分析，纯粹流通费用只能从剩余价值补偿。第二，补偿的实物源泉是从社会总产品中补偿。第三，补偿的形式。商业资本家可能以低于价值的价格买进商品然后按照等于价值的价格出售商品以补偿纯粹流通费用，也可能按照价值买进商品然后按照高于价值的价格出售商品以补偿纯粹流通费用。在现实中商业资本家按照后一种形式补偿纯粹流通费用。

关于纯粹流通费用从剩余价值补偿和通过加价补偿是否存在矛盾的问题，蒋学模认为没有矛盾：第一，由于假定劳动者得到劳动力的价值，纯粹流通费用的存在导致劳动者名义工资的上升，最终这部分费用还是由资本家阶级承担。第二，蒋学模在论文中用一个图例说明，即使纯粹流通费用采用加价补偿的形式，总价值仍然等于总价格。①由于篇幅的关系，笔者在这里就不具体介绍这个图例了。

宋承先则对蒋学模的看法提出批评，他指出马克思在分析纯粹流通费用中的固定资本和流动资本加价补偿的时候提到“名义价值”，但是马克思没有明确流动资本是否包括可变资本。但是，马克思通常把不变资本中的固定资本和流动资本与可变资本相区别，而且从上下文来看马克思在分析“名义价值”以后才讨论商业资本家的可变资本，所以有理由认为马克思所说的通过加价补偿仅是指不变资本。

宋承先赞成江诗永关于纯粹流通费用不变资本和可变资本具有不同的补偿形式的观点。他举例说明不变资本加价补偿不会导致总价格大于总价值：假定米、布、纸的价值分别是 6 元、5 元、1 元，总价值 12 元。现在纸作为纯粹流通费用，加到米的价格上，米的价格变成 7 元。由于纸是耗费，没有作为消费品出售，米和布的总价格是 12 元，总价值仍然等于总价格。②

吴树青认为应该把纯粹流通费用的补偿来源和补偿形式区分开来。纯粹流通费用是非生产性支出，它不能增加价值，只能从剩余价值补偿。马克思所说的“名义价值”不是指补偿的来源，而是指补偿的形式。关于补偿来源和补偿形式是否存在矛盾的问题，吴树青认为不存在矛盾：纯粹流通费用从剩余价值补偿是从社会总资本的角度分析的，与个别商业资本家把纯粹流通费用追加到价格上没有矛盾。

吴树青同意江诗永的看法，纯粹流通费用不变资本部分是商业资本家通过加价的形

---

① 蒋学模：《关于纯粹流通费用的补偿问题：兼评江诗永同志关于这一问题的论证》，《经济研究》1956 年第 6 期。

② 宋承先：《关于纯粹流通费用的补偿问题——对蒋学模和江诗永二同志关于这个问题的若干论点的商榷》，《经济研究》1956 年第 6 期。

式来补偿的，纯粹流通费用可变资本部分是产业资本家考虑到商业资本家的费用而从总剩余价值扣除的。虽然不变资本部分加到商品价格上，但它被耗费了，消费者没有购买这部分商品，所以总价值等于总价格。如果可变资本部分也加在商品价格上，将与商业劳动者在剩余劳动时间为商业资本家实现商业利润相矛盾，并且与总价值等于总生产价格的规律相矛盾。①

应该指出，在20世纪50年代的这场争论中，徐毓枬采用了总生产价格的概念，其他经济学者采用了总价格的概念。价格是价值的货币表现，生产价格是价值的转化形式，这是两个完全不同的范畴。由于马克思是加入商业资本因素讨论利润率的平均化，应该采用总生产价格的概念，笔者就把经济学者们说的总价格理解为总生产价格了。

从上面的分析可以看到，20世纪50年代的这场争论主要集中在下面三个问题：第一，如何理解马克思纯粹流通费用补偿理论的原意？第二，如果纯粹流通费用通过加价补偿，它与纯粹流通费用从剩余价值补偿是否存在矛盾？第三，如果纯粹流通费用通过加价补偿，如何保持总价值与总生产价格相等？

（二）20世纪80年代以后的争论

苏联经济学者卢森贝在20世纪30年代初出版了《〈资本论〉注释》俄文版，该著作于1963年翻译为中文出版。卢森贝在该著作中提出了关于纯粹流通费用补偿的解决方法，他认为马克思《资本论》（第3卷）第十七章的范例只是从利润率平均化的角度来研究流通费用，而不是作为剩余价值的扣除额来考察流通费用。因此，在这个范例中应该从剩余价值减去纯粹流通费用50，并且让纯粹流通费用参加利润的平均化，即平均利润率不是180÷（900+100+50）= 17.14%，而是（180−50）÷（90+100+50）= 12.38%，这样总价值将等于总生产价格。②

中国老一代经济学者不少通晓俄文，他们了解卢森贝的解决方法，然而不但没有引起关注而且还予以否定，其原因可能是这种方法与马克思在《资本论》（第3卷）提出的加价补偿的方法不一致。例如，宋承先在前面提及的论文中指出，从剩余价值扣除50的方法是错误的。由于他证明在纯粹流通费用不变资本部分通过加价补偿的情况下总价值等于总价格，如果从剩余价值扣除纯粹流通费用，将导致总价格小于总价值。但是，卢森贝的解决方法成了20世纪80年代以后争论的一个中心问题。

1980年，张熏华在《中国社会科学》第3期发表了题为《试校〈资本论〉中某些

① 吴树青：《关于商业纯粹流通费用的补偿问题：与江诗永等同志商榷》，《教学与研究》1957年第4期。

② 卢森贝：《〈资本论〉注释（第3卷）》，李延栋等译，生活·读书·新知三联书店1963年版，第184页。

计算问题》的论文，他认为马克思在《资本论》（第3卷）第十七章范例的计算公式中忘了从剩余价值扣除纯粹流通费用50，如果扣除50总价值将等于总生产价格。①这实际上就是卢森贝的解决方法。

林述舜重复了卢森贝的解决方法。他指出，马克思在《资本论》（第3卷）中提出的范例只是分析了纯粹流通费用50如何参加利润的平均化，并没有考虑纯粹流通费用的补偿。如果考虑纯粹流通费用的补偿，还必须从剩余价值180减去纯粹流通费用50，这样总价值等于总生产价格。②

罗郁聪认为卢森贝的计算公式是正确的，符合马克思纯粹流通费用补偿的基本原理。但是，他指出卢森贝混同了纯粹流通费用的补偿源泉和补偿形式的区别，忽略了马克思在《资本论》（第3卷）对现象形态进行分析时提出的加价补偿方法。③

周人伟的论文没有提及卢森贝，但是他实际上是批评卢森贝的解决方法：第一，从剩余价值扣除纯粹流通费用背离了马克思平均利润率概念的内涵。平均利润率是剩余价值总额与社会资本总额的比率，任何对剩余价值的扣除项目都不是决定平均利润率的因素。第二，如果从剩余价值扣除纯粹流通费用，商业资本家变得无须垫付纯粹流通费用。④

进入21世纪以后，经济学者们仍然围绕着卢森贝的解决方法进行讨论。

张洪平和丁堡骏在《当代经济研究》2008年第12期发表了一篇题目鲜明的论文：复活马克思的纯粹流通费用补偿范式。他们在这篇论文指出，卢森贝的解决方法似乎成了主流看法，多种政治经济学教科书都采用了卢森贝的平均利润率公式。他们把卢森贝的平均利润率公式称为前探补偿方式，把马克思范例中的计算公式称为后推补偿方式，他们指出后推补偿方式符合市场经济的现实情况，属于抽象上升到具体的分析，能够反映商业资本家的独立投资主体地位。⑤

刘雪梅在《政治经济学评论》2019年第2期发表了题为《关于商业纯粹流通费用补偿问题的研究》的论文，回应了刘熙钧⑥和蒋学模⑦对卢森贝平均利润率公式的质疑。她认为卢森贝解决方法不足之处是回避了马克思在《资本论》（第3卷）第十七章范例

① 张熏华：《试校〈资本论〉中某些计算问题》，《中国社会科学》1980年第3期。

② 林述舜：《对马克思纯粹流通费用补偿论述的理解》，《福建师大学报》1983年第1期。

③ 罗郁聪：《商业纯粹流通费用补偿问题研究》，《中国经济问题》1984年第3期。

④ 周人伟：《纯粹流通费用补偿理论管见》，《杭州商学院学报》1984年第6期。

⑤ 张洪平、丁堡骏：《复活马克思的纯粹流通费用补偿范式》，《当代经济研究》2008年第12期。

⑥ 刘熙钧：《政治经济学（资本主义部分）》，厦门大学出版社2000年版，第203页。

⑦ 蒋学模：《关于纯粹流通费用的补偿问题——兼评江诗永同志关于这一问题的论证》，《经济研究》1956年第6期。

中提出的按照1 130的价格出售商品的问题。她的解释是，马克思采用的是从具体到抽象的分析方法，从商人思维角度说明商业利润的计算方法的问题。马克思只分析商业资本如何获得平均利润，并不涉及纯粹流通费用的补偿。她还指出，马克思提及的计算方法不是马克思本人的，而是商人的。①

从20世纪80年代以后的讨论情况来看，尽管部分经济学者对卢森贝的解决方法提出批评，但是卢森贝的解决方法还是被大多数经济学者所接受。这样，就留下一个疑问：在纯粹流通费用从剩余价值补偿没有疑问的情况下，如何理解马克思所说的通过加价补偿？如何说明通过加价补偿最终形成从剩余价值补偿并且不违反总价值等于总生产价格的规律？

三、笔者对纯粹流通费用补偿问题争论的评论

（一）对20世纪50年代争论的回应

参与20世纪50年代争论的经济学者都是中国经济学界的前辈，笔者怀着尊敬的心情对这场争论作出如下评论：

这场争论涉及两个焦点：第一，纯粹流通费用的不变资本部分通过加价补偿，而可变资本部分从剩余价值补偿是否符合马克思的原意？第二，纯粹流通费用通过加价补偿与从剩余价值补偿是否存在矛盾？与总价值等于总生产价格是否存在矛盾？

首先讨论第一个争论焦点。笔者认为，马克思并没明确阐述纯粹流通费用的不变资本和可变资本具有不同补偿方式的问题。争论双方都有一定道理，但这不是纯粹流通费用补偿的本质问题。

宋承先的看法是对的，马克思在提及“名义价值”的时候，确实是分析纯粹流通费用中固定资本和流动资本的补偿，而马克思一直把固定资本和流动资本与可变资本相区别。但是樊弘、徐毓枬、蒋学模的看法也不是没有道理，从马克思提到“名义价值”的上下文来看，马克思并不是专门分析纯粹流通费用的不变资本部分，而是分析一般的纯粹流通费用。

如果不把讨论局限在“马克思如何说”而是从逻辑上分析，尽管纯粹流通费用的可变资本体现商业劳动者的劳动，从而与纯粹流通费用的不变资本部分相区别，但是它们都属于纯粹流通费用，它们都不会形成价值，没有必要强调它们补偿形式的区别。

实际上，所以强调纯粹流通费用的不变资本和可变资本具有不同的补偿形式，是因

① 刘雪梅：《关于商业纯粹流通费用补偿问题的研究》，《政治经济学评论》2019年第2期。

为涉及下面要专门讨论的本质问题，就是能否保持总价值与总生产价格相等的问题。宋承先和吴树青等经济学者都清楚地意识到这个问题。

吴树青指出，纯粹流通费用不变资本部分从加价补偿不会影响到总价值等于总生产价格。笔者认为，吴树青的论证不能令人信服。虽然这部分不变资本在商业活动中耗费了，最终消费者没有购买到这部分费用所体现的商品，但是由于这部分费用已经被加到所有销售商品的价格上了，最终消费者仍然支付了这部分不变资本的价格，总价值并不等于总生产价格。另外，吴树青认为如果纯粹流通费用可变资本部分通过加价补偿，不能反映商业劳动的特点，不能保持总价值等于总生产价格。笔者认为，商业劳动区分为必要劳动和剩余劳动是商业劳动的本质，与这部分可变资本如何补偿没有关系。不论可变资本是从剩余价值补偿还是通过加价补偿，商业劳动都划分为必要劳动和剩余劳动。另外，只要纯粹流通费用是在商品价值之上加价补偿，不论是不变资本还是可变资本，总价值都不可能等于总生产价格。

其次讨论第二个争论焦点。所有参与讨论的经济学者都承认马克思在《资本论》第2卷和第3卷对于纯粹流通费用补偿有两种说法，但是都从不同的角度论证不存在逻辑上的矛盾。但是，笔者认为他们的论证逻辑存在问题。

徐毓枬认为，纯粹流通费用从剩余价值补偿是从整体资本家的角度分析的，通过加价补偿则是从个别商业资本家的角度分析，两者没有矛盾，是辩证的统一。笔者认为，商业资本家整体是由商业资本家个体组成的，如果所有商业资本家个体的纯粹流通费用都通过加价补偿，商业资本家整体的纯粹流通费用如何从剩余价值补偿？如果所有商业资本家个体通过加价补偿能够形成商业资本家整体地从剩余价值补偿，那么这个补偿机制又是怎样的？另外，徐毓枬把马克思《资本论》（第3卷）第十七章的范例看作是对个别商业资本家行为的分析过于牵强，马克思在分析价值转化为生产价格时也用了类似的范例，难道马克思也是分析个别资本家的行为？如果如此，个别资本家的价值不等于生产价格是理所当然的。

蒋学模认为，纯粹流通费用的加价会造成劳动者名义工资上升，从而造成资本家剩余价值减少，所以从剩余价值得到补偿。如果这个论证成立，这意味着本时期的纯粹流通费用从下一个时期的剩余价值补偿，本时期的总价值肯定不等于本时期的总生产价格。如果要使本时期的总价值等于本时期的总生产价格，那么劳动者的工资必须由两部分组成：一部分是劳动力价值，另一部分是纯粹流通费用的加价。如果这样，直接从剩余价值扣除纯粹流通费用岂不更加简单明了？另外，蒋学模用一个图例说明，即使纯粹流通费用的补偿形式是加价，总价值仍然等于总价格。笔者认为这个图例的结论在设定前提时就已得到。实际上，在没有考虑商业资本以前，商品 A、B、C 的价值只是 6。在加入商业资本因素以后，产生了纯粹流通费用 3。在纯粹流通费用通过加价补偿以后，总生产价格是 9，总生产价格大于总价值。

宋承先举例说明，纯粹流通费用的不变资本部分通过加价补偿，不会导致总价格大于总价值。但是笔者认为这个例子也不准确。产业资本家把米、布、纸生产出来的时候，它们的价值就形成了。即使纸成为纯粹流通费用，纸的价值是客观存在的，它只是从使用价值的角度看不是被用于消费而是用于流通。因此，在加价补偿的情况下，米、布、纸的总价值是 12 元，总价格是 13 元，总价格大于总价值。

笔者充分理解这些经济学者们的善意，他们力求证明马克思的纯粹流通费用补偿理论没有逻辑上的矛盾。但是，科学研究必须实事求是。从马克思《资本论》（第 3 卷）第十七章的范例来看，纯粹流通费用采用加价形式补偿以后，总生产价格确实大于总价值了。没有疑问，在现实的经济中，商业资本家的操作方式是把销售商品的成本加到商品的价格上的。但是，如果在理论上采用加价的方式解释纯粹流通费用的补偿，就必须解释加价以后如何转变为对剩余价值的扣除，还必须解释加价以后总价值如何等于总生产价格。

（二）对 20 世纪 80 年代以后争论的回应

卢森贝的解决方法简单而清晰，它不但符合马克思纯粹流通费用只能从剩余价值扣除的原则，而且保持总价值等于总生产价格，从而符合马克思政治经济学的逻辑体系。笔者首先回应有关对卢森贝解决方法的质疑。

周人伟认为从剩余价值扣除纯粹流通费用不符合马克思平均利润率的概念，这个理由不能成立。理论研究常常是从简单到复杂逐步推进的，在不同的分析阶段对平均利润率的分子和分母进行调整很正常，例如马克思在是否考虑商业资本时，平均利润率的分母就不同，何来定义了平均利润率就不能有任何调整？另外，周人伟提出从剩余价值扣除纯粹流通费用造成商业资本家不必垫付流通费用，这个理由更不成立。平均利润率是反映一个生产和销售过程的结果，商业资本家不垫付流通费用如何分享剩余价值？

张洪平和丁堡骏把卢森贝的公式和马克思的公式分别称为“前探”和“后推”补偿方式不合适。纯粹流通费用补偿是对一个生产和销售过程的分析，“后推”是否意味着本时期的纯粹流通费用要从下一个时期的剩余价值补偿？如果这样理解，那么存在与蒋学模同样的问题：本时期的总价值如何等于总生产价格？本时期的纯粹流通费用由下一个时期的剩余价值补偿的机制又是什么？他们证明马克思公式的正确性有一定道理，但笔者认为他们的分析没有触及这个问题的本质：如果说纯粹流通费用通过加价补偿，如何最终实现从剩余价值补偿？又如何保持总价值与总生产价格的相等？

刘雪梅对经济学者质疑卢森贝解决方法的回应是有道理的。她认为卢森贝的不足之处是没有讲清楚马克思为何说要按照 1 130 的价格出售商品，正因为如此她试图补充卢森贝解决方法的不足之处。笔者认为，她指出马克思的分析是从抽象到具体的过程，这是对的，马克思的范例分析的是现象形态。她指出马克思的范例不是马克思的观点，这是错的，马克思用这个范例说明纯粹流通费用如何参与利润的平均化。她的解释中可能最重要的一句话就是文中引用过的卢森贝的话："马克思在那里的前后文中只是从流通费用参加利润率平均化的观点来研究流通费用，而不是把它们当作剩余价值的扣除额来考察它们"①。

笔者认为，卢森贝的解释是对的。从剩余价值扣除 50 以后，纯粹流通费用的补偿问题以及总价值与总生产价格相等的问题都迎刃而解了。但是，卢森贝解决方法的不足之处是他没有解释清楚纯粹流通费用的补偿来源和补偿形式之间的关系问题。马克思在《资本论》（第 3 卷）第十七章确实是讨论纯粹流通费用参与利润平均化的问题，但也确实分析了纯粹流通费用补偿的形式问题，那么通过加价补偿如何实现从剩余价值补偿而又保持总价值与总生产价格相等？

从整体来看，20 世纪 80 年代以后的争论与 20 世纪 50 年代的争论相比后退了。20 世纪 50 年代的争论一直围绕着本质问题展开：通过加价补偿如何实现最终从剩余价值补偿而又保持总价值与总生产价格相等？尽管在笔者看来经济学者们没有解决这个问题，但是它们却一直在试图解决这个问题，但是 20 世纪 80 年代以后的争论基本上没有触及这个问题。

（三）笔者的解决方法

正如笔者多次重申的那样，马克思纯粹流通费用补偿的核心问题是从剩余价值补偿与通过加价补偿是否存在矛盾？如何通过加价补偿最终实现从剩余价值补偿并保持总价值与总生产价格相等？笔者在借鉴经济学者们意见的基础上表达自己的看法。

关于从剩余价值补偿与通过加价补偿是否存在矛盾的问题，一部分经济学者认为存在矛盾，其中有的经济学者认为从剩余价值补偿才是马克思的准确思想，有的经济学者认为马克思在加价补偿的分析中遗漏了从剩余价值扣除纯粹流通费用。笔者认为，不可否认商业加价是现实经济中的实践，忽略马克思加价补偿的方式是不合适的。另外，马克思是严谨的学者，他忘记或遗漏从剩余价值扣除纯粹流通费用的可能性也不大。

---

① 卢森贝：《〈资本论〉注释》（第 3 卷），生活·读书·新知三联书店 1963 年版，第 184 页。

另一部分经济学者认为没有存在矛盾，包括前面提及的徐毓枬、蒋学模、吴树青、宋承先、卢森贝的解释。笔者在前面已经否定了徐毓枬、蒋学模、吴树青、宋承先等经济学者的解释。笔者认为，卢森贝的解释有一定道理：马克思在《资本论》（第3卷）第十七章主要研究纯粹流通费用如何参与利润的平均化，而不是如何从剩余价值补偿纯粹流通费用。但是，仅仅这样解释是不够的，还需要说明如何实现补偿形式和补偿来源的统一？

尽管笔者认为从剩余价值补偿和通过加价补偿没有矛盾，但是笔者还是认为马克思《资本论》（第3卷）第十七章的范例表述不够完善。马克思分析到纯粹流通费用参与利润平均化后就停止了，而且在分析过程中又提出“名义价值”的概念，总生产价格又大于总价值，给后来经济学者们留下纯粹流通费用是从商品价值加价形成的“名义价值”中补偿的感觉，导致忠实于马克思的经济学者们艰难地力图抹平剩余价值补偿与加价补偿的矛盾。应该说马克思在出版前没有能够亲自修订《资本论》（第3卷），留下了这个遗憾。

关于如何通过加价实现从剩余价值补偿并且保持总价值总生产价格相等的问题，笔者的解决方法如下：马克思在《资本论》（第3卷）中分析的是现象形态，而商业加价是现实经济的普遍现象。但是，笔者认为经济学者们普遍存在一个误解，以为加价是在价值之上加价。当然，这个误解可能是由于马克思提出“名义价值”造成的。但是，在现实经济中，商业加价是在出厂价上加价，也就是在价值之下加价。产业资本家要通过商业资本家出售商品，必须让渡一部分价值。因此，只要在马克思范例中再推进一步，加入卢森贝式扣除，就可以解释通过加价补偿实现从剩余价值补偿的问题。

下面从马克思提出的纯粹流通费用参与利润平均化开始分析：产业资本900，生产性流通费用100，纯粹流通费用50，剩余价值180，平均利润率为180÷（900+100+50）= 17.14%。产业资本家按照900+900×17.14% = 1 054.26的价格把商品卖给商业资本家，商业资本家按照1 054.26+（100+50）×17.14%+50 = 1 130的价格出售商品，商品总生产价格1 130大于总价值1 080。其中50镑就是纯粹流通费用的加价。

但是，纯粹流通费用是不形成任何价值的社会耗费，只能从剩余价值扣除，所以事情并没有结束。从剩余价值扣除50以后，平均利润率为（180−50）÷（900+100+50）= 12.38%，产业资本家按照900+900×12.38% = 1 011.42的价格卖给商业资本家，商业资本家按照1 011.42+（100+50）×12.38%+50 = 1 080的价格出售商品。商品总生产价格1 080等于总价值1 080。其中+50依然是纯粹流通费用的加价。

如何理解马克思说的“名义价值”呢？在上面的例子中，没有从剩余价值扣除50

以前的+50就是名义价值，它使总生产价格变成1 130，超过了总价值1 080。但是，纯粹流通费用没有造成价值的实际增加，所以才产生了后一步，从剩余价值扣除50镑。

这就是笔者根据卢森贝公式提出的纯粹流通费用补偿问题的解决方法，这样马克思在《资本论》第2卷和第3卷的分析保持一致，马克思纯粹流通费用补偿理论与马克思其他经济理论在逻辑上保持一致。

四、新的历史条件下马克思纯粹流通费用补偿理论的重新表述

（一）现实经济对纯粹流通费用补偿来源提出的问题

笔者在马克思纯粹流通费用补偿理论的框架内解释了纯粹流通费用补偿形式和补偿来源的统一问题。这就是说，如果按照马克思的原意，这种解决方法可能是合理的解决方法。现在笔者试图超出马克思的原意，进一步探讨纯粹流通费用从剩余价值补偿是否适合新的历史条件下的现实经济的问题。

美国是经济最发达的国家，也是统计数据比较完整的国家，下面以美国来例，来分析纯粹流通费用从剩余价值补偿的命题是否合理的问题。美国的商业包括批发业和零售业，它所销售的商品主要是农业、林业、牧业、渔业、矿业、建筑业、制造业的产品，笔者把这些产业称为相关产业。

美国经济分析局提供了美国各个产业的统计数据，从统计指标来看固定资本折旧包括公司制企业折旧和业主制企业折旧，产业利润包括公司制企业利润和业主制企业利润，流动资本是中间产品投入量，可变资本是支付给雇员的收入。根据这些数据进行计算，在2017年，美国商业的固定资本折旧是2 590亿美元，流动资本是14 593亿美元，可变资本是11 401亿美元，税前利润是4 022亿美元。这意味着美国商业的总成本是28 584亿美元（2 590+14 593+11 401），利润率是14.07%（4 022÷28 584）。在这里，商业总成本就是耗费的流通费用。

2017年，通过商业系统销售商品的相关产业的固定资本折旧是8 309亿美元，流动资本是49 490亿美元，可变资本是17 060亿美元，税前利润是7 267亿美元。这意味着相关产业的总成本是74 856亿美元（8 309+49 490+17 060），利润率是9.71%。①需要说明的是，相关产业业主制企业利润数据是非农业的数据，所以笔者用农业的净营业盈余代替农业的利润。净营业盈余（net operational surplus）是从产业的收入扣除固定资本折旧、流动资本、雇员报酬后的余额，但没有扣除产业的融资成本和转移支付，它接近于

① Bureau of Economic Analysis, GDP by industry; National Income and Product Accounts, http://www.bea.gov.

利润。

另外，根据美国经济分析局提供的各个产业的投入产出数据，2017 年美国商业投在运输和仓储方面的生产性流通费用是 1 285 亿美元。[①]根据产业咨询机构斯密瑟斯·皮拉公司（Smithers Pira）的数据，2017 年世界包装业产值是 8 510 亿美元。[②]按照我国包装业 2017 年产值约为 2 000 亿美元，并预计于 2020 年超过美国。据估算，美国包装业 2017 年的产值约 2 200 亿美元。但是，这是美国全部产业的包装费用，而不是美国商业的包装费用。如果以对半作出高估的判断，商业包装费用约为 1 100 亿美元。商业总成本减去运输、仓储和包装的费用就是纯粹流通费用 26 199 亿美元（28 584-1 285-1 100）。

这就是现实的经济情况，如果认为纯粹流通费用从剩余价值补偿，无非有两种解释：一种解释是纯粹流通费用要从相关产业的利润补偿，但是相关产业 7 267 亿美元的利润远远不能补偿 26 199 亿美元的纯粹流通费用。另一种解释是纯粹流通费用已经从相关产业的剩余价值扣除，那么由于商业利润也是商业资本家分享的产业资本家的剩余价值，这意味着与商业相关的产业利润必须达到 37 488 亿美元（7 267+4 022+26 199），其中用于补偿纯粹流通费用 26 199 亿美元，被商业资本家分享的利润 4 022 亿美元，自己留下的利润 7 267 亿美元。这就是说，相关产业利润率必须达到 50.08%（37 488÷74 856）。

在美国，通过商业系统销售产品的产业大部分是传统产业，它们的利润率较低。但是，如果认为这些相关产业需要从自己的剩余价值补偿商业系统的纯粹流通费用，那么这些相关产业必须是暴利产业。2017 年，作为美国经济象征的金融与保险业的固定资本折旧是 1 235 亿美元，流动资本是 13 374 亿美元，可变资本是 7 883 亿美元，税前利润是 3 496 亿美元，即利润率是 15.54%，而通过商业系统销售产品的产业利润率居然达到 50.08%！纯粹流通费用从剩余价值补偿的理论不能解释现实经济情况。

上面是从宏观经济的角度进行分析，下面再从微观经济的角度进行分析。笔者曾经实地考察过一家中国的民营饮料企业。这家企业生产的自动化程度已经很高了，生产人员只占 5%，销售人员占 95%。如果按照生产过程中耗费的固定资本、流动资本以及生产性流通费用计算转移的价值，再加上 5%的工人创造的劳动力价值和剩余价值来计算饮料的价值，而把 95%的销售人员的工资以及大量的纯粹流通费用看作要从剩余价值补偿的费用，那么该企业的剩余价值根本补偿不了纯粹流通费用，也就是该企业永远处于亏损的状态。但是，该企业是盈利不错的企业。

---

① Bureau of Economic Analysis, Input-Output, http://www.bea.gov.

② 搜狐网：《全球包装行业 2022 年总产值规模将达 9 800 亿美元》，2018 年 6 月 22 日。

笔者认为，马克思提出纯粹流通费用从剩余价值补偿既有逻辑的原因也有历史的原因。逻辑的原因是纯粹流通费用不同于生产性的流通费用，历史原因是当时的产业资本是资本的主要形态。但是，从纯粹流通费用的角度来看，资本主义经济发生了很大的变化：

第一，马克思生活在工业化的初期，当时商业资本作为产业资本的附属形态存在，纯粹流通费用不高。从马克思举的例子可以看到：生产性流通费用是 10 镑，纯粹流通费用是 5 镑。但是，现在的情况已经完全逆转，纯粹流通费用在整个流通费用中占据很大的比例。如前所述，2017 年美国商业流通费用是 28 584 亿美元，运输、仓储和包装费用只有 2 385 亿美元，生产性流通费用在整个流通费用中只占 8.34%。

第二，在社会生产力不断发展的条件下，商品可以大规模地生产出来，商品的销售就变得越来越困难。纯粹流通费用不仅在流通费用占的比例在提高，对销售商品价值的比例也在提高。图 1 表示 1947—2017 年美国纯粹流通费用对相关产业增加值比例的变化。纯粹流通费用是指商业的总成本扣除运输、仓储、包装费用后的余额。由于美国经济分析局只提供 1997 年以后商业耗费的运输和仓储费用数据，1997 年以前运输和仓储费用的数据根据 1997 年以后该费用在流通费用所占比例的平均数求得。各年包装费用根据 2017 年包装费用在流通费用所占比例求得。相关产业增加值是指它们所生产的最终产品的价值。从图 1 可以看到，美国纯粹流通费用所占比例不断上升。到 2017 年，每销售 1 美元的最终产品，就要耗费 0.77 美元的纯粹流通费用。

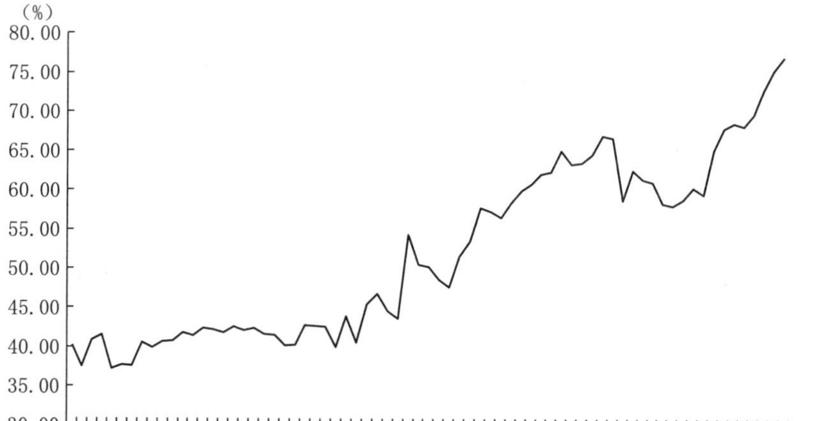

图 1　1947—2017 年美国纯粹流通费用对相关产业增加值的比例的变化情况

资料来源：Bureau of Economic Analysis，GDP by industry；National Income and Product Accounts，http://www.bea.gov。

在新的历史条件下，如果认定纯粹流通费用只能从剩余价值补偿，就难以解释经济现实了。因此，有必要在马克思的经济理论框架内，对纯粹流通费用的补偿来源作出新的解释。

（二）笔者对纯粹流通费用补偿来源的新看法

笔者赞同马克思关于处在流通阶段的商业劳动不创造价值和剩余价值的观点，但是笔者认为纯粹流通费用不是从剩余价值补偿的。既然处于流通阶段的劳动不创造价值，如果流通费用不从剩余价值中补偿，那么流通费用从哪里补偿？笔者探讨性地提出：从转移到最终销售商品价值中去的那部分纯粹流通费用补偿。

按照笔者的看法，资本的循环将依次经过流通、生产和流通三个阶段。商品最终到达使用者或消费者手上的时候，资本的循环过程才告结束。因此，应该从资本一个完整的循环过程来分析价值转移或价值创造以及纯粹流通费用补偿的问题。生产性流通费用与纯粹流通费用确实不同，但是从资本循环的角度来看，必要的纯粹流通费用是不可缺少的。第三次社会大分工发生以后商业从手工业分离出来，不应把非生产性流通费用看作是纯粹的社会耗费。

资本家投在生产阶段劳动力上的资本称为可变资本，工人在生产过程中不仅再生产出可变资本的价值，而且还生产出剩余价值。但是资本家投在流通阶段劳动力上的资本也是一种的耗费，就像资本家在燃料、原料、材料上的耗费一样。既然可变资本已经有明确的定义，而处于流通阶段的工人不创造价值，如果从价值转移的角度分析，资本家投在商品流通阶段的劳动力上的资本属于流动资本。这意味着资本经过一个循环以后，资本家投在流通阶段劳动力上的资本在性质上与投在燃料、原料和材料上的资本相似，它本身没有产生价值增殖，它的价值是一次性地转移到商品价值中去，并在商品销售以后得到补偿。

除了处于流通阶段商业劳动者的工资以外，其他的纯粹流通费用如设备的折旧、各种材料的耗费等等，也是转移到商品的价值中去，并在商品销售以后得到补偿。这就是说，纯粹流通费用不是从产业资本家承担的，而是由投资品的使用者和消费品的消费者承担的。这就是说，在资本的循环中，在生产阶段结束以后，创造价值和剩余价值的过程就结束了。但是，价值转移的过程没有结束。在商品流通阶段，流通费用会继续转移到商品的价值中去。最终销售的商品的价值不仅包括生产阶段转移的价值和新创造的价值，而且还包括流通阶段转移的价值。

下面比较一下纯粹流通费用从剩余价值补偿的看法和笔者提出的纯粹流通费用从转移到销售商品中去的价值补偿的方法解释现实情况的差异。如果把相关产业与为其销售商品的商业结合起来分析，按照前一种看法，相关产业耗费的不变资本和可变资本价值是 74 859 亿美元（8 309+49 490+17 060），商业生产性流通费用是 2 385 亿美元，总生产成本是 76 144 亿美元（74 859+2 385）；相关产业的利润为 7 267 亿美元，补偿纯粹流通费用 26 199 亿美元，商业分享的利润为 4 022 亿美元，总和为 37 488 亿美元，利润率是 49.23%。

按照后一种看法，相关产业耗费的不变资本和可变资本价值是 74 859 亿美元（8 309+49 490+17 060），它们分别被转移到所生产的商品中去或者被再生产出来；商业耗费的生产性流通费用是 2 385 亿美元，纯粹流通费用是 26 199 亿美元，它们是被转移到所销售的商品价值中去。这样，总成本是 103 443 亿美元（74 859+2 385+26 199），总利润是 11 289 亿美元（7 267+4 022），利润率是 10.91%（11 289÷103 443）。由于利润率平均化是一种趋势，2017 年在产业利润和商业利润的分配中，还是发生了有利于商业资本的划分，相关产业利润率只有 9.71%，而商业利润率达到 14.07%。

值得注意的是，作为参照产业的金融与保险业，2017 年的利润率是 15.54%。很显然，笔者的看法更能解释现实经济情况。

如果把纯粹流通费用的补偿与相关的各种问题联系起来，笔者的整体看法是，处在生产阶段的劳动转移不变资本的价值、再生产可变资本价值以及创造剩余价值。在生产阶段完成以后，价值创造过程结束，但是由于资本循环过程没有结束，价值形成过程没有结束。处在流通阶段的劳动不生产价值和剩余价值，但是它把流通费用转移到销售的商品中去，并且还为商业资本家从产业资本家那里分享到一部分剩余价值。

生产阶段的商品价值量是由正常生产条件下社会必要劳动时间决定的，流通阶段转移的价值量是由正常销售条件下必要流通费用决定的。必要流通费用是指在正常的销售条件下以及在社会平均的劳动熟练程度和劳动强度下销售商品所耗费的流通费用。商业资本家单位商品耗费的流通费用越少，他在商业资本家的竞争中就处于越有利的地位。产业资本家按照出厂价值向商业资本家出售商品，商业资本家加上流通费用以及分享的商业利润以后向最终使用者或消费者出售商品。商品的出厂价值与最终价值的差额是必要流通费用和商业利润。

剩余价值如何划分为产业利润和商业利润受平均利润率规律影响，从趋势来看产业资本家和商业资本家按照各自投入的资本分享同比例的剩余价值。但是，平均利润率规律是一种长期的趋势，在短期里产业资本家与商业资本家之间以及商业资本家之间的竞争影响着剩余价值的划分。商品的销售越困难，商业资本家在与产业资本家的竞争中就处于越有利的地位，商业资本家分享的剩余价值比例就越大。商业资本家之间的竞争越激烈，产业资本家分享的剩余价值的比例就越大。

笔者的最终结论是：纯粹流通费用补偿问题应该从完整的资本循环过程来分析，商业劳动不创造价值和剩余价值，但它把纯粹流通费用转移到最终销售的商品价值中去，纯粹流通费用从最终销售的商品价值中得到补偿。

有生产资料分部类的持续扩大再生产路径与条件*

陶为群**

摘　要　以按比例发展原理为指导，通过将静态意义上有生产资料分部类的持续扩大再生产求解与充要条件、有生产资料分部类的社会再生产平衡增长路径与充要条件连通与融合，提出和证明有生产资料分部类的持续扩大再生产的可行路径与充要条件。有生产资料分部类的持续扩大再生产的可行路径与充要条件，可以增强马克思社会再生产公式对于现实经济的描述程度和解释力，也明确揭示了生产资料优先增长不能超过的限度，并且蕴含着一种新的调节国民经济的理论模式。

关键词　生产资料分部类　社会扩大再生产　持续　可行路径　充要条件

一、引言

“生产资料优先增长”是由列宁首先提出的一个著名论断。列宁运用马克思再生产公式，提出在资本有机构成提高的情况下，“增长最快的是制造生产资料的生产资料的生产，其次是制造消费资料的生产资料的生产，最慢的是制造消费资料的生产”。①这一论断具有强烈的政策含义，可以作为一种产业政策、资本积累政策，因而成为一个对理论经济学影响深远的命题。

列宁在作生产资料优先增长论断时，对生产资料做了分类，划分为“制造生产资料的生产资料”和“制造消费资料的生产资料”两种不同的产品，从而将全部社会产品划分成制造生产资料的生产资料、制造消费资料的生产资料、消费资料三种产品，也就相应地将社会生产部门划分成三个部门。列宁对于社会生产部门的这种划分，实际上提出了一个比经典的马克思社会再生产公式的两大部类划分更贴近现实的三部门宏观经济分析框架。但是，列宁并没有明确建立这种三部门的分析框架，对于生产资料优先增长问题的理论研究，仍是以马克思两大部类社会再生产公式作为工具。因为生产资料优先增长具有强烈的政策含义，长期以来受到学术界的关注，并且都是如同列宁的做法以经典

*　本文受国家社科基金后期资助项目（15FJL008）的资助。

**　陶为群，中国人民银行南京分行研究员。

①　列宁：《列宁全集》（第1卷），人民出版社1984年版，第66页、第69—72页。

的马克思社会再生产公式作为研究框架。有研究对列宁的论断作了引申，提出“即便没有技术进步，生产资料也可以优先增长”。①但是学术界长期以来对于列宁提出的三部门宏观经济框架缺乏关注。

理论向现实贴近一步，对于实践的指导意义就增强一分。相对于经典的马克思两大部类社会扩大再生产，列宁提出的三部门宏观经济框架对于现实经济有更好的描述程度和解释力，不仅对于生产资料优先增长问题，而且对于研究一般的社会扩大再生产也具有十分重要的理论意义。近几年，有研究建立了一个依照列宁分类方式、有生产资料分部类的三部门社会扩大再生产公式，并研究三部门社会扩大再生产的求解及其充分必要条件。②这为研究有生产资料分部类的持续扩大再生产的路径与条件，提供了初步的可利用结论。

在这样的三部门宏观经济框架下，无论生产资料优先增长还是一般地实现社会扩大再生产，都以社会扩大再生产持续进行作为前提。所以，对于“怎样”持续扩大再生产的理论研究，是研究生产资料优先增长问题的基础。持续扩大再生产的可行路径，是指能够一般性地持续实现社会扩大再生产的资本积累模式；而持续扩大再生产的条件，是实施这种资本积累模式所需要具备的条件。不久前，有研究提出并证明了有生产资料分部类的社会再生产平衡增长的可行路径和充要条件，③这为研究有生产资料分部类的持续扩大的再生产路径与条件，提供了重要素材。已经有研究对于经典的马克思两大部类再生产，通过将静态意义上的扩大再生产的求解与充要条件、社会再生产平衡增长的可行路径与充要条件连通与融合，推导并证明了持续扩大再生产的可行路径与充要条件。④这为研究有生产资料分部类的持续扩大再生产的可行路径与条件提供了方法借鉴。但是，推导和证明有生产资料分部类的持续扩大再生产的可行路径与充分必要条件，要远为复杂。

二、对于研究有生产资料分部类的持续扩大再生产的路径与条件的机理和方法的认识

研究有生产资料分部类的持续扩大再生产的可行路径与条件，需要从两个方面考虑。一是这样的可行路径与条件是否存在；二是如果存在，要具体找到这样的可行路径

① 余斌：《生产资料优先增长与按比例配置资源》，《马克思主义研究》2014年第6期。

② 陶为群：《生产资料优先增长命题下的增长机理与条件——依照列宁对生产资料分类的社会再生产公式》，《当代经济研究》2017年第10期。

③ 陶为群：《将生产资料分类的社会再生产平衡增长与条件及其应用——依照列宁对社会产品划分的三部门平衡增长》，载《政治经济学报》第11卷，格致出版社、上海人民出版社2018年版。

④ 陶为群：《两大部类扩大再生产的按比例发展定理》，《经济数学》2015年第2期。

与条件。因此，这里从两个方面加以考察。

第一，以按比例发展原理为指导，判断有生产资料分部类的持续扩大再生产的可行路径与条件的存在性。按比例发展原理是马克思主义经济学中的一条重要原理。有研究指出，按比例发展规律不仅包括按比例分配社会劳动，还包括按比例分配经济资源和社会资源。①按比例发展原理尤其适用于宏观经济领域。生产资料分部类的社会再生产中有两个基本的比例关系：一个是在生产资料部类内部两个分部类之间的比例关系，即“制造生产资料的生产资料”与“制造消费资料的生产资料”之间的比例关系；另一个是消费资料部类与生产资料部类两大部类之间的比例关系。动态地看，这两个基本比例与全社会的资本积累有相互影响和制约的关系。一方面，各部类、分部类的资本积累导致这两个基本比例变化；另一方面，这两个基本比例又影响和制约着各部类、分部类的资本积累。根据按比例发展原理，这两个基本比例的任意数值并不都能确保社会扩大再生产持续进行，否则有生产资料分部类的持续扩大再生产就根本不存在。所以，需要通过各部类、分部类的可行资本积累路径，使这两个基本比例的数值保持在适当范围之内，才能持续扩大再生产；而形成各部类、分部类的可行资本积累路径，又需要以这两个基本比例的数值处于适当范围之内为前提条件。所以，为了形成并且维持各部类、分部类的可行资本积累路径，必然要求这两个基本比例的数值都限定在某个确定的适当范围之内。这样确定的适当范围就是持续扩大再生产所需的条件。

第二，充分利用已有的静态意义上有生产资料分部类的社会扩大再生产的求解与充要条件、有生产资料分部类的社会再生产平衡增长的可行路径与充要条件，帮助找到有生产资料分部类的持续扩大再生产的路径与条件。静态意义上有生产资料分部类的社会扩大再生产的解，是通过各部类、分部类的资本积累的某种安排实现一个年份社会扩大再生产的一般模式。持续扩大再生产是每年都实现扩大再生产，是将静态意义上的扩大再生产动态化。因此，静态意义上的扩大再生产的解，是构成持续扩大再生产的可行路径的基础。静态意义上扩大再生产的条件仅仅是针对一个年份实现扩大再生产而言，而持续扩大再生产需要每个年份都实现扩大再生产，所以，静态意义上扩大再生产的条件首先成为持续扩大再生产的必要条件。只要存在着持续扩大再生产的条件，那么它肯定要比静态意义上扩大再生产的条件严格。因而，静态意义上扩大再生产的充要条件界定了持续扩大再生产的必要条件的最大可能范围。

社会再生产平衡增长是一种特别状态的持续扩大再生产。鉴于此，理解研究获得的

① 段学慧：《按比例发展规律及其实现机制》，《当代经济研究》2016 年第 9 期。

有生产资料分部类的社会再生产平衡增长的可行路径与充要条件，为找到有生产资料分部类的持续扩大再生产的可行路径与条件提供了重要素材。可以利用这种重要素材，进一步考察和分辨对于一般的持续扩大再生产的可行路径和条件会存在哪些差别，并以此为线索找到有生产资料分部类的持续扩大再生产可行路径与条件。

三、静态意义上有生产资料分部类的社会扩大再生产的求解与充要条件

与经典的马克思社会再生产公式类似，有生产资料分部类的社会再生产公式，是表示社会再生产中制造生产资料的生产资料、制造消费资料的生产资料、消费资料三种不同产品的价值构成以及供给与需求平衡的一组等式。从不同作用的区别来看，这组等式包括了定义方程、行为方程和平衡条件三种类型的方程。社会生产部门划分成为制造生产资料的生产资料、制造消费资料的生产资料、消费资料三个不同部门，分别称为第Ⅰa分部类、第Ⅰb分部类、第Ⅱ部类。有生产资料分部类的马克思社会再生产公式，是对于经典的马克思社会再生产公式的一种拓展。在这个社会再生产公式当中，第j部类或分部类（j=Ⅰa，Ⅰb，Ⅱ。下同）在t年年初的资本分解成用于购买生产资料的不变资本、购买劳动力的可变资本两个部分，分别记为$C_j^{(t)}$，$V_j^{(t)}$，按照经典的马克思再生产公式中的假定，设$C_j^{(t)}$和$V_j^{(t)}$都是每年周转一次；固定资本是一次性消耗包含在$C_j^{(t)}$转移到产品当中，$V_j^{(t)}$在产品当中新创造出来，并带来它的剩余价值$M_j^{(t)}$。为了不过于复杂并且便于和经典的马克思再生产公式衔接与对比，其中沿用经典的马克思再生产公式中的两个固定不变假定。即：设第j部类或分部类资本有机构成固定不变，即产品当中消耗的不变资本对于可变资本保持固定不变倍数h_j；剩余价值率保持固定不变，即剩余价值$M_j^{(t)}$与可变资本$V_j^{(t)}$之间的比率e_j固定不变。因为资本有机构成固定不变可以看作是资本有机构成提高率为零的特别情形，所以这样的社会再生产公式可以作为进一步构建资本有机构成提高情况下社会再生产公式的基础。

用$X_j^{(t)}$表示第j部类或分部类总产品（总产值），在每个部类或分部类内部，不变资本、可变资本、剩余产品、新创造价值（产品）之间的固定比例关系被定义方程式（1）所确定：

$$\begin{cases} V_j^{(t)} = C_j^{(t)}/h_j \\ M_j^{(t)} = e_j V_j^{(t)} \\ Y_j^{(t)} = V_j^{(t)} + M_j^{(t)} \\ X_j^{(t)} = C_j^{(t)} + Y_j^{(t)} \end{cases} \quad j=\text{Ⅰ}a,\ \text{Ⅰ}b,\ \text{Ⅱ} \tag{1}$$

对确定了含义的字母前面加符号 Δ 表示增量。在社会再生产中，第 j 部类或分部类的剩余价值 $M_j^{(t)}$ 是自身新增资本和投资者的个人消费的唯一来源。用 $M_{xj}^{(t)}$ 表示第 j 部类或分部类投资者的个人消费，其剩余价值的使用具有下面的行为方程：

$$\Delta C_j^{(t)}+\Delta V_j^{(t)}+M_{xj}^{(t)}=M_j^{(t)} \qquad j=\text{Ⅰ}a,\ \text{Ⅰ}b,\ \text{Ⅱ} \tag{2}$$

为了表示上的简便，以集合 Ω 表示各个部类、分部类序号的集合，$\Omega=\{\text{Ⅰ}a, \text{Ⅰ}b, \text{Ⅱ}\}$。实现将生产资料分类的社会再生产，需要“制造生产资料的生产资料”、“制造消费资料的生产资料”和消费资料三种总产品的生产与使用平衡。因此根据定义方程式（1），有式（3）列出的社会再生产的三个实现条件。

$$\begin{cases}(C_{\text{Ⅰ}a}^{(t)}+C_{\text{Ⅰ}b}^{(t)})+(\Delta C_{\text{Ⅰ}a}^{(t)}+\Delta C_{\text{Ⅰ}b}^{(t)})=C_{\text{Ⅰ}a}^{(t)}+V_{\text{Ⅰ}a}^{(t)}+M_{\text{Ⅰ}a}^{(t)}\\ C_{\text{Ⅱ}}^{(t)}+\Delta C_{\text{Ⅱ}}^{(t)}=C_{\text{Ⅰ}b}^{(t)}+V_{\text{Ⅰ}b}^{(t)}+M_{\text{Ⅰ}b}^{(t)}\\ \sum\limits_{j\in\Omega}(V_j^{(t)}+\Delta V_j^{(t)}+M_{xj}^{(t)})=C_{\text{Ⅱ}}^{(t)}+V_{\text{Ⅱ}}^{(t)}+M_{\text{Ⅱ}}^{(t)}\end{cases} \tag{3}$$

式（3）中的第一、第二、第三式的含义依次表示制造生产资料的生产资料使用与生产平衡、制造消费资料的生产资料使用与生产平衡、消费资料的使用与生产平衡。式（1）到式（3）共同构成将生产资料分类的社会再生产公式，其中主要部分是社会再生产的三个实现条件式（3）。式（3）中的三个等式相加就形成一个恒等式，因此三个实现条件中只含有两个独立条件。

由于有三个部类以及分部类，它们之间存在两个比例关系。鉴于各部类、分部类内部的各个组成部分之间具有固定性，各部类、分部类产品之间任一个对应部分之间的比例关系，都足以表现整个部类、分部类之间的比例关系。为了和国民收入核算契合，从总体上用两大部类新创造价值之间的比例关系 $\varphi^{(t)}$ 反映两大部类之间的比例关系；用第Ⅰ部类的两个分部类的新创造价值之间的比例关系 $\varphi_{\text{Ⅰ}}^{(t)}$ 表示第Ⅰ部类两个分部类之间的比例关系。记为：

$$\varphi^{(t)}=\frac{Y_{\text{Ⅱ}}^{(t)}}{Y_{\text{Ⅰ}a}^{(t)}+Y_{\text{Ⅰ}b}^{(t)}},\ \varphi_{\text{Ⅰ}}^{(t)}=\frac{Y_{\text{Ⅰ}b}^{(t)}}{Y_{\text{Ⅰ}a}^{(t)}} \tag{4}$$

实现社会简单再生产、扩大再生产都是实现各个部类、分部类资本积累的某种可行安排。以 $\mu_j^{(t)}$ 表示第 j 部类、分部类的剩余价值积累率，则积累率 $\mu_j^{(t)}$ 是扩大再生产中待定的决策变量，根据定义方程式（1），它与不变资本积累之间有变量替换关系式：

$$\Delta C_j^{(t)}=\frac{h_jM_j^{(t)}}{1+h_j}\mu_j^{(t)} \qquad j=\text{Ⅰ}a,\ \text{Ⅰ}b,\ \text{Ⅱ} \tag{5}$$

由于每个部类或者分部类只用自身的剩余价值作资本积累，因而剩余价值积累率都介于 0 到 1 之间，即 $0\leqslant\mu_j^{(t)}\leqslant1$，实现社会扩大再生产对应着要安排一组介于 0 到 1 之间的各个部类、分部类积累率，并且这样一组积累率中至少有一个大于 0。将变量替换关系式（5）代入社会再生产的实现条件式（3），并根据定义方程式（1）和两大部类比例、第Ⅰ部类两个分部类之间比例式（4），得出第Ⅱ部类积累率 $\mu_{\mathrm{II}}^{(t)}$ 公式：

$$\mu_{\mathrm{II}}^{(t)}=\frac{1+h_{\mathrm{II}}}{e_{\mathrm{II}}}\left[\frac{1+e_{\mathrm{II}}}{\varphi^{(t)}h_{\mathrm{II}}}\left(1+\frac{h_{\mathrm{I}b}}{1+e_{\mathrm{I}b}}\right)\frac{\varphi_{\mathrm{I}}^{(t)}}{1+\varphi_{\mathrm{I}}^{(t)}}-1\right] \tag{6}$$

和Ⅰb 分部类积累率函数 $\mu_{\mathrm{I}b}^{(t)}$：

$$\mu_{\mathrm{I}b}^{(t)}=\frac{(1+h_{\mathrm{I}b})(1+e_{\mathrm{I}b})}{h_{\mathrm{I}b}e_{\mathrm{I}b}\varphi_{\mathrm{I}}^{(t)}}\left[1-\frac{h_{\mathrm{I}a}e_{\mathrm{I}a}}{(1+h_{\mathrm{I}a})(1+e_{\mathrm{I}a})}\mu_{\mathrm{I}a}^{(t)}\right]-\frac{1+h_{\mathrm{I}b}}{e_{\mathrm{I}b}} \tag{7}$$

根据第Ⅱ部类积累率式（6）和Ⅰb 分部类积累率函数式（7），以及每个部类或者分部类积累率都介于 0 到 1 之间，获得社会扩大再生产的充分必要条件，是第Ⅰ部类的两个分部类之间比例 $\varphi_{\mathrm{I}}^{(t)}$ 取值处于一个限定区间：

$$\varphi_{\mathrm{I}}^{\min}\leqslant\varphi_{\mathrm{I}}^{(t)}\leqslant\varphi_{\mathrm{I}}^{\max},\text{其中 }\varphi_{\mathrm{I}}^{\min}=\frac{\varphi_{\mathrm{I}}^{\max}}{1+e_{\mathrm{I}b}/(1+h_{\mathrm{I}b})}\left[1-\frac{h_{\mathrm{I}a}e_{\mathrm{I}a}}{(1+e_{\mathrm{I}a})(1+h_{\mathrm{I}a})}\right];\ \varphi_{\mathrm{I}}^{\max}=\frac{1+e_{\mathrm{I}b}}{h_{\mathrm{I}b}} \tag{8}$$

并且两大部类之间比例 $\varphi^{(t)}$ 取值也处于一个限定区间：

$$\frac{(1+h_{\mathrm{II}})(1+e_{\mathrm{II}})}{h_{\mathrm{II}}(1+h_{\mathrm{II}}+e_{\mathrm{II}})}\left(1+\frac{h_{\mathrm{I}b}}{1+e_{\mathrm{I}b}}\right)\frac{\varphi_{\mathrm{I}}^{(t)}}{1+\varphi_{\mathrm{I}}^{(t)}}\leqslant\varphi^{(t)}\leqslant\frac{1+e_{\mathrm{II}}}{h_{\mathrm{II}}}\left(1+\frac{h_{\mathrm{I}b}}{1+e_{\mathrm{I}b}}\right)\frac{\varphi_{\mathrm{I}}^{(t)}}{1+\varphi_{\mathrm{I}}^{(t)}} \tag{9}$$

$\varphi_{\mathrm{I}}^{(t)}$ 取值的限定区间式（8）、两大部类之间比例 $\varphi^{(t)}$ 取值的限定区间式（9）当中的后一个小于等于号当中必须至少有一个取小于号。而Ⅰb 分部类积累率函数式（7）的定义域是：①

$$\max\left\{0,\ \frac{(1+h_{\mathrm{I}a})(1+e_{\mathrm{I}a})}{h_{\mathrm{I}a}e_{\mathrm{I}a}}\left[1-\frac{\varphi_{\mathrm{I}}^{(t)}}{\varphi_{\mathrm{I}}^{\max}}\left(1+\frac{e_{\mathrm{I}b}}{1+h_{\mathrm{I}b}}\right)\right]\right\}\leqslant\mu_{\mathrm{I}a}^{(t)}\leqslant\min\left\{1,\ \frac{(1+h_{\mathrm{I}a})(1+e_{\mathrm{I}a})}{h_{\mathrm{I}a}e_{\mathrm{I}a}}\left(1-\frac{\varphi_{\mathrm{I}}^{(t)}}{\varphi_{\mathrm{I}}^{\max}}\right)\right\} \tag{10}$$

实现有生产资料分部类的扩大再生产的充分必要条件的存在机理是：各个部类、分

① 陶为群：《生产资料优先增长命题下的增长机理与条件——依照列宁对生产资料分类的社会再生产公式》，《当代经济研究》2017 年第 10 期。

部类积累率最高、最低取值限制，要求必须且只需要第Ⅰ部类的两个分部类之间比例、两大部类之间比例各自处于一个确切限定区间之内，才能够实现扩大再生产。这样的充分必要条件，是按比例发展原理对于静态意义上实现扩大再生产的具体体现。

四、有生产资料分部类的社会再生产平衡的增长路径与充要条件

如果持续社会扩大再生产，各部类、分部类的资本积累必然导致之后社会总资本的分布结构变化，这种变化反映在两大部类比例和第Ⅰ部类两个分部类之间比例的变动上。可以将这种变动用两大部类比例演化函数和第Ⅰ部类两个分部类之间比例演化函数表示。根据变量替换关系式（5）和定义式（1），可以确定下年各个部类、分部类的新创造价值增长率是 $\Delta Y_j^{(t)}/Y_j^{(t)}=\mu_j^{(t)}e_j/(1+h_j)$；每个部类或分部类的新创造价值增长率是当年资本利润率与积累率的乘积。根据式（4）中的第Ⅰ部类两个分部类之间的比例 $\varphi_{\mathrm{I}}^{(t)}$ 表达式、新创造价值增长率和Ⅰb 分部类积累率函数式（7），得到第Ⅰ部类两个分部类之间比例演化函数 $\varphi_{\mathrm{I}}^{(t+1)}$：

$$\varphi_{\mathrm{I}}^{(t+1)}=\frac{1+e_{\mathrm{I}b}}{h_{\mathrm{I}b}(1+e_{\mathrm{I}a})}\left[\frac{1+h_{\mathrm{I}a}+e_{\mathrm{I}a}}{1+\mu_{\mathrm{I}a}^{(t)}e_{\mathrm{I}a}/(1+h_{\mathrm{I}a})}-h_{\mathrm{I}a}\right] \tag{11}$$

第Ⅰ部类两个分部类之间比例演化函数式（11）表明，下一年的第Ⅰ部类两个分部类之间比例 $\varphi_{\mathrm{I}}^{(t+1)}$ 是当年的Ⅰa 分部类积累率变量 $\mu_{\mathrm{I}a}^{(t)}$ 的函数，并且是 $\mu_{\mathrm{I}a}^{(t)}$ 的严格单调减函数。原因在于 $\mu_{\mathrm{I}a}^{(t)}$ 越大，下一年的第Ⅰ部类新创造价值增长率越高，从而Ⅰb 分部类与Ⅰa 分部类之间比例 $\varphi_{\mathrm{I}}^{(t+1)}$ 越小。

两大部类的新创造价值增长导致两大部类之间比例 $\varphi^{(t)}$ 的变动。根据式（4）中的两大部类之间比例 $\varphi^{(t)}$ 表达式，和第Ⅱ部类积累率 $\mu_{\mathrm{II}}^{(t)}$ 式（6）、Ⅰb 分部类积累率函数式（7）以及第Ⅰ部类两个分部类之间比例演化函数式（11），得到两大部类比例演化函数 $\varphi^{(t+1)}$。

$$\varphi^{(t+1)}=\frac{1+e_{\mathrm{II}}}{h_{\mathrm{II}}}\left(1+\frac{h_{\mathrm{I}b}}{1+e_{\mathrm{I}b}}\right)\frac{\varphi_{\mathrm{I}}^{(t)}}{(1+\varphi_{\mathrm{I}}^{(t+1)})\left(1+\frac{e_{\mathrm{I}a}}{1+h_{\mathrm{I}a}}\mu_{\mathrm{I}a}^{(t)}\right)} \tag{12}$$

两大部类比例演化函数式（12）表明，下一年两大部类比例 $\varphi^{(t+1)}$ 只与同年第Ⅰ部类两个分部类之间比例 $\varphi_{\mathrm{I}}^{(t+1)}$、当年的Ⅰ$a$ 分部类积累率变量 $\mu_{\mathrm{I}a}^{(t)}$ 和第Ⅰ部类两个分部类之间的比例 $\varphi_{\mathrm{I}}^{(t)}$ 有关。因为根据式（11）$\varphi_{\mathrm{I}}^{(t+1)}$ 是当年积累率变量 $\mu_{\mathrm{I}a}^{(t)}$ 的函数，所以两大部类比例演化函数 $\varphi^{(t+1)}$ 是 $\mu_{\mathrm{I}a}^{(t)}$ 的复合函数。

这两个比例演化函数可以体现各部类、分部类的资本积累对社会总资本的分布结构变化的影响。因为两个比例演化函数$\varphi_{\mathrm{I}}^{(t+1)}$和$\varphi^{(t+1)}$都是Ⅰ$a$分部类积累率变量$\mu_{\mathrm{I}a}^{(t)}$的函数，又要分别满足实现社会扩大再生产的必要条件式（8）与式（9），所以要求这两个函数满足必要条件式（8）与式（9），会最终反映在对于积累率变量$\mu_{\mathrm{I}a}^{(t)}$的取值的限制上。Ⅰa分部类积累率变量$\mu_{\mathrm{I}a}^{(t)}$是Ⅰb分部类积累率函数、第Ⅰ部类两个分部类之间比例演化函数$\varphi_{\mathrm{I}}^{(t+1)}$、两大部类比例演化函数$\varphi^{(t+1)}$三个函数中的共同变量。

有研究提出和证明将第Ⅰ部类Ⅰa分部类的积累率变量$\mu_{\mathrm{I}a}^{(t)}$定义域确定为：

$$\max\left\{0,\ \frac{(1+h_{\mathrm{I}a})(1+e_{\mathrm{I}a})}{h_{\mathrm{I}a}e_{\mathrm{I}a}}\left\{1-\frac{\varphi_{\mathrm{I}}^{(t)}}{\varphi_{\mathrm{I}}^{\max}}\left[1+\frac{e_{\mathrm{I}a}}{1+h_{\mathrm{I}a}}\times\min(\mu_{\mathrm{I}a}^{*},\tilde{\mu}_{\mathrm{I}a}^{*})\right]\right\}\right\}\leqslant$$
$$\mu_{\mathrm{I}a}^{(t)}\leqslant\min\left\{\min(1,\mu_{\mathrm{I}a}^{*},\tilde{\mu}_{\mathrm{I}a}^{*}),\ \frac{(1+h_{\mathrm{I}a})(1+e_{\mathrm{I}a})}{h_{\mathrm{I}a}e_{\mathrm{I}a}}\left(1-\frac{\varphi_{\mathrm{I}}^{(t)}}{\varphi_{\mathrm{I}}^{\max}}\right)\right\} \tag{13}$$

并且$\mu_{\mathrm{I}a}^{(t)}>0$，是有生产资料分部类的社会再生产平衡增长可行路径。式（13）中，

$$\mu_{\mathrm{I}a}^{*}=\frac{e_{\mathrm{I}b}(1+h_{\mathrm{I}a})}{e_{\mathrm{I}a}(1+h_{\mathrm{I}b})},\ \tilde{\mu}_{\mathrm{I}a}^{*}=\frac{e_{\mathrm{II}}(1+h_{\mathrm{I}a})}{e_{\mathrm{I}a}(1+h_{\mathrm{II}})} \tag{14}$$

$\mu_{\mathrm{I}a}^{*}$、$\tilde{\mu}_{\mathrm{I}a}^{*}$的经济意义分别是Ⅰ$b$分部类的资本利润率、第Ⅱ部类的资本利润率与Ⅰ$a$分部类的资本利润率之间的比率。并且，有生产资料分部类的社会再生产平衡增长的充分必要条件是：

$$\max\ (\varphi_{\mathrm{I}}^{\min *},\ \varphi_{\mathrm{I}}^{\tilde{\min} *})\ \leqslant\varphi_{\mathrm{I}}^{(t)}<\varphi_{\mathrm{I}}^{\max} \tag{15}$$

和式(9)。①式（15）中，

$$\begin{cases}\varphi_{\mathrm{I}}^{\min *}=\dfrac{\varphi_{\mathrm{I}}^{\max}}{1+e_{\mathrm{I}b}/(1+h_{\mathrm{I}b})}\left[1-\dfrac{h_{\mathrm{I}a}e_{\mathrm{I}a}}{(1+e_{\mathrm{I}a})(1+h_{\mathrm{I}a})}\times\min(1,\mu_{\mathrm{I}a}^{*})\right]\\ \varphi_{\mathrm{I}}^{\tilde{\min} *}=\dfrac{\varphi_{\mathrm{I}}^{\max}}{1+e_{\mathrm{II}}/(1+h_{\mathrm{II}})}\left[1-\dfrac{h_{\mathrm{I}a}e_{\mathrm{I}a}}{(1+e_{\mathrm{I}a})(1+h_{\mathrm{I}a})}\times\min(1,\tilde{\mu}_{\mathrm{I}a}^{*})\right]\end{cases} \tag{16}$$

有生产资料分部类的社会再生产平衡增长的可行路径与充要条件的含义是：当且仅当t年第Ⅰ部类的两个分部类之间比例$\varphi_{\mathrm{I}}^{(t)}$处于式（15）表示的确定区间内，可以按照式（13）和$\mu_{\mathrm{I}a}^{(t)}>0$安排Ⅰ$a$分部类积累率，进而可以按照式（7）安排Ⅰ$b$分部类积累

① 陶为群：《将生产资料分类的社会再生产平衡增长与条件及其应用——依照列宁对社会产品划分的三部门平衡增长》，载《政治经济学报》第11卷，格致出版社、上海人民出版社2018年版。

率；并且在满足式（9）的条件下按照式（6）安排第Ⅱ部类积累率；从而实现扩大再生产。而且，能保证下年具备实现扩大再生产的充要条件式（15）和式（9）；只要在下年保持Ⅰa分部类积累率不变，就能够使再下年各个部类、分部类形成平衡增长的积累率。式（15）和式（9）是按比例发展原理在有生产资料分部类的社会再生产平衡增长状态当中的具体体现。

为了明确式（13）和$\mu_{\mathrm{I}a}^{(t)}>0$代表的社会再生产平衡的增长路径和充要条件式（15），需要比较$\mu_{\mathrm{I}a}^{*}$与$\widetilde{\mu}_{\mathrm{I}a}^{*}$的大小关系、$\varphi_{\mathrm{I}}^{\min *}$与$\varphi_{\mathrm{I}}^{\widetilde{\min} *}$的大小关系，这些关系是由第Ⅰ部类Ⅰ$b$分部类、第Ⅱ部类的资本利润率之间比较大小所决定。根据$\mu_{\mathrm{I}a}^{*}$与$\widetilde{\mu}_{\mathrm{I}a}^{*}$的表达式（14）和$\varphi_{\mathrm{I}}^{\min *}$与$\varphi_{\mathrm{I}}^{\widetilde{\min} *}$的表达式（16），能够确定：

$$\begin{cases}\mu_{\mathrm{I}a}^{*}\leqslant\widetilde{\mu}_{\mathrm{I}a}^{*}\text{并且}\ \varphi_{\mathrm{I}}^{\min *}\geqslant\varphi_{\mathrm{I}}^{\widetilde{\min} *},\ \text{当}\dfrac{e_{\mathrm{I}b}}{1+h_{\mathrm{I}b}}\leqslant\dfrac{e_{\mathrm{II}}}{1+h_{\mathrm{II}}};\\ \mu_{\mathrm{I}a}^{*}>\widetilde{\mu}_{\mathrm{I}a}^{*}\text{并且}\ \varphi_{\mathrm{I}}^{\min *}\leqslant\varphi_{\mathrm{I}}^{\widetilde{\min} *},\ \text{当}\dfrac{e_{\mathrm{I}b}}{1+h_{\mathrm{I}b}}>\dfrac{e_{\mathrm{II}}}{1+h_{\mathrm{II}}}\end{cases}\tag{17}$$

五、有生产资料分部类的持续扩大再生产的可能路径与必要条件

社会再生产平衡增长状态是一种特殊的持续扩大再生产。一般的持续扩大再生产与社会再生产平衡增长不同，因而路径与条件也不同。推导持续扩大再生产的任何可能路径与条件所依据的逻辑关系是：考察连续3年的扩大再生产。每年实现扩大再生产的各个部类、分部类积累率受到最高、最低取值限制，因此必须第Ⅰ部类的两个分部类之间比例、两大部类之间比例都处于某个限定区间之内；继而前溯需要这两个比例演化的此前1年第Ⅰ部类Ⅰa分部类积累率取值处于某个限定区间之内；依据上述两类因果关系的结合，可以发现持续扩大再生产的可能路径与条件。具体分为四步推导。

第一步，根据在$t+2$年和$t+1$年实现社会扩大再生产，前溯推导$t+1$年第Ⅰ部类Ⅰa分部类积累率$\mu_{\mathrm{I}a}^{(t+1)}$取值的约束条件。当$t+2$年实现扩大再生产，必须第Ⅰ部类两个分部类之间比例$\varphi_{\mathrm{I}}^{(t+2)}$满足扩大再生产的必要条件式（8）。对于$t+2$年将第Ⅰ部类两个分部类之间比例演化函数式（11）代入扩大再生产的必要条件式（8），解得：

$$0<\mu_{\mathrm{I}a}^{(t+1)}\leqslant\mu_{\mathrm{I}a}^{\max},\ \text{其中}\ \mu_{\mathrm{I}a}^{\max}=\frac{h_{\mathrm{I}a}\left(1+\dfrac{e_{\mathrm{I}b}}{1+h_{\mathrm{I}b}}\right)+\mu_{\mathrm{I}a}^{*}\left(1+\dfrac{e_{\mathrm{I}a}}{1+h_{\mathrm{I}a}}\right)}{h_{\mathrm{I}a}\left(1+\dfrac{e_{\mathrm{I}b}}{1+h_{\mathrm{I}b}}\right)+\left(1+\dfrac{e_{\mathrm{I}a}}{1+h_{\mathrm{I}a}}\right)}\tag{18}$$

t+2 年实现扩大再生产还必须两大部类比例 $\varphi^{(t+2)}$ 满足扩大再生产的必要条件式（9）。对于 t+2 年将两大部类比例演化函数式（12）代入扩大再生产的必要条件式（9），解得：

$$\frac{(1+h_{\mathrm{I}a})(1+e_{\mathrm{I}a})}{h_{\mathrm{I}a}e_{\mathrm{I}a}}\left[1-\frac{\varphi_{\mathrm{I}}^{(t+1)}}{\varphi_{\mathrm{I}}^{\max}}\left(1+\frac{e_{\mathrm{II}}}{1+h_{\mathrm{II}}}\right)\right]\leqslant\mu_{\mathrm{I}a}^{(t+1)}\leqslant\frac{(1+h_{\mathrm{I}a})(1+e_{\mathrm{I}a})}{h_{\mathrm{I}a}e_{\mathrm{I}a}}\left(1-\frac{\varphi_{\mathrm{I}}^{(t+1)}}{\varphi_{\mathrm{I}}^{\max}}\right)\quad(19)$$

因为也要在 t+1 年实现扩大再生产，积累率 $\mu_{\mathrm{I}a}^{(t+1)}$ 作为 Ⅰb 分部类积累率函数中的变量，其定义域也被不等式（8）限定。所以将式（8）与式（18）重叠，形成 $\mu_{\mathrm{I}a}^{(t+1)}$ 的定义域是：

$$\max\left\{0,\ \frac{(1+h_{\mathrm{I}a})(1+e_{\mathrm{I}a})}{h_{\mathrm{I}a}e_{\mathrm{I}a}}\left\{1-\frac{\varphi_{\mathrm{I}}^{(t+1)}}{\varphi_{\mathrm{I}}^{\max}}\left[1+\frac{e_{\mathrm{I}a}}{1+h_{\mathrm{I}a}}\times\min(\mu_{\mathrm{I}a}^{*},\ \tilde{\mu}_{\mathrm{I}a}^{*})\right]\right\}\right\}\leqslant$$
$$\mu_{\mathrm{I}a}^{(t+1)}\leqslant\min\left\{\min(1,\ \mu_{\mathrm{I}a}^{\max}),\ \frac{(1+h_{\mathrm{I}a})(1+e_{\mathrm{I}a})}{h_{\mathrm{I}a}e_{\mathrm{I}a}}\left(1-\frac{\varphi_{\mathrm{I}}^{(t+1)}}{\varphi_{\mathrm{I}}^{\max}}\right)\right\}\quad(20)$$

并且 $\mu_{\mathrm{I}a}^{(t+1)}>0$。

第二步，根据积累率变量 $\mu_{\mathrm{I}a}^{(t+1)}$ 的定义域中的式（20），推导 t+1 年第Ⅰ部类两个分部类之间比例 $\varphi_{\mathrm{I}}^{(t+1)}$ 取值的约束条件。如果变量 $\mu_{\mathrm{I}a}^{(t+1)}$ 的定义域确实存在，当然其定义域的下限不超过上限。于是根据式（20）中的 $\mu_{\mathrm{I}a}^{(t+1)}$ 取值区间下限与上限并且 $\mu_{\mathrm{I}a}^{(t+1)}>0$，得到：

$$\frac{(1+h_{\mathrm{I}a})(1+e_{\mathrm{I}a})}{h_{\mathrm{I}a}e_{\mathrm{I}a}}\left\{1-\frac{\varphi_{\mathrm{I}}^{(t+1)}}{\varphi_{\mathrm{I}}^{\max}}\left[1+\frac{e_{\mathrm{I}a}}{1+h_{\mathrm{I}a}}\times\min(\mu_{\mathrm{I}a}^{*},\ \tilde{\mu}_{\mathrm{I}a}^{*})\right]\right\}\leqslant\min(1,\ \mu_{\mathrm{I}a}^{\max})\quad(21)$$

和 $\varphi_{\mathrm{I}}^{(t+1)}<\varphi_{\mathrm{I}}^{\max}$。从式（21）解得对于 $\varphi_{\mathrm{I}}^{(t+1)}$ 取值的约束条件：

$$\varphi_{\mathrm{I}}^{(t+1)}\geqslant\frac{\varphi_{\mathrm{I}}^{\max}}{1+\frac{e_{\mathrm{I}a}}{1+h_{\mathrm{I}a}}\times\min(\mu_{\mathrm{I}a}^{*},\ \tilde{\mu}_{\mathrm{I}a}^{*})}\left[1-\frac{h_{\mathrm{I}a}e_{\mathrm{I}a}}{(1+h_{\mathrm{I}a})(1+e_{\mathrm{I}a})}\min(1,\ \mu_{\mathrm{I}a}^{\max})\right]\quad(22)$$

将式（22）与扩大再生产的必要条件式（8）重叠，得到 $\varphi_{\mathrm{I}}^{(t+1)}$ 取值的约束条件是：

$$\max\left\{\varphi_{\mathrm{I}}^{\min},\ \frac{\varphi_{\mathrm{I}}^{\max}}{1+\frac{e_{\mathrm{I}a}}{1+h_{\mathrm{I}a}}\times\min(\mu_{\mathrm{I}a}^{*},\ \tilde{\mu}_{\mathrm{I}a}^{*})}\left[1-\frac{h_{\mathrm{I}a}e_{\mathrm{I}a}}{(1+h_{\mathrm{I}a})(1+e_{\mathrm{I}a})}\min(1,\ \mu_{\mathrm{I}a}^{\max})\right]\right\}\leqslant\varphi_{\mathrm{I}}^{(t+1)}<\varphi_{\mathrm{I}}^{\max}$$

（23）

第三步，对于 t+1 年运用第Ⅰ部类两个分部类之间比例演化函数式（11）、两大部类比例演化函数式（12）的值域，以及Ⅰb分部类积累率函数的定义域式（10），确定这三个函数的共同变量$\mu_{Ⅰa}^{(t)}$的定义域。

第一个方面，将第Ⅰ部类两个分部类之间比例演化函数式（11）代入函数值域的限定区间式（23），前溯解得变量$\mu_{Ⅰa}^{(t)}$的取值的限定区间为：

$$0<\mu_{Ⅰa}^{(t)}\leqslant\min(1,\mu_{Ⅰa}^{\max},\mu_{Ⅰa}^{\max*}) \tag{24}$$

式（24）中：

$$\mu_{Ⅰa}^{\max*}=\frac{(1+e_{Ⅰa})\times\min(\mu_{Ⅰa}^{*},\tilde{\mu}_{Ⅰa}^{*})+h_{Ⅰa}\times\min(1,\mu_{Ⅰa}^{\max})}{1+h_{Ⅰa}+e_{Ⅰa}+\dfrac{h_{Ⅰa}e_{Ⅰa}}{1+h_{Ⅰa}}\times[\min(\mu_{Ⅰa}^{*},\tilde{\mu}_{Ⅰa}^{*})-\min(1,\mu_{Ⅰa}^{\max})]} \tag{25}$$

第二个方面，如果在t+1年实现扩大再生产，则两大部类比例演化函数取值必须满足扩大再生产的必要条件不等式（9）。因此，把两大部类比例演化函数式（12）和第Ⅰ部类两个分部类之间比例演化函数式（11）都代入不等式（9），前溯解得t年Ⅰa分部类积累率$\mu_{Ⅰa}^{(t)}$取值的约束条件。这和在第一步已经对于t+2年所做相同，所以此约束条件就是把不等式（18）当中的t+1相应替换成t。将这样替换后的$\mu_{Ⅰa}^{(t)}$取值的约束条件式（18）和式（24）与t年Ⅰb分部类积累率函数中的变量$\mu_{Ⅰa}^{(t)}$的定义域式（10）重叠，重合部分就是这三个函数的共同变量$\mu_{Ⅰa}^{(t)}$的定义域：

$$\max\left\{0,\frac{(1+h_{Ⅰa})(1+e_{Ⅰa})}{h_{Ⅰa}e_{Ⅰa}}\left\{1-\frac{\varphi_{Ⅰ}^{(t)}}{\varphi_{Ⅰ}^{\max}}\left[1+\frac{e_{Ⅰa}}{1+h_{Ⅰa}}\times\min(\mu_{Ⅰa}^{*},\tilde{\mu}_{Ⅰa}^{*})\right]\right\}\right\}\leqslant$$
$$\mu_{Ⅰa}^{(t)}\leqslant\min\left\{\min(1,\mu_{Ⅰa}^{\max},\mu_{Ⅰa}^{\max*}),\frac{(1+h_{Ⅰa})(1+e_{Ⅰa})}{h_{Ⅰa}e_{Ⅰa}}\left(1-\frac{\varphi_{Ⅰ}^{(t)}}{\varphi_{Ⅰ}^{\max}}\right)\right\} \tag{26}$$

并且$\mu_{Ⅰa}^{(t)}>0$。式（26）和$\mu_{Ⅰa}^{(t)}>0$代表任何社会扩大再生产持续进行的可能路径。对比一下，这条路径与前面已经证明的式（13）和$\mu_{Ⅰa}^{(t)}>0$所代表的社会再生产平衡增长路径不同。

第四步，根据可能路径中t年积累率变量$\mu_{Ⅰa}^{(t)}$的定义域形成的不等式，确定t年第Ⅰ部类两个分部类之间比例$\varphi_{Ⅰ}^{(t)}$取值的限定区间。

如果式（26）和$\mu_{Ⅰa}^{(t)}>0$代表的持续扩大再生产的可能路径也是一条可行路径，那么当然变量$\mu_{Ⅰa}^{(t)}$的定义域确实存在，从而式（26）中$\mu_{Ⅰa}^{(t)}$的定义域的下限不超过上限。于是根据式（26）得到：

$$\frac{(1+h_{\mathrm{I}a})(1+e_{\mathrm{I}a})}{h_{\mathrm{I}a}e_{\mathrm{I}a}}\left\{1-\frac{\varphi_{\mathrm{I}}^{(t)}}{\varphi_{\mathrm{I}}^{\max}}\left[1+\frac{e_{\mathrm{I}a}}{1+h_{\mathrm{I}a}}\times\min(\mu_{\mathrm{I}a}^{*},\tilde{\mu}_{\mathrm{I}a}^{*})\right]\right\}\leqslant\min(1,\mu_{\mathrm{I}a}^{\max},\mu_{\mathrm{I}a}^{\max *})\quad(27)$$

由不等式（27）推导第 t 年实现扩大再生产的必要条件是：

$$\varphi_{\mathrm{I}}^{(t)}\geqslant\begin{cases}\varphi_{\mathrm{I}}^{\min **}，当\dfrac{e_{\mathrm{I}b}}{1+h_{\mathrm{I}b}}\leqslant\dfrac{e_{\mathrm{II}}}{1+h_{\mathrm{II}}};\\ \varphi_{\mathrm{I}}^{\tilde{\min} **}，当\dfrac{e_{\mathrm{I}b}}{1+h_{\mathrm{I}b}}>\dfrac{e_{\mathrm{II}}}{1+h_{\mathrm{II}}}\end{cases}\quad(28)$$

式（28）中：

$$\begin{cases}\varphi_{\mathrm{I}}^{\min **}=\dfrac{\varphi_{\mathrm{I}}^{\max}}{1+e_{\mathrm{I}b}/(1+h_{\mathrm{I}b})}\left[1-\dfrac{h_{\mathrm{I}a}e_{\mathrm{I}a}}{(1+e_{\mathrm{I}a})(1+h_{\mathrm{I}a})}\times\min(1,\mu_{\mathrm{I}a}^{\max},\mu_{\mathrm{I}a}^{\max *})\right]\\ \varphi_{\mathrm{I}}^{\tilde{\min} **}=\dfrac{\varphi_{\mathrm{I}}^{\max}}{1+e_{\mathrm{II}}/(1+h_{\mathrm{II}})}\left[1-\dfrac{h_{\mathrm{I}a}e_{\mathrm{I}a}}{(1+e_{\mathrm{I}a})(1+h_{\mathrm{I}a})}\times\min(1,\mu_{\mathrm{I}a}^{\max},\mu_{\mathrm{I}a}^{\max *})\right]\end{cases}\quad(29)$$

因为 t 年实现扩大再生产的还必须满足必要条件式（8），所以持续扩大再生产的可能路径的必要条件是：

$$\begin{cases}\max(\varphi_{\mathrm{I}}^{\min},\varphi_{\mathrm{I}}^{\min **})\leqslant\varphi_{\mathrm{I}}^{(t)}<\varphi_{\mathrm{I}}^{\max},当\dfrac{e_{\mathrm{I}b}}{1+h_{\mathrm{I}b}}\leqslant\dfrac{e_{\mathrm{II}}}{1+h_{\mathrm{II}}};\\ \max(\varphi_{\mathrm{I}}^{\min},\varphi_{\mathrm{I}}^{\tilde{\min} **})\leqslant\varphi_{\mathrm{I}}^{(t)}<\varphi_{\mathrm{I}}^{\max},当\dfrac{e_{\mathrm{I}b}}{1+h_{\mathrm{I}b}}>\dfrac{e_{\mathrm{II}}}{1+h_{\mathrm{II}}}\end{cases}\quad(30)$$

从推导过程看到，式（30）当中 t 年的含义是对于任何一年。

六、持续扩大再生产的可能路径与必要条件的分辨

为了分辨式（26）和 $\mu_{\mathrm{I}a}^{(t)}>0$ 代表的持续扩大再生产的可能路径与必要条件式（30），需要分辨 $\mu_{\mathrm{I}a}^{\max}$ 与 $\mu_{\mathrm{I}a}^{\max *}$ 之间大小关系。式（25）表示的 $\mu_{\mathrm{I}a}^{\max *}$ 与 $\mu_{\mathrm{I}a}^{\max}$ 之间大小关系和Ⅰb 分部类、第Ⅱ部类的资本利润率的大小关系紧密相连。根据式（25）和式（17），在第Ⅰ部类Ⅰb 分部类的资本利润率不高于、高于第Ⅱ部类两种条件下，式（25）中的 $\mu_{\mathrm{I}a}^{\max *}$ 表达式有两种不同的具体形式。

$$\mu_{\mathrm{I}a}^{\min *}=\begin{cases}\dfrac{(1+e_{\mathrm{I}a})\mu_{\mathrm{I}a}^{*}+h_{\mathrm{I}a}\times\min(1,\ \mu_{\mathrm{I}a}^{\max})}{1+h_{\mathrm{I}a}+e_{\mathrm{I}a}+\dfrac{h_{\mathrm{I}a}e_{\mathrm{I}a}}{1+h_{\mathrm{I}a}}[\mu_{\mathrm{I}a}^{*}-\min(1,\ \mu_{\mathrm{I}a}^{\max})]},\text{当}\dfrac{e_{\mathrm{I}b}}{1+h_{\mathrm{I}b}}\leqslant\dfrac{e_{\mathrm{II}}}{1+h_{\mathrm{II}}};\\[2ex]\dfrac{(1+e_{\mathrm{I}a})\tilde{\mu}_{\mathrm{I}a}^{*}+h_{\mathrm{I}a}\times\min(1,\ \mu_{\mathrm{I}a}^{\max})}{1+h_{\mathrm{I}a}+e_{\mathrm{I}a}+\dfrac{h_{\mathrm{I}a}e_{\mathrm{I}a}}{1+h_{\mathrm{I}a}}[\tilde{\mu}_{\mathrm{I}a}^{*}-\min(1,\ \mu_{\mathrm{I}a}^{\max})]},\text{当}\dfrac{e_{\mathrm{I}b}}{1+h_{\mathrm{I}b}}>\dfrac{e_{\mathrm{II}}}{1+h_{\mathrm{II}}}\end{cases}\tag{31}$$

根据式（31），需要进一步区分Ⅰb分部类的资本利润率不高于、高于第Ⅱ部类两种条件，比较$\mu_{\mathrm{I}a}^{\max}$与$\mu_{\mathrm{I}a}^{\max *}$大小关系。根据式（14）中的$\mu_{\mathrm{I}a}^{*}$表达式和式（18）中的$\mu_{\mathrm{I}a}^{\max}$表达式能够确定：

$$\begin{cases}1\leqslant\mu_{\mathrm{I}a}^{\max}\leqslant\mu_{\mathrm{I}a}^{*},\ \text{当}\dfrac{e_{\mathrm{I}a}}{1+h_{\mathrm{I}a}}\leqslant\dfrac{e_{\mathrm{I}b}}{1+h_{\mathrm{I}b}};\\[2ex]\mu_{\mathrm{I}a}^{*}<\mu_{\mathrm{I}a}^{\max}<1,\ \text{当}\dfrac{e_{\mathrm{I}a}}{1+h_{\mathrm{I}a}}>\dfrac{e_{\mathrm{I}b}}{1+h_{\mathrm{I}b}}\end{cases}\tag{32}$$

先针对Ⅰb分部类的资本利润率不高于第Ⅱ部类的条件，比较$\mu_{\mathrm{I}a}^{\max}$与$\mu_{\mathrm{I}a}^{\max *}$大小。根据式（32）确定这种条件下式（31）中的$\min(1,\ \mu_{\mathrm{I}a}^{\max})$取值，并根据式（14）中的$\mu_{\mathrm{I}a}^{*}$表达式和式（18）中$\mu_{\mathrm{I}a}^{\max}$的表达式，得到：

$$\mu_{\mathrm{I}a}^{\max *}=\begin{cases}\mu_{\mathrm{I}a}^{\max},\ \text{当}\dfrac{e_{\mathrm{I}a}}{1+h_{\mathrm{I}a}}\leqslant\dfrac{e_{\mathrm{I}b}}{1+h_{\mathrm{I}b}};\\[2ex]\dfrac{(1+e_{\mathrm{I}a})\ \mu_{\mathrm{I}a}^{*}+h_{\mathrm{I}a}\mu_{\mathrm{I}a}^{\max}}{h_{\mathrm{I}a}\left(1+\dfrac{e_{\mathrm{I}b}}{1+h_{\mathrm{I}b}}\right)+\left(1+e_{\mathrm{I}a}-\dfrac{h_{\mathrm{I}a}e_{\mathrm{I}a}}{1+h_{\mathrm{I}a}}\mu_{\mathrm{I}a}^{\max}\right)},\ \text{当}\dfrac{e_{\mathrm{I}a}}{1+h_{\mathrm{I}a}}>\dfrac{e_{\mathrm{I}b}}{1+h_{\mathrm{I}b}}\end{cases}$$

$$\text{当}\frac{e_{\mathrm{I}b}}{1+h_{\mathrm{I}b}}\leqslant\frac{e_{\mathrm{II}}}{1+h_{\mathrm{II}}}\tag{33}$$

根据式（33），在$e_{\mathrm{I}a}/(1+h_{\mathrm{I}a})>e_{\mathrm{I}b}/(1+h_{\mathrm{I}b})$的情形下，如果将$\mu_{\mathrm{I}a}^{\max *}$的分子、分母当中的$\mu_{\mathrm{I}a}^{\max}$都替换为1，那么根据不等式（32）可以确定$\mu_{\mathrm{I}a}^{\max *}$的分式中分子变大、分母变小，从而分式变大，$\mu_{\mathrm{I}a}^{\max *}$小于做这样的替换后的结果，而做这样的替换后分式就变为$\mu_{\mathrm{I}a}^{\max}$，所以$\mu_{\mathrm{I}a}^{\max *}<\mu_{\mathrm{I}a}^{\max}$。而如果将$\mu_{\mathrm{I}a}^{\max *}$的分式中分子、分母当中的$\mu_{\mathrm{I}a}^{\max}$都替换为$\mu_{\mathrm{I}a}^{*}$，那么分子变小、分母变大，从而分式变小，$\mu_{\mathrm{I}a}^{\max *}$大于做这样的替换后的结果，而

做这样的替换后分式就变为$\mu_{\mathrm{I}a}^{*}$，所以$\mu_{\mathrm{I}a}^{\min *}>\mu_{\mathrm{I}a}^{*}$。于是根据做这样的替换后的结果和式（33）已经表明的在$e_{\mathrm{I}a}/(1+h_{\mathrm{I}a})\leqslant e_{\mathrm{I}b}/(1+h_{\mathrm{I}b})$情形下$\mu_{\mathrm{I}a}^{\max *}=\mu_{\mathrm{I}a}^{\max}$，确定：

$$\begin{cases}\mu_{\mathrm{I}a}^{\max *}=\mu_{\mathrm{I}a}^{\max}，当\dfrac{e_{\mathrm{I}a}}{1+h_{\mathrm{I}a}}\leqslant\dfrac{e_{\mathrm{I}b}}{1+h_{\mathrm{I}b}}; \\ \mu_{\mathrm{I}a}^{*}<\mu_{\mathrm{I}a}^{\max *}<\mu_{\mathrm{I}a}^{\max}，当\dfrac{e_{\mathrm{I}a}}{1+h_{\mathrm{I}a}}>\dfrac{e_{\mathrm{I}b}}{1+h_{\mathrm{I}b}}\end{cases} \quad 当\frac{e_{\mathrm{I}b}}{1+h_{\mathrm{I}b}}\leqslant\frac{e_{\mathrm{II}}}{1+h_{\mathrm{II}}} \tag{34}$$

所以确定在Ⅰb分部类的资本利润率不高于第Ⅱ部类的条件下：

$$\mu_{\mathrm{I}a}^{\max *}\leqslant\mu_{\mathrm{I}a}^{\max} \tag{35}$$

再针对Ⅰb分部类的资本利润率高于第Ⅱ部类的条件，比较$\mu_{\mathrm{I}a}^{\max}$与$\mu_{\mathrm{I}a}^{\max *}$大小。引入一个中介参数$\mu_{\mathrm{I}a}^{\widetilde{\max}}$。

$$\mu_{\mathrm{I}a}^{\widetilde{\max}}=\frac{h_{\mathrm{I}a}\left(1+\dfrac{e_{\mathrm{II}}}{1+h_{\mathrm{II}}}\right)+\widetilde{\mu_{\mathrm{I}a}^{*}}\left(1+\dfrac{e_{\mathrm{I}a}}{1+h_{\mathrm{I}a}}\right)}{h_{\mathrm{I}a}\left(1+\dfrac{e_{\mathrm{II}}}{1+h_{\mathrm{II}}}\right)+\left(1+\dfrac{e_{\mathrm{I}a}}{1+h_{\mathrm{I}a}}\right)} \tag{36}$$

根据式（14）中的$\widetilde{\mu_{\mathrm{I}a}^{*}}$表达式和式（36），能够确定：

$$\begin{cases}1\leqslant\mu_{\mathrm{I}a}^{\widetilde{\max}}\leqslant\widetilde{\mu_{\mathrm{I}a}^{*}}，当\dfrac{e_{\mathrm{I}a}}{1+h_{\mathrm{I}a}}\leqslant\dfrac{e_{\mathrm{II}}}{1+h_{\mathrm{II}}}; \\ \widetilde{\mu_{\mathrm{I}a}^{*}}<\mu_{\mathrm{I}a}^{\widetilde{\max}}<1，当\dfrac{e_{\mathrm{I}a}}{1+h_{\mathrm{I}a}}>\dfrac{e_{\mathrm{II}}}{1+h_{\mathrm{II}}}\end{cases} \tag{37}$$

根据式（18）中的$\mu_{\mathrm{I}a}^{\max}$表达式和$\mu_{\mathrm{I}a}^{\widetilde{\max}}$的表达式（36）和以及式（14）中的$\mu_{\mathrm{I}a}^{*}$和$\widetilde{\mu_{\mathrm{I}a}^{*}}$表达式，能够确定：

$$\begin{cases}\mu_{\mathrm{I}a}^{\max}\leqslant\mu_{\mathrm{I}a}^{\widetilde{\max}}，当\dfrac{e_{\mathrm{I}b}}{1+h_{\mathrm{I}b}}\leqslant\dfrac{e_{\mathrm{II}}}{1+h_{\mathrm{II}}}; \\ \mu_{\mathrm{I}a}^{\max}>\mu_{\mathrm{I}a}^{\widetilde{\max}}，当\dfrac{e_{\mathrm{I}b}}{1+h_{\mathrm{I}b}}>\dfrac{e_{\mathrm{II}}}{1+h_{\mathrm{II}}}\end{cases} \tag{38}$$

在Ⅰb分部类的资本利润率高于第Ⅱ部类的条件下，根据式（32）确定式（31）中的$\min(1,\mu_{\mathrm{I}a}^{\max})$取值，并根据式（14）中的$\widetilde{\mu_{\mathrm{I}a}^{*}}$表达式和式（18）中的$\mu_{\mathrm{I}a}^{\max}$表达式，以及$\mu_{\mathrm{I}a}^{\widetilde{\max}}$的表达式（36），能够确定：

$$\mu_{\mathrm{I}a}^{\max *}=\begin{cases}\tilde{\mu}_{\mathrm{I}a}^{\max}\text{当}\dfrac{e_{\mathrm{I}a}}{1+h_{\mathrm{I}a}}\leqslant\dfrac{e_{\mathrm{I}b}}{1+h_{\mathrm{I}b}};\\[2ex] \dfrac{(1+e_{\mathrm{I}a})\ \tilde{\mu}_{\mathrm{I}a}^{*}+h_{\mathrm{I}a}\mu_{\mathrm{I}a}^{\max}}{h_{\mathrm{I}a}\left(1+\dfrac{e_{\mathrm{II}}}{1+h_{\mathrm{II}}}\right)+\left(1+e_{\mathrm{I}a}-\dfrac{h_{\mathrm{I}a}e_{\mathrm{I}a}}{1+h_{\mathrm{I}a}}\mu_{\mathrm{I}a}^{\max}\right)},\ \text{当}\dfrac{e_{\mathrm{I}a}}{1+h_{\mathrm{I}a}}>\dfrac{e_{\mathrm{I}b}}{1+h_{\mathrm{I}b}}\end{cases}$$

$$\text{当}\frac{e_{\mathrm{I}b}}{1+h_{\mathrm{I}b}}>\frac{e_{\mathrm{II}}}{1+h_{\mathrm{II}}} \tag{39}$$

根据式（39），在$e_{\mathrm{I}a}/(1+h_{\mathrm{I}a})>e_{\mathrm{I}b}/(1+h_{\mathrm{I}b})$的情形下，如果将$\mu_{\mathrm{I}a}^{\max *}$的分式中分子、分母当中的$\mu_{\mathrm{I}a}^{\max}$都替换为1，那么根据不等式（32）可以确定$\mu_{\mathrm{I}a}^{\max *}$的分式分子变大、分母变小，从而分式变大，$\mu_{\mathrm{I}a}^{\max *}$小于做这样的替换后的结果，而做这样的替换后分式就变为$\tilde{\mu}_{\mathrm{I}a}^{\max}$，所以$\mu_{\mathrm{I}a}^{\max *}<\tilde{\mu}_{\mathrm{I}a}^{\max}$。因为在Ⅰ$b$分部类的资本利润率高于第Ⅱ部类的条件下，对于$e_{\mathrm{I}a}/(1+h_{\mathrm{I}a})>e_{\mathrm{I}b}/(1+h_{\mathrm{I}b})$的情形，Ⅰ$a$分部类的资本利润率也高于第Ⅱ部类即$e_{\mathrm{I}a}/(1+h_{\mathrm{I}a})>e_{\mathrm{II}}/(1+h_{\mathrm{II}})$，根据式（37）和式（38）可以确定$\mu_{\mathrm{I}a}^{\max}>\tilde{\mu}_{\mathrm{I}a}^{\max}>\tilde{\mu}_{\mathrm{I}a}^{*}$。所以如果将$\mu_{\mathrm{I}a}^{\max *}$的分式中分子、分母当中的$\mu_{\mathrm{I}a}^{\max}$都替换为$\tilde{\mu}_{\mathrm{I}a}^{*}$，那么分式分子变小、分母变大，从而分式变小，$\mu_{\mathrm{I}a}^{\max *}$大于做这样的替换后的结果，而做这样的替换后分式就变为$\tilde{\mu}_{\mathrm{I}a}^{*}$，所以$\mu_{\mathrm{I}a}^{\max *}>\tilde{\mu}_{\mathrm{I}a}^{*}$。于是根据这样的替换后的结果和式（39）已经表明的在$e_{\mathrm{I}a}/(1+h_{\mathrm{I}a})\leqslant e_{\mathrm{I}b}/(1+h_{\mathrm{I}b})$情形下$\mu_{\mathrm{I}a}^{\max *}=\tilde{\mu}_{\mathrm{I}a}^{\max}$，确定：

$$\begin{cases}\mu_{\mathrm{I}a}^{\max *}=\tilde{\mu}_{\mathrm{I}a}^{\max},\ \text{当}\dfrac{e_{\mathrm{I}a}}{1+h_{\mathrm{I}a}}\leqslant\dfrac{e_{\mathrm{I}b}}{1+h_{\mathrm{I}b}};\\[2ex] \tilde{\mu}_{\mathrm{I}a}^{*}<\mu_{\mathrm{I}a}^{\max *}<\tilde{\mu}_{\mathrm{I}a}^{\max},\ \text{当}\dfrac{e_{\mathrm{I}a}}{1+h_{\mathrm{I}a}}>\dfrac{e_{\mathrm{I}b}}{1+h_{\mathrm{I}b}}\end{cases}\qquad \text{当}\frac{e_{\mathrm{I}b}}{1+h_{\mathrm{I}b}}>\frac{e_{\mathrm{II}}}{1+h_{\mathrm{II}}} \tag{40}$$

根据式（40）和式（38），在Ⅰb分部类的资本利润率高于第Ⅱ部类的条件下，$\mu_{\mathrm{I}a}^{\max *}<\mu_{\mathrm{I}a}^{\max}$。将此结果和在Ⅰ$b$分部类的资本利润率不高于第Ⅱ部类的条件下确定的式（35）综合起来，在两种条件下式（35）都成立。

对于$\mu_{\mathrm{I}a}^{\max *}\leqslant\mu_{\mathrm{I}a}^{\max}$总是成立这个结果不难从经济意义上理解。从前面推导社会扩大再生产持续进行的可能路径的四步逆推导过程看，Ⅰa分部类积累率取值的上限不超过$\mu_{\mathrm{I}a}^{\max}$是对于$t+1$年和$t+2$年都实现扩大再生产必需的；而Ⅰa分部类积累率取值的上限不超过$\mu_{\mathrm{I}a}^{\max *}$则是对于从$t$年到$t$+2年都实现扩大再生产必需的。由于后一种状况之中包括了前一种状况，所以就必须且只需$\mu_{\mathrm{I}a}^{\max *} \leqslant \mu_{\mathrm{I}a}^{\max}$。根据$\mu_{\mathrm{I}a}^{\max *} \leqslant \mu_{\mathrm{I}a}^{\max}$总是成立，分辨$\min(1, \mu_{\mathrm{I}a}^{\max}, \mu_{\mathrm{I}a}^{\max *}) = \min(1, \mu_{\mathrm{I}a}^{\max *})$。将这一结果分别代入式（27）和式（30），就分辨（简化）了持续扩大再生产可能路径与必要条件。

推导以及分辨持续扩大再生产可能路径与必要条件的过程表明：可能路径与必要条件是严格互相对应的；可能路径越宽泛，对应的必要条件越宽松。

七、社会再生产平衡的增长路径与充要条件、持续扩大再生产的可行路径与必要条件的对比

为了区别社会再生产平衡的增长路径与充要条件、持续扩大再生产的可行路径与必要条件，需要对它们加以对比。

先就在第Ⅰ部类Ⅰb分部类的资本利润率不高于第Ⅱ部类即$e_{\mathrm{I}b}/(1+h_{\mathrm{I}b}) \leqslant e_{\mathrm{II}}/(1+h_{\mathrm{II}})$的条件下，将它们对比。将式（13）和分辨（简化）后的式（26）对比，社会再生产的平衡增长路径、持续扩大再生产的可能路径的区别，具体表现就是式（13）当中Ⅰa分部类积累率$\mu_{\mathrm{I}a}^{(t)}$取值的上限$\min(1, \mu_{\mathrm{I}a}^{*}, \tilde{\mu}_{\mathrm{I}a}^{*})$与式（26）当中$\mu_{\mathrm{I}a}^{(t)}$取值的上限$\min(1, \mu_{\mathrm{I}a}^{\max *})$不同。将式（15）和分辨（简化）后的式（30）对比，社会再生产平衡增长的充要条件式（15）、持续扩大再生产的必要条件式（30）的差别，具体表现就是式（15）当中第Ⅰ部类两个分部类之间比例取值$\varphi_{\mathrm{I}}^{(t)}$的限定区间下限$\max(\varphi_{\mathrm{I}}^{\min *}, \varphi_{\mathrm{I}}^{\tilde{\min} *})$与式（30）当中的限定区间下限$\max(\varphi_{\mathrm{I}}^{\min}, \varphi_{\mathrm{I}}^{\min **}, \varphi_{\mathrm{I}}^{\tilde{\min} **})$不同。

在第Ⅰ部类Ⅰb分部类资本利润率不高于第Ⅱ部类条件下，根据条件式（15）能够确定社会再生产的平衡增长路径中，式（13）中Ⅰa分部类积累率$\mu_{\mathrm{I}a}^{(t)}$取值的上限$\min(1, \mu_{\mathrm{I}a}^{*}, \tilde{\mu}_{\mathrm{I}a}^{*})$具体成为$\min(1, \mu_{\mathrm{I}a}^{*})$，并且平衡增长的充要条件式（15）当中第Ⅰ部类两个分部类之间比例取值$\varphi_{\mathrm{I}}^{(t)}$的限定区间下限$\max(\varphi_{\mathrm{I}}^{\min *}, \varphi_{\mathrm{I}}^{\tilde{\min} *})$具体成为$\varphi_{\mathrm{I}}^{\min *}$。在Ⅰ$a$分部类的资本利润率不高于、高于Ⅰ$b$分部类情形下，根据式（32）分别确定$\min(1, \mu_{\mathrm{I}a}^{*}) = 1$、$\min(1, \mu_{\mathrm{I}a}^{*}) = \mu_{\mathrm{I}a}^{*}$，以及$\varphi_{\mathrm{I}}^{\min *} = \varphi_{\mathrm{I}}^{\min}$、$\varphi_{\mathrm{I}}^{\min *} = \varphi_{\mathrm{I}}^{**}$；根据式（34）和（32）能够分别确定持续扩大再生产的可能路径式（26）中$\mu_{\mathrm{I}a}^{(t)}$取值的上限$\min(1, \mu_{\mathrm{I}a}^{\max *}) = 1$、$\min(1, \mu_{\mathrm{I}a}^{\max *}) = \mu_{\mathrm{I}a}^{\max *}$并且$\mu_{\mathrm{I}a}^{*} < \mu_{\mathrm{I}a}^{\max *} < \mu_{\mathrm{I}a}^{\max}$，以及$\varphi_{\mathrm{I}}^{\min **} = \varphi_{\mathrm{I}}^{\min}$、$\varphi_{\mathrm{I}}^{\min **}$为介于$\varphi_{\mathrm{I}}^{\min}$与$\varphi_{\mathrm{I}}^{**}$之间的一个参数。区别这两种情形将对应结果列在表1。其中：

$$\varphi_{\mathrm{I}}^{**}=\frac{\varphi_{\mathrm{I}}^{\max}}{1+e_{\mathrm{I}b}/\left(1+h_{\mathrm{I}b}\right)}\left[1-\frac{h_{\mathrm{I}a}}{1+e_{\mathrm{I}a}}\left(\frac{e_{\mathrm{I}b}}{1+h_{\mathrm{I}b}}\right)\right] \tag{41}$$

表 1　Ⅰb 分部类资本利润率不高于第Ⅱ部类条件下两条路径与两个条件对比关系

	$\frac{e_{\mathrm{I}a}}{1+h_{\mathrm{I}a}}\leqslant\frac{e_{\mathrm{I}b}}{1+h_{\mathrm{I}b}}$情形	$\frac{e_{\mathrm{I}a}}{1+h_{\mathrm{I}a}}>\frac{e_{\mathrm{I}b}}{1+h_{\mathrm{I}b}}$情形
可行路径中$\mu_{\mathrm{I}a}^{(t)}$的上限 min（1，$\mu_{\mathrm{I}a}^{*}$）取值	1	$\mu_{\mathrm{I}a}^{*}$
充分条件中$\varphi_{\mathrm{I}}^{(t)}$的下限$\varphi_{\mathrm{I}}^{\min *}$取值	$\varphi_{\mathrm{I}}^{\min}$	$\varphi_{\mathrm{I}}^{**}$，有$\varphi_{\mathrm{I}}^{**}>\varphi_{\mathrm{I}}^{\min}$
可能路径中$\mu_{\mathrm{I}a}^{(t)}$的上限 min（1，$\mu_{\mathrm{I}a}^{\max *}$）取值	1	$\mu_{\mathrm{I}a}^{\max *}$，有$\mu_{\mathrm{I}a}^{*}<\mu_{\mathrm{I}a}^{\max *}<\mu_{\mathrm{I}a}^{\max}<1$
必要条件中$\varphi_{\mathrm{I}}^{(t)}$的下限 max（$\varphi_{\mathrm{I}}^{\min}$，$\varphi_{\mathrm{I}}^{\min **}$）取值	$\varphi_{\mathrm{I}}^{\min}$	$\varphi_{\mathrm{I}}^{\min **}$，有$\varphi_{\mathrm{I}}^{\min}<\varphi_{\mathrm{I}}^{\min **}<\varphi_{\mathrm{I}}^{**}$

再就在第Ⅰ部类Ⅰb 分部类资本利润率高于第Ⅱ部类即 $e_{\mathrm{I}b}/(1+h_{\mathrm{I}b})>e_{\mathrm{II}}/(1+h_{\mathrm{II}})$ 的条件下，将社会再生产平衡的增长路径与充要条件、持续扩大再生产的可行路径与必要条件对比。

根据式（17）能够分辨出：在持续扩大再生产的可行路径中，式（13）中Ⅰa 分部类积累率$\mu_{\mathrm{I}a}^{(t)}$取值的上限 $\min(1,\mu_{\mathrm{I}a}^{*},\tilde{\mu}_{\mathrm{I}a}^{*})$ 具体成为 $\min(1,\tilde{\mu}_{\mathrm{I}a}^{*})$，并且社会再生产平衡增长的充要条件式（15）中第Ⅰ部类两个分部类之间比例取值 $\varphi_{\mathrm{I}}^{(t)}$ 的限定区间下限 $\max(\varphi_{\mathrm{I}}^{\min},\varphi_{\mathrm{I}}^{\widetilde{\min}*})$ 具体成为 $\varphi_{\mathrm{I}}^{\widetilde{\min}*}$。在Ⅰ$a$ 分部类的资本利润率不高于、高于第Ⅱ部类情形下，根据式（37）分别确定 $\min(1,\tilde{\mu}_{\mathrm{I}a}^{*})=1$、$\min(1,\tilde{\mu}_{\mathrm{I}a}^{*})=\tilde{\mu}_{\mathrm{I}a}^{*}$；以及$\max(\varphi_{\mathrm{I}}^{\min},\varphi_{\mathrm{I}}^{\widetilde{\min}*})=\varphi_{\mathrm{I}}^{\widetilde{\min}}$、$\max(\varphi_{\mathrm{I}}^{\min},\varphi_{\mathrm{I}}^{\widetilde{\min}*})=\tilde{\varphi}_{\mathrm{I}}^{**}$；根据式（40）和式（37）能够确定在分辨（简化）后的持续扩大再生产可能路径式（26）中$\mu_{\mathrm{I}a}^{(t)}$取值的上限 $\min(1,\mu_{\mathrm{I}a}^{\max *})=1$、$\min(1,\mu_{\mathrm{I}a}^{\max *})=\mu_{\mathrm{I}a}^{\max *}$并且$\tilde{\mu}_{\mathrm{I}a}^{*}<\mu_{\mathrm{I}a}^{\max *}\leqslant\mu_{\mathrm{I}a}^{\widetilde{\max}}$；以及持续扩大再生产的必要条件式（30）中 $\max(\varphi_{\mathrm{I}}^{\min},\varphi_{\mathrm{I}}^{\widetilde{\min}**})=\varphi_{\mathrm{I}}^{\widetilde{\min}}$、$\max(\varphi_{\mathrm{I}}^{\min},\varphi_{\mathrm{I}}^{\widetilde{\min}**})=\varphi_{\mathrm{I}}^{\widetilde{\min}**}$，$\varphi_{\mathrm{I}}^{\widetilde{\min}**}$为介于$\varphi_{\mathrm{I}}^{\widetilde{\min}}$与$\tilde{\varphi}_{\mathrm{I}}^{**}$之间的一个参数。区别这两种情形将对应结果列在表 2。其中：

$$\begin{cases}\varphi_{\mathrm{I}}^{\widetilde{\min}}=\dfrac{\varphi_{\mathrm{I}}^{\max}}{1+e_{\mathrm{II}}/(1+h_{\mathrm{II}})}\left[1-\dfrac{h_{\mathrm{I}a}e_{\mathrm{I}a}}{(1+e_{\mathrm{I}a})(1+h_{\mathrm{I}a})}\right]\\ \tilde{\varphi}_{\mathrm{I}}^{**}=\dfrac{\varphi_{\mathrm{I}}^{\max}}{1+e_{\mathrm{II}}/(1+h_{\mathrm{II}})}\left[1-\dfrac{h_{\mathrm{I}a}}{1+e_{\mathrm{I}a}}\left(\dfrac{e_{\mathrm{II}}}{1+h_{\mathrm{II}}}\right)\right]\end{cases} \tag{42}$$

表2　Ⅰb分部类资本利润率高于第Ⅱ部类条件下两条路径与两个条件对比关系

	$\frac{e_{\mathrm{I}a}}{1+h_{\mathrm{I}a}} \leqslant \frac{e_{\mathrm{II}}}{1+h_{\mathrm{II}}}$情形	$\frac{e_{\mathrm{I}a}}{1+h_{\mathrm{I}a}} > \frac{e_{\mathrm{II}}}{1+h_{\mathrm{II}}}$情形
可行路径中$\mu_{\mathrm{I}a}^{(t)}$的上限$\min(1, \mu_{\mathrm{I}a}^{\tilde{*}})$取值	1	$\mu_{\mathrm{I}a}^{\tilde{*}}$
充分条件中$\varphi_{\mathrm{I}}^{(t)}$的下限$\varphi_{\mathrm{I}}^{\widetilde{\min}*}$取值	$\varphi_{\mathrm{I}}^{\widetilde{\min}}$，有$\varphi_{\mathrm{I}}^{\widetilde{\min}} > \varphi_{\mathrm{I}}^{\min}$	$\varphi_{\mathrm{I}}^{\tilde{**}}$，有$\varphi_{\mathrm{I}}^{\tilde{**}} > \varphi_{\mathrm{I}}^{\min}$
可能路径中$\mu_{\mathrm{I}a}^{(t)}$的上限$\min(1, \mu_{\mathrm{I}a}^{\max*})$取值	1	$\mu_{\mathrm{I}a}^{\max*}$，有$\mu_{\mathrm{I}a}^{\tilde{*}} < \mu_{\mathrm{I}a}^{\max*} < \mu_{\mathrm{I}a}^{\widetilde{\max}} < 1$
必要条件中$\varphi_{\mathrm{I}}^{(t)}$的下限$\max(\varphi_{\mathrm{I}}^{\min}, \varphi_{\mathrm{I}}^{\widetilde{\min}**})$取值	$\varphi_{\mathrm{I}}^{\widetilde{\min}}$	$\varphi_{\mathrm{I}}^{\widetilde{\min}**}$，有$\varphi_{\mathrm{I}}^{\widetilde{\min}} < \varphi_{\mathrm{I}}^{\widetilde{\min}**} < \varphi_{\mathrm{I}}^{\tilde{**}}$

八、有生产资料分部类的持续扩大再生产的可行路径与充要条件的证明

第一方面先证明，有生产资料分部类的社会再生产平衡增长的充要条件式（15）和式（9），是持续扩大再生产的充分条件。

利用有生产资料分部类的社会再生产平衡增长的可行路径式（13）和$\mu_{\mathrm{I}a}^{(t)}>0$，以及充要条件式（15）与式（9），只需要改为从$t+1$年起使Ⅰ$a$分部类积累率在式（13）和$\mu_{\mathrm{I}a}^{(t)}>0$所限定范围任意取值，就能够持续扩大再生产。这样一种结果可以分两步证明。

第一步，证明能够在t年实现扩大再生产。把在t年实现扩大再生产的充分必要条件当中的式（8）与社会再生产平衡增长的充分必要条件当中的式（15）对比，可以确定$\max(\varphi_{\mathrm{I}}^{\min*}, \varphi_{\mathrm{I}}^{\widetilde{\min}*}) \geqslant \varphi_{\mathrm{I}}^{\min}$。因此只要在$t$年$\varphi_{\mathrm{I}}^{(t)}$满足必要条件式（15）就满足条件式（8）。当两大部类之间比例$\varphi^{(t)}$也满足式（9）就具备实现扩大再生产的充分必要条件式（8）与式（9），能够在t年实现扩大再生产。

以不等式（13）表示的限定区间作为Ⅰa分部类积累率变量$\mu_{\mathrm{I}a}^{(t)}$取值的限定区间。此限定区间是处于Ⅰb分部类积累率函数式（7）的定义域区间式（10）之内。并且因为$\varphi_{\mathrm{I}}^{(t)} < \varphi_{\mathrm{I}}^{\max}$，所以式（13）的下限大于等于0并且上限大于0，从而可以在此定义域内取一个大于0的Ⅰa分部类积累率$\mu_{\mathrm{I}a}^{(t)*}$也就是使$\mu_{\mathrm{I}a}^{(t)*}>0$；代入Ⅰ$b$分部类积累率函数式（7）相应确定Ⅰ$b$分部类积累率$\mu_{\mathrm{I}b}^{(t)*}$；再按照式（6）确定第Ⅱ部类积累率$\mu_{\mathrm{II}}^{(t)}$。就此完成在$t$年实现扩大再生产的一个安排。

第二步，证明能够在$t+1$年和以后各年都能够实现扩大再生产。因为在t年所取的$\mu_{\mathrm{I}a}^{(t)*}$处于不等式（13）表示的限定区间，因此$0<\mu_{\mathrm{I}a}^{(t)*} \leqslant \min(1, \mu_{\mathrm{I}a}^{*}, \mu_{\mathrm{I}a}^{\tilde{*}})$。把这个$\mu_{\mathrm{I}a}^{(t)*}$代入第Ⅰ部类两个分部类之间比例演化函数式（11），对应获得$t+1$年第Ⅰ部类两

个分部类之间比例值 $\varphi_{\mathrm{I}}^{(t+1)*}$。因为根据式（11），$\varphi_{\mathrm{I}}^{(t+1)}$ 是 $\mu_{\mathrm{I}a}^{(t)}$ 的严格单调减函数，所以根据 $0<\mu_{\mathrm{I}a}^{(t)*}\leqslant\min(1,\mu_{\mathrm{I}a}^{*},\tilde{\mu}_{\mathrm{I}a}^{*})$ 可以确定获得的 $\varphi_{\mathrm{I}}^{(t+1)*}$ 满足：

$$\frac{\varphi_{\mathrm{I}}^{\max}}{1+\dfrac{e_{\mathrm{I}a}}{1+h_{\mathrm{I}a}}\times\min(1,\mu_{\mathrm{I}a}^{*},\tilde{\mu}_{\mathrm{I}a}^{*})}\left[1-\frac{h_{\mathrm{I}a}e_{\mathrm{I}a}}{(1+e_{\mathrm{I}a})(1+h_{\mathrm{I}a})}\times\min(1,\mu_{\mathrm{I}a}^{*},\tilde{\mu}_{\mathrm{I}a}^{*})\right]\leqslant\varphi_{\mathrm{I}}^{(t+1)*}<\varphi_{\mathrm{I}}^{\max}\tag{43}$$

将式（43）中的下限和式（8）中的下限 $\varphi_{\mathrm{I}}^{\min}$ 对比，可以确定式（43）中的下限不低于 $\varphi_{\mathrm{I}}^{\min}$，从而 $\varphi_{\mathrm{I}}^{(t+1)*}$ 满足扩大再生产的条件式（8）。同时，因为所取的 $\mu_{\mathrm{I}a}^{(t)*}$ 处于不等式（13）表示的限定区间内，将 t 年的第Ⅰ部类两个分部类之间比例 $\varphi_{\mathrm{I}}^{(t)}$、所取的积累率 $\mu_{\mathrm{I}a}^{(t)*}$ 和获得的 $\varphi_{\mathrm{I}}^{(t+1)*}$ 一并代入两大部类比例演化函数式（12）获得两大部类比例取值 $\varphi^{(t+1)*}$，可以保证比例 $\varphi^{(t+1)*}$ 与 $\varphi_{\mathrm{I}}^{(t+1)*}$ 之间的关系满足扩大再生产的充分必要条件当中的式（9）。所以，在 $t+1$ 年实现扩大再生产的充分必要条件式（8）与式（9）都得到满足，也能够实现扩大再生产。将式（8）中的 $\varphi_{\mathrm{I}}^{(t)}$ 替换成 $\varphi_{\mathrm{I}}^{(t+1)*}$ 作为Ⅰa 分部类积累率的取值区间，在此区间内取一个积累率 $\mu_{\mathrm{I}a}^{(t+1)*}$ 并使 $\mu_{\mathrm{I}a}^{(t+1)*}>0$；把 $\mu_{\mathrm{I}a}^{(t+1)*}$ 代入Ⅰb 分部类积累率函数式（7）确定积累率 $\mu_{\mathrm{I}b}^{(t+1)*}$。把 $\varphi^{(t+1)*}$ 代入式（6）确定第Ⅱ部类积累率 $\mu_{\mathrm{II}}^{(t+1)*}$，又完成在 $t+1$ 年实现扩大再生产的一个安排。

与 $t+1$ 年同样道理，以同样方法做下去，能够在以后各年都能够实现扩大再生产。所以，在 t 年满足条件式（15）和式（9），是社会扩大再生产持续进行的充分条件；并且各年Ⅰa 分部类积累率变量以式（13）为限定区间并且大于 0 作为定义域，是持续社会扩大再生产可行路径。

式（15）作为充分条件之一，含义是只要第Ⅰ部类的两个分部类之间比例 $\varphi_{\mathrm{I}}^{(t)}$ 限制在一个确定的区间内，就存在能够按照式（13）安排一个正数的Ⅰa 分部类积累率，进而能够按照式（7）安排Ⅰb 分部类积累率和实现社会扩大再生产。式（15）与式（9）共同构成扩大再生产持续进行的充分条件，含义是具有这两个条件，就能够形成各年Ⅰa 分部类积累率变量以式（13）为限定区间并且大于 0 所代表的持续扩大再生产的可行路径。式（15）与式（9）是按比例发展原理的具体体现。

第二方面再证明，有生产资料分部类的社会再生产平衡增长的充要条件式（15）和式（9），是持续扩大再生产的必要条件。

首先证明：在第Ⅰ部类Ⅰb分部类的资本利润率不高于第Ⅱ部类，即$e_{\mathrm{I}b}/(1+h_{\mathrm{I}b})\leq e_{\mathrm{II}}/(1+h_{\mathrm{II}})$的条件下，社会再生产平衡增长的充要条件式（15）是持续扩大再生产的必要条件，因而是充分必要条件；社会再生产平衡增长的路径式（13）和$\mu_{\mathrm{I}a}^{(t)}>0$是持续再扩大生产的可行路径。

根据列在表 1 的结果，在第Ⅰ部类Ⅰa分部类的资本利润率不高于Ⅰb分部类，即$e_{\mathrm{I}a}/(1+h_{\mathrm{I}a})\leq e_{\mathrm{I}b}/(1+h_{\mathrm{I}b})$的情形下，社会再生产平衡增长的可行路径中的Ⅰ$a$分部类积累率$\mu_{\mathrm{I}a}^{(t)}$取值的限定区间式（13）与持续扩大再生产的可能路径中的限定区间式（26）完全重合；社会再生产平衡增长的充要条件式（15）与分辨（简化）后的持续扩大再生产的必要条件式（30）也完全重合。所以，式（13）和$\mu_{\mathrm{I}a}^{(t)}>0$表示的社会再生产平衡增长的路径就是可能路径；社会再生产平衡增长的充要条件式（15）就是必要条件。

同样根据列在表 1 的结果，在第Ⅰ部类Ⅰa分部类的资本利润率高于Ⅰb分部类，即$e_{\mathrm{I}a}/(1+h_{\mathrm{I}a})>e_{\mathrm{I}b}/(1+h_{\mathrm{I}b})$的情形下，社会再生产平衡增长的路径中的Ⅰ$a$分部类积累率$\mu_{\mathrm{I}a}^{(t)}$取值的限定区间式（13）是分辨（简化）后的式（26）中的一部分；社会再生产平衡增长的充要条件式（15）是分辨（简化）后的必要条件式（30）中的一部分。可以用反证法证明：在社会再生产平衡增长的充要条件式（15）之外，不存在其他可以满足持续扩大再生产的条件；在社会再生产平衡增长的路径式（13）之外，不存在其他持续可以扩大再生产的可行路径。从而，社会再生产平衡增长的充要条件式（15）是持续扩大再生产的必要条件，因而是充分必要条件。具体证明见附录。至此证明了：在第Ⅰ部类Ⅰb分部类的资本利润率不高于第Ⅱ部类的条件下，无论Ⅰa分部类的资本利润率不高于、高于Ⅰb分部类，社会再生产平衡增长的充要条件式（15）是持续扩大再生产的必要条件，因而是充分必要条件；社会再生产平衡增长的路径式（13）和$\mu_{\mathrm{I}a}^{(t)}>0$是持续扩大再生产的可行路径。

再证明：在第Ⅰ部类Ⅰb分部类的资本利润率高于第Ⅱ部类即$e_{\mathrm{I}b}/(1+h_{\mathrm{I}b})>e_{\mathrm{II}}/(1+h_{\mathrm{II}})$的条件下，社会再生产平衡增长的充要条件式（15）是持续扩大再生产的必要条件，因而是充分必要条件；只有社会再生产平衡增长的路径式（13）能够成为持续再扩大生产的真正可能路径。

表 2 和表 1 的对比结果显示：在第Ⅰ部类Ⅰb分部类的资本利润率高于第Ⅱ部类的条件下，社会再生产平衡增长的路径式（13）与分辨识（简化）后的可能路径式（26）的差别、社会再生产平衡增长的充要条件式（15）与分辨（简化）后的必要条件式（30）的差别，仅仅是对于在第Ⅰ部类Ⅰb分部类的资本利润率不高于第Ⅱ部类的条件下的对比差别，将Ⅰb分部类的资本利润率替换成第Ⅱ部类的资本利润率。因此，区分这

两种不同条件下所要证明的问题，从数学上讲是同构的。所以，运用与在第Ⅰ部类Ⅰb分部类的资本利润率不高于第Ⅱ部类的条件下相同的证明方法可以证明：在第Ⅰ部类Ⅰb分部类的资本利润率高于第Ⅱ部类的条件下，在分辨（简化）后的条件式（30）当中，在其中所包含的持续扩大再生产的充分条件式（15）之外，不存在别的能够实现持续扩大再生产的条件；在分辨（简化）后的持续扩大再生产可能路径式（26）当中，在其中所包含的持续扩大再生产可行路径式（13）之外，不存在别的持续扩大再生产可行路径。从而，持续扩大再生产的充分条件式（15）是持续扩大再生产的必要条件，因而是充分必要条件；只有持续扩大再生产可行路径式（13）能够成为持续再扩大生产的真正可能路径。在此就免于重复。

对于持续扩大再生产可行路径与充分必要条件的证明过程表明：推导、分辨持续扩大再生产的可能路径与必要条件，起到了将静态意义上有生产资料分部类的扩大再生产的求解与条件、扩大再生产平衡增长的可行路径与充要条件连通与融合的作用；而正是通过将它们连通与融合，提出和证明了持续扩大再生产的可行路径与充要条件。

九、结论与启示

以按比例发展原理为指导，运用已有的静态意义上有生产资料分部类的持续扩大再生产的求解与充要条件，使用逆推法确定三个函数的共同定义域，推导出有生产资料分部类的持续扩大再生产的可能路径与必要条件，并通过分辨使其清晰、明确。以对比持续扩大再生产的可能路径与必要条件、已有的有生产资料分部类的社会再生产平衡的增长路径与充要条件之间差异为关键，证明有生产资料分部类的社会再生产平衡的增长路径与充要条件，恰恰就是有生产资料分部类的持续扩大再生产的可行路径与充要条件。其中，对于有生产资料分部类的社会再生产平衡的增长路径与充要条件是有生产资料分部类的持续扩大再生产的可行路径与必要条件的证明，使用反证法证明了：在社会再生产平衡增长的充要条件之外，不存在其他可以满足持续扩大再生产的条件；在社会再生产平衡增长的路径之外，不存在其他持续可以扩大再生产的可行路径。这两种属性与功能不相同的可行路径与充要条件具有同一性，使得社会再生产的平衡增长状态、持续扩大再生产一般状态能够相互转化。

有生产资料分部类的社会再生产公式，是切近现实对于经典的马克思社会再生产公式的拓展，是一个对于现实经济有更好的描述程度和解释力的三个部门宏观经济分析框架，对于研究一般的社会扩大再生产有重要理论意义。获得有生产资料分部类的持续扩大再生产的可行路径与充要条件，为发挥有生产资料分部类的社会再生产公式对于现实国民经济运行的理论指导作用提供了基础。

生产资料优先增长作为一种特殊的资本积累政策，是以持续扩大再生产作为前提，是在有生产资料分部类的持续扩大再生产可行路径当中选择一条特殊的资本积累路径。有生产资料分部类的持续扩大再生产可行路径中的Ⅰa分部类积累率$\mu_{\mathrm{I}a}^{(t)}$取值上限，规定了生产资料优先增长的“度”，一旦超过这个“度”，就必然导致经过有限若干年破坏持续扩大再生产的充要条件，从而使扩大再生产中断。譬如，在第Ⅰ部类Ⅰa分部类的资本利润率不高于Ⅰb分部类的条件下，如果Ⅰa分部类积累率$\mu_{\mathrm{I}a}^{(t)}$取值高于可行路径式（13）中的上限$\min(1,\mu_{\mathrm{I}a}^{*})$，就必然会经过有限若干年使Ⅰ$b$分部类与Ⅰ$a$分部类之间的比例$\varphi_{\mathrm{I}}^{(t)}$低于持续扩大再生产的充要条件式（15）中的下限$\max(\varphi_{\mathrm{I}}^{\min *},\varphi_{\mathrm{I}}^{**})$，从而不能实现扩大再生产。所以，有生产资料分部类的持续扩大再生产的可行路径与充要条件，明确揭示了生产资料优先增长不能超过的限度。

所研究的在资本有机构成固定不变情况下有生产资料分部类的持续扩大再生产，可以看作是资本有机构成提高率为零的特别情形。在资本有机构成提高的情况下，因为资本有机构成提高需要在资本积累中相对增大不变资本积累，所以需要采取列宁提出的“生产资料优先增长”。然而，如果将其作为一种政策科学地实施，仅仅认可“生产资料优先增长”还不够，还需要阐明生产资料“怎样”优先增长。因此，就必须首先研究在资本有机构成提高的情况下，持续扩大再生产的可行路径与条件。本文的研究结果，可以为研究在资本有机构成提高的情况下持续扩大再生产的可行路径与条件提供参考。实际上，对于资本有机构成提高的情况下的扩大再生产，难以笼统地只讲资本有机构成提高而不明确资本有机构成提高的某种模式，来研究生产资料“怎样”优先增长。譬如，资本有机构成提高是等差型模式还是等比型，以及各部类、分部类资本有机构成提高的幅度是否相同，都是研究生产资料“怎样”优先增长不得不考虑的要素。

推导和证明有生产资料分部类的持续扩大再生产的可行路径与充要条件，揭示了制造生产资料的生产资料分部类的增长和资本积累对于全社会的增长和资本积累的影响、带动、控制作用。鉴于此，可以通过适当选取制造生产资料的生产资料分部类的积累率，调控各部类、分部类的资本积累和增长。于是，有生产资料分部类的持续扩大再生产的可行路径与充要条件，蕴含着一种新的调节国民经济的理论模式。

附录：用反证法证明Ⅰb分部类资本利润率不高于第Ⅱ部类条件下持续扩大再生产的可行路径与必要条件

假设在第Ⅰ部类Ⅰb分部类的资本利润率不高于第Ⅱ部类，同时Ⅰa分部类的资本利润率高于Ⅰb分部类，即$e_{\mathrm{I}a}/(1+h_{\mathrm{I}a})>e_{\mathrm{I}b}/(1+h_{\mathrm{I}b})$的情形下，正文中分辨（简化）后的条件式（30）中在式（15）之外的部分，也是持续扩大再生产的充分条件。即：

$$\varphi_{\mathrm{I}}^{\min **}\leqslant\varphi_{\mathrm{I}}^{(t)}<\varphi_{\mathrm{I}}^{**}，当\frac{e_{\mathrm{I}b}}{1+h_{\mathrm{I}b}}\leqslant\frac{e_{\mathrm{II}}}{1+h_{\mathrm{II}}}，并且\frac{e_{\mathrm{I}a}}{1+h_{\mathrm{I}a}}>\frac{e_{\mathrm{I}b}}{1+h_{\mathrm{I}b}} \tag{A1}$$

是持续扩大再生产的充分条件。我们知道，只要持续扩大再生产始终不中断，那么逐年的第Ⅰ部类两个分部类之间比例形成一个无穷数列。由于已知正文中分辨（简化）后的条件式（30）是持续扩大再生产的必要条件，所以如果在条件式（A1）下持续扩大再生产中断，则必然是经过有限若干年在某年第Ⅰ部类两个分部类之间比例低于$\varphi_{\mathrm{I}}^{\min **}$从而不满足持续扩大再生产的必要条件式（30）。也就是说存在某个自然数N，有：

$$\varphi_{\mathrm{I}}^{(t+N+1)*}<\varphi_{\mathrm{I}}^{\min **}，当\varphi_{\mathrm{I}}^{\min **}\leqslant\varphi_{\mathrm{I}}^{(t)}<\varphi_{\mathrm{I}}^{**} \tag{A2}$$

这就是证明正文中持续扩大再生产的充分条件式（15）是必要条件的逻辑。

因为条件式（A1）意味着t年“制造生产资料的生产资料”数量相对过多，依据这种逻辑进行证明的经济含义是：为了t年实现扩大再生产，就只得安排Ⅰa分部类高积累率以消化生产资料；而安排了Ⅰa分部类高积累率会使下年“制造生产资料的生产资料”数量相对更多，为了下年实现扩大再生产就只得继续安排Ⅰa分部类高积累率以消化生产资料；照此不可逆转地持续下去，必然导致经过有限若干年在某年“制造生产资料的生产资料”数量超过扩大再生产所能使用的最多数量，使该年无法实现扩大再生产。具体证明分为两点。

第一点，证明在式（A1）表示的条件下，在能够实现扩大再生产的期间内，第Ⅰ部类两个分部类之间比例逐年下降。

以$\mu_{\mathrm{I}a}^{(t)*}$表示t年安排的第Ⅰ部类Ⅰa分部类积累率。由于$\mu_{\mathrm{I}a}^{(t)*}$处于正文中可能路径式（26）中并且根据式（A1）以及正文中的式（41），有：

$$\mu_{\mathrm{I}a}^{(t)*}\geqslant\frac{(1+h_{\mathrm{I}a})(1+e_{\mathrm{I}a})}{h_{\mathrm{I}a}e_{\mathrm{I}a}}\left[1-\frac{\varphi_{\mathrm{I}}^{(t)}}{\varphi_{\mathrm{I}}^{\max}}\left(1+\frac{e_{\mathrm{I}b}}{1+h_{\mathrm{I}b}}\right)\right]\geqslant\frac{(1+h_{\mathrm{I}a})(1+e_{\mathrm{I}a})}{h_{\mathrm{I}a}e_{\mathrm{I}a}}\left[1-\frac{\varphi_{\mathrm{I}}^{**}}{\varphi_{\mathrm{I}}^{\max}}\left(1+\frac{e_{\mathrm{I}b}}{1+h_{\mathrm{I}b}}\right)\right]=\mu_{\mathrm{I}a}^{*} \tag{A3}$$

将$\mu_{\mathrm{I}a}^{(t)*}$代入正文中Ⅰb分部类积累率式（7），得到t年Ⅰb分部类积累率$\mu_{\mathrm{I}b}^{(t)*}$。将式（A3）代入正文中第Ⅰ部类两个分部类之间比例演化函数式（11），得到t+1年两个分部类之间比例$\varphi_{\mathrm{I}}^{(t+1)*}$。根据式（A3），有：

$$\varphi_{\mathrm{I}}^{(t+1)*} \leqslant \frac{1+e_{\mathrm{I}b}}{h_{\mathrm{I}b}(1+e_{\mathrm{I}a})}\left\{\frac{1+h_{\mathrm{I}a}+e_{\mathrm{I}a}}{1+\frac{1+e_{\mathrm{I}a}}{h_{\mathrm{I}a}}\left[1-\frac{\varphi_{\mathrm{I}}^{(t)}}{\varphi_{\mathrm{I}}^{\max}}\left(1+\frac{e_{\mathrm{I}b}}{1+h_{\mathrm{I}b}}\right)\right]}-h_{\mathrm{I}a}\right\} \tag{A4}$$

在$\varphi_{\mathrm{I}}^{(t)}<\varphi_{\mathrm{I}}^{**}$的条件下，式（A4）的右边小于$\varphi_{\mathrm{I}}^{(t)}$。因此由式（4），得到：

$$\varphi_{\mathrm{I}}^{(t+1)*}<\varphi_{\mathrm{I}}^{(t)}，当\varphi_{\mathrm{I}}^{\min **}\leqslant\varphi_{\mathrm{I}}^{(t)}<\varphi_{\mathrm{I}}^{**} \tag{A5}$$

如果$\varphi_{\mathrm{I}}^{(t+1)*}<\varphi_{\mathrm{I}}^{\min **}$，则$t$+1年不再符合正文中扩大再生产的必要条件式（31），就已经证明了条件式（A2），从而正文中持续扩大再生产的充分条件式（15）是持续扩大再生产的必要条件。

如果$\varphi_{\mathrm{I}}^{(t+1)*}\geqslant\varphi_{\mathrm{I}}^{\min **}$，那么根据表1，在$t$+1年第Ⅰ部类两个分部类之间比例$\varphi_{\mathrm{I}}^{(t+1)*}$仍然满足正文中静态意义上扩大再生产的充要条件之一式（8）。将$\mu_{\mathrm{I}a}^{(t)*}$和$\varphi_{\mathrm{I}}^{(t+1)*}$代入正文中两大部类比例演化函数式（12）获得$t$+1年两大部类比例$\varphi^{(t+1)*}$；由于推导正文中持续扩大再生产的必要条件式（30）的第三步第二个方面的过程可逆，所以能够确定$\varphi^{(t+1)*}$与$\varphi_{\mathrm{I}}^{(t+1)*}$之间关系满足正文中静态意义上实现扩大再生产的充要条件当中的式（9）。于是，t+1年满足正文中静态意义上扩大再生产的两个充要条件正文中的式（8）与式（9），仍然能够实现扩大再生产。设最多对于某个自然数N，在t+N年期间仍然能够实现扩大再生产。每年照此递推下去，并记$\varphi_{\mathrm{I}}^{(t)*}=\varphi_{\mathrm{I}}^{(t)}$，得到：

$$\begin{cases}\varphi_{\mathrm{I}}^{\min **}\leqslant\varphi_{\mathrm{I}}^{(t+n)*}<\varphi_{\mathrm{I}}^{**}\\ \frac{(1+h_{\mathrm{I}a})(1+e_{\mathrm{I}a})}{h_{\mathrm{I}a}e_{\mathrm{I}a}}\left[1-\frac{\varphi_{\mathrm{I}}^{(t+n)*}}{\varphi_{\mathrm{I}}^{\max}}\left(1+\frac{e_{\mathrm{I}b}}{1+h_{\mathrm{I}b}}\right)\right]\leqslant\mu_{\mathrm{I}a}^{(t+n)*}\leqslant\mu_{\mathrm{I}a}^{\max}\\ \varphi_{\mathrm{I}}^{(t+n+1)*}<\varphi_{\mathrm{I}}^{(t+n)*}\end{cases}$$

$$当\varphi_{\mathrm{I}}^{\min **}\leqslant\varphi_{\mathrm{I}}^{(t)}<\varphi_{\mathrm{I}}^{**},\ n=0,1,2,3,\cdots,N \tag{A6}$$

式（A6）表明，如果在$t+N$年期间能够实现扩大再生产，那么在$t+N$+1年期间第Ⅰ部类两个分部类之间比例逐年下降。

第二点，证明必然经过有限若干年第Ⅰ部类两个分部类之间比例会降低到小于$\varphi_{\mathrm{I}}^{\min **}$。即到$t+N+1$年第Ⅰ部类两个分部类之间比例会降低到小于$\varphi_{\mathrm{I}}^{\min **}$，即形成式（A2）。

假设不存在某个自然数 N 使式（A2）形成，则有：

$$\varphi_{\mathrm{I}}^{\min **} \leqslant \varphi_{\mathrm{I}}^{(t+n)*} < \varphi_{\mathrm{I}}^{**}，当 \varphi_{\mathrm{I}}^{\min **} \leqslant \varphi_{\mathrm{I}}^{(t)} < \varphi_{\mathrm{I}}^{**} \quad n=1,2,3,\cdots \tag{A7}$$

和在第一点当中已经证明 $t+1$ 年满足静态意义上扩大再生产的两个充要条件正文中的式（8）与式（9）一样，在 $t+n$ 年（任何一年）都可以满足静态意义上扩大再生产的两个充要条件正文中的式（8）与式（9），因而都能够实现扩大再生产。而根据刚刚证明的第一点，在能够实现扩大再生产的期间内，第Ⅰ部类两个分部类之间比例两大部类逐年下降，因此各年第Ⅰ部类两个分部类之间比例 $\varphi_{\mathrm{I}}^{(t+n)*}$ 形成一个严格单调递减的无穷数列 $\{\varphi_{\mathrm{I}}^{(t+n)*}\}$。按照式（A7），正文中持续扩大再生产的必要条件式（30）中第Ⅰ部类两个分部类之间比例下限 $\varphi_{\mathrm{I}}^{\min **}$，是这个无穷数列的下界。所以，无穷数列 $\{\varphi_{\mathrm{I}}^{(t+n)*}\}$ 是严格单调递减有下界数列。根据数学中的单调有界数列收敛的准则，无穷数列 $\{\varphi_{\mathrm{I}}^{(t+n)*}\}$ 是收敛的，数列的极限就是其最大下界。以 φ_{I}^{0} 表示这个数列的极限，得到：

$$\lim_{n\to\infty}\varphi_{\mathrm{I}}^{(t+n+1)*} = \lim_{n\to\infty}\varphi_{\mathrm{I}}^{(t+n)*} = \varphi_{\mathrm{I}}^{0} \tag{A8}$$

根据式（A7），使用与推导 $t+1$ 年第Ⅰ部类两个分部类之间比例 $\varphi_{\mathrm{I}}^{(t+1)*}$ 与上年比例 $\varphi_{\mathrm{I}}^{(t)}$ 之间关系式（A4），同样方法得到：

$$\varphi_{\mathrm{I}}^{(t+n+1)*} \leqslant \frac{1+e_{\mathrm{I}b}}{h_{\mathrm{I}b}(1+e_{\mathrm{I}a})}\left\{\frac{1+h_{\mathrm{I}a}+e_{\mathrm{I}a}}{1+\frac{1+e_{\mathrm{I}a}}{h_{\mathrm{I}a}}\left[1-\frac{\varphi_{\mathrm{I}}^{(t+n)*}}{\varphi_{\mathrm{I}}^{\max}}\left(1+\frac{e_{\mathrm{I}b}}{1+h_{\mathrm{I}b}}\right)\right]}-h_{\mathrm{I}a}\right\}$$

$$当 \varphi_{\mathrm{I}}^{\min **} \leqslant \varphi_{\mathrm{I}}^{(t+n)*} < \varphi_{\mathrm{I}}^{**},\ n=1,2,3,\cdots \tag{A9}$$

不等式（A9）的右边是一个 $\varphi_{\mathrm{I}}^{(t+n)*}$ 的连续函数。根据连续函数 $f(x)$ 的性质，当 x 无限趋近 φ_{I}^{0} 时 $f(x)$ 无限趋近 $f(\varphi_{\mathrm{I}}^{0})$。即：

$$\lim_{x\to\varphi_{\mathrm{I}}^{0}} f(x) = f(\lim_{x\to\varphi_{\mathrm{I}}^{0}} x) = f(\varphi_{\mathrm{I}}^{0}) \tag{A10}$$

式（A10）表明，"f 在点 φ_{I}^{0} 连续"意味着极限运算 $\lim\limits_{x\to\varphi_{\mathrm{I}}^{0}}$ 与对应法则 f 在的可交换性。[①]根据式（A8），当 n 趋向无穷大时 $\varphi_{\mathrm{I}}^{(t+n)*}$ 无限趋近 φ_{I}^{0}。于是对于不等式（A8）两

① 华东师范大学数学系：《数学分析》（第四版・上册），高等教育出版社 2010 年版，第 36—37 页。

边取极限，并根据式（A7）得到：

$$\lim_{n\to\infty}\varphi_{\mathrm{I}}^{(t+n+1)*}\leqslant\frac{1+e_{\mathrm{I}b}}{h_{\mathrm{I}b}(1+e_{\mathrm{I}a})}\left\{\frac{1+h_{\mathrm{I}a}+e_{\mathrm{I}a}}{1+\frac{1+e_{\mathrm{I}a}}{h_{\mathrm{I}a}}\left[1-\frac{1}{\varphi_{\mathrm{I}}^{\max}}\left(1+\frac{e_{\mathrm{I}b}}{1+h_{\mathrm{I}b}}\right)\times\lim_{n\to\infty}\varphi_{\mathrm{I}}^{(t+n)*}\right]}-h_{\mathrm{I}a}\right\}\quad(\mathrm{A11})$$

将式（A10）代入式（A11），解得：

$$\varphi_{\mathrm{I}}^{0}\geqslant\varphi_{\mathrm{I}}^{**}\quad(\mathrm{A12})$$

式（A12）与假设的 t 年第Ⅰ部类两个分部类之间比例 $\varphi_{\mathrm{I}}^{(t)}$ 处于式（A1）表示的区间内、并且各年第Ⅰ部类两个分部类之间比例无穷数列 $\{\varphi_{\mathrm{I}}^{(t+n)*}\}$ 严格单调递减矛盾，所以式（A12）不能够成立。而式（A8）是式（A12）的成因；式（A7）是式（A8）的成因。所以式（A6）不能够成立。因此，与式（A7）相对立的式（A2）必然成立。

至此证明了：在第Ⅰ部类Ⅰb 分部类的资本利润率不高于第Ⅱ部类同时Ⅰa 分部类的资本利润率高于Ⅰb 分部类即 $e_{\mathrm{I}a}/(1+h_{\mathrm{I}a})>e_{\mathrm{I}b}/(1+h_{\mathrm{I}b})$ 的情形下，在正文中分辨（简化）后的必要条件条件式（30）中在式（15）之外的部分，不能成为持续扩大再生产的一个充分条件。从而正文中持续扩大生产的充分条件式（15）是必要条件。

第Ⅰ部类Ⅰa 分部类的资本积累是“制造生产资料的生产资料”增长的源泉。根据正文中第Ⅰ部类两个分部类之间比例演化函数式（A12），在第Ⅰ部类Ⅰb 分部类资本利润率不高于第Ⅱ部类并且Ⅰa 分部类的资本利润率高于Ⅰb 分部类的情形下，如果在 t 年第Ⅰ部类Ⅰa 分部类积累率 $\mu_{\mathrm{I}a}^{(t)}>\mu_{\mathrm{I}a}^{*}$，那么在下一年就有 $\varphi_{\mathrm{I}}^{(t+1)}<\varphi_{\mathrm{I}}^{**}$，造成“制造生产资料的生产资料”数量相对过多。为了避免出现此种情况，就必须使Ⅰa 分部类的积累率不高于 $\mu_{\mathrm{I}a}^{*}$。所以，正文中的可行路径式（13）明确揭示了生产资料优先增长不能超过的限度。

对于扩大再生产持续进行的必要条件的反证法表明：一旦“制造生产资料的生产资料”数量相对过多（表现为第Ⅰ部类两个分部类之间比例低于 $\varphi_{\mathrm{I}}^{**}$），就进入“制造生产资料的生产资料”数量相对过多无法挽回的失调状态。在此状态下，尽管对于某几个年份而言，或许可以实现扩大再生产，但这样必然使“制造生产资料的生产资料”数量逐年相对更多；必然经过有限的几个年份，导致在某年“制造生产资料的生产资料”数量超过扩大再生产所能使用的最多数量，使该年无法实现扩大再生产。

经典文献

凯恩斯和资本主义的国家理论*

［意］安东尼奥·奈格里**

王行坤　张雪琴　译　孟　捷　校***

本文写于1967年，作者系安东尼奥·奈格里，该文在随后的岁月里一直都是意大利以及欧洲各地政治团体的关键性参考文献，这些团体都将“工人主义”作为其革命运动的理论基础［相关的历史背景，参见布当（Yann Moulier Boutang）为奈格里《颠覆的政治》（*The Politics of Subversion*）所撰写的导言］。这些团体所做的经济、制度和政治分析都源于一个核心命题：资本主义的发展取决于工人阶级的斗争，并且随着工人阶级斗争的变化而变化。这一分析性论断包含如下内容：它在本体论层面肯定了集体主体性的力量，并将这种力量不仅视为历史发展的关键，而且——并且是最重要的——也视为所有制度具体运行的关键。因此，可以将政治视为社会活动的产物，或者更进一步说，视为社会斗争的产物。从而可以从下层、从革命的角度理解制度和社会结构。这个立场显然与“官方的”工人运动的立场，尤其是与诸如有必要通过议会手段来进行改良这类最为极端的制度性信念相矛盾。撇开资产阶级代表的荒唐断言，对凯恩斯思想和美国“新政”所进行的分析表明，的确可以实现改良，但为了实现改良必须进行革命斗争。

一、1929年：现代国家分期的一个关键时刻

1917年的十月革命事件已经过去50年了。该事件是始于1848年6月巴黎街头起义这一历史性运动的巅峰，现代产业无产阶级也是在1848年首次发现了他们的阶级自主性及其与资本主义制度的独立对抗性。此后具有决定性的转折点再现巴黎，这就是1871年的巴黎公社，这次革命的失败让政党的口号被广为接受，并且让无产阶级认识到需要在

---

* 本文选自迈克尔·哈特与安东尼奥·奈格里合著的《狄俄尼索斯的劳动：对国家—形式的批判》（*Labor of Dionysus: A Critique of the State-Form*）第二章，全书中译版即将由西北大学出版社出版。本文原文为意大利文，由哈特翻译成英文，开头的说明性文字也出自哈特。我们在将这些说明性文字翻译成汉语时使用的字体是黑体。另外，正文中的斜体字翻译成中文时也使用黑体。——译者注

** 安东尼奥·奈格里（1933—　），意大利马克思主义理论家，曾任意大利帕多瓦大学教授。——译者注

*** 王行坤，天津师范大学文学院副教授，硕士生导师；张雪琴，中共中央党校（国家行政学院）马克思主义学院副教授；孟捷，复旦大学经济学院、马克思主义研究院教授、博士生导师。

政治上对阶级自主性加以组织。

从 1848 年到 1871 年，再从 1871 年到 1917 年：这一分期看上去为构建现代国家理论提供了唯一恰当的分析框架。对分期的这一界定必须将阶级权力关系的整体变化纳入考量，这种变化主要在 19 世纪下半叶的革命危机中表现出来。1848 年的阶级挑战为政治思想和行动所提出的问题让人们对工人阶级在资本主义制度中所占据的核心地位产生了新的批判意识——虽然这种意识或多或少也被神秘化了。除非我们理解了资本和国家转型背后的阶级决定因素，否则我们就会一直受困于资产阶级的理论；我们最终得到的，不过是一种将资本与动态的阶级关系相割裂的某种形式化的“政治”领域。我们必须超越对“工业化进程”的陈腐描述。我们的起点是确认在资本主义长期阶段上剥削的辩证法（即雇佣劳动关系所固有的隶属和对抗）被社会化，从而延伸至现代国家政治和制度关系的全部结构中。任何对现代国家的定义如果没有取得这些认识，那就像黑格尔所谓的“黑夜里所有的牛都是黑的。”

1917 年是这一进程的一个关键断裂点：自此之后，历史就进入了现代。在资本主义发展过程中，工人阶级可以作为一个自变量，甚至可能实现自身的政治自主性这一真理早在 1848 年已被证明——现在已经彻底实现，并取得了突破（Durchbruch ins Freie）。在苏维埃，工人阶级的对抗现在已经以国家独立的形式变为现实。如此一来，它已经成为国际工人阶级获取内在政治认同的焦点，因为这是一个当下的、直接具有现实性的、客观的阶级可能性。在这里，社会主义从乌托邦变成了现实。从现在开始，国家理论除了考虑剥削进一步的社会化所牵涉的问题，还得去面对业已取得政治认同，并且通过自身努力成为历史主角的工人阶级。国家现在必须面对一系列阶级运动所具有的颠覆性潜能，而这些运动的现实内容已经具备了革命内涵。换言之，工人阶级世界革命的第一次飞跃所表现出的巨大政治潜能已经内化在现有的阶级构成中了。在资本主义组织的各个层级上都出现了一个日益深化且越来越具有威胁性和对立性的工人阶级：这一阶级现在已经具备自主性和政治一致性。从这个意义上说，与之前工人阶级的斗争周期相比，1917 年革命所具有的独创性，其对资本主义挑战所表现出的独一无二的特征，是无与伦比的。自此以后，所有的问题都呈现出新的视角和全新的维度；工人阶级的观点得到了完全独立的表达。

当然，资产阶级对十月革命真正影响的感知是非常迟钝的。最初，他们将其完全视为一个**外部**事实（external fact）。他们的初始反应是竭力——很大程度上他们的确做到了——将这种危险维持在外部，从而在军事和外交上孤立苏维埃共和国，将革命转化为外交事务。然后出现了**内部**威胁（internal threat）。面对十月革命不久后在国际上出现的工人阶级斗争浪潮，如创立新的强有力的群众工会，以及旨在夺回生产支配权的工厂委员会运动（Factory Council movement）的兴起，资产阶级的普遍反映是什么呢?①在这段时期，只有落后的、不成熟的统治阶级才会采取法西斯式的压制手段。然而，更为常见的手段是各种改良主义遏制模式的再现，但这不过是触及了新的政治现实的表面而已。在那段历史时期，资产阶级的总体目标是打败工人阶级先锋队，更为具体地说，是破坏他们领导地位的现实基础，即由那些必然具有自我管理思想的、相对高度专业化的团体所组成的一种阶级构成。换言之，他们的首要目标是摧毁工人阶级先锋队与无产阶级群众之间结盟的基础，布尔什维克组织正是建基于此。让先锋队远离工厂，让工厂远离工人阶级，即从工人阶级内部清除先锋党：这就是资本家改组的目标，是西方反击1917年十月革命的具体形式。

泰勒制和福特制正好起到了这样的作用：通过大规模生产和劳动力的去技能化，他们将布尔什维克先锋队与工人阶级相隔离，并且将他们从生产性领域的支配性角色中驱逐出去。这反过来又将新的无产阶级力量加速引入生产中，从而摧毁了过去工人阶级贵族的罢工权力，削弱了他们的政治潜能，并且避免了他们的重组。同19世纪中期资产阶级试图利用新的产业结构——这种结构孕育了工人贵族——来摧毁新生的无产阶级力量一样，1917年后，随着工人阶级内部政治分歧的日渐弥合以及工人阶级在斗争周期的转折点实现了政治重组，资产阶级再次诉诸技术镇压之道。同以往一样，这一技术镇压（包括新部门有机构成的飞速提高、流水线、连续生产、劳动过程的科学组织、工作的分化和碎片化等）是资产阶级对现存阶级构成的牢固性及其对资本主义控制产生的威胁所做出的第一反应并且是近乎本能的反应。

然而，正是在这里对1917年之后出现的性质上全新的情况施加了限制。在战后恢复期，劳工队伍在短期内重构的可能性肯定是存在的，但资产阶级很快就意识到，这种重组在长期可能会导致更为危险的境况。资本家不仅需要应付这些变化所导致的工人阶级再生产的增加，而且它还得面对雇佣工人在更高水平上的规模化和社会化条件下出现的直接**政治**重构。十月革命将颠覆的政治品质彻底地灌输进工人阶级的物质需求和斗争中，让其成为无法被驱散的幽灵。考虑到这种新情况，技术性解决方案最

① 十月革命后，俄国以外出现的工会和政治运动可以被概括为基于“自我管理”理念的同质化运动，这通常被工人阶级贵族所代表和领导，即便在运动取得大规模群众基础的地区也是如此。塞尔焦·博洛尼亚（Sergio Bologna）在《委员会运动起源处的阶级构成和政党理论》（*Composizione di classe e teoria del partito alle origini del movimento consiliare*）一文中界定了这类同质化运动。关于这个问题的一般性介绍，参见A. S. Ryder, *The German Revolution*; A. Rosenberg, *Histoire du bolchevisme*; Branko Pribicevic, *The Shop Steward Movement in England*; Theodore Draper, *American Communism and Soviet Russia*；以及Gaspare de Caro, “L'esperienza torinese dei consigli operai”。

终会导致事与愿违的后果。它只会在更高层面上重启工人阶级的政治重构。同时，这种应对/反击并不足以解决资产阶级所面临的真正问题：如何在认识工人阶级政治性出场的同时，在资本主义体制内寻求从政治上控制工人阶级的新手段（比如通过攫取相对剩余价值的方式完全重构社会机制）呢？承认工人阶级的自主性是与必须有能力在政治上控制他们相伴随的。对资本而言，承认1917年十月革命的独特性以及资本主义的整个现实结构已经无法正常运转且已无可救药这一事实，迟早会成为一种政治必然性。

事实上，“算总账”的日子很快就到来了。同以往一样，资产阶级的政治方案必定是谋求脱身。1926年的英国大罢工是第一次世界大战结束后不断扩张的工人阶级革命进程顶峰的标志，在这一大罢工失败后不久，1917年的幽灵以更新且更具威胁性的形式复归了。因为这一潜在威胁，1929年之后的经济崩溃显得尤为严重。资产阶级现在面对的是已经社会化地反抗压迫、数量多到其自主性必须加以注意，且必须对其所具有的颠覆性潜能加以承认，并将其视为任何未来发展模式背后的决定性要素和动力的工人阶级。1929年之后的大危机是面临考验的时刻，是对之前资本向工人阶级进行技术进攻的结构的反弹，并且也是这一技术进攻的极限的证明。1917年的教训现在通过这种对整个制度的“滞后反应”得到了强制实现。虽然1917年工人阶级的政治方案具有明确且猛烈的毁灭性，并且这一方案只在短期内可控，但是现在它又在整个制度发生危机时出现了，这表明1917年的方案不能被忽视或回避。资产阶级起初回避问题、忽视工人阶级对资本主义制度政治冲击所具有的现实有效性的做法，现在反过来令资本主义制度自身深受其害。在资本最为强大的地方，危机的冲击也最大。

从这个意义来说，1929年之后的危机代表着现代国家出现的一个至关重要的时刻。危机的主要受害者是自由宪政国家的物质基础。1929年彻底扫除了对1917年已经摧毁的价值观的残余留恋。1929年华尔街的“黑色星期四”摧毁了资产阶级近一个世纪统治所打造的政治和国家神话。它标志着权利国家（rights state）的历史性终结，这一权利国家可以理解为旨在通过资产阶级对“正当程序”（due process）的维护以在形式上保护个人权利的国家权利机器，这一国家权利机器的根本目的在于保护资产阶级的社会霸权。1929年危机最终埋葬了国家与市场截然两分这一古典自由主义神话，它是自由放任主义的终结。

然而，这并不仅仅是对国家与市民社会经典关系的推翻和“干预型”国家（interventionist state）到来的问题。毕竟，1871年之后，国家干预和生产方式的社会化都在不断加强。但这之所以是一个崭新且具有决定性的时刻，是因为它承认了工人阶级的出场，以及该阶级在资本主义制度内所代表的不可避免的对抗性，这种对抗性是资本主义的必然特征，国家权力必须对此加以协调。人们通常认为（且不仅限于意大利法西斯主义的有限视角），从大危机中涌现出的新国家（new state）的新奇（novelty）之处可以用国家权力从“自由主义”形式向“极权主义”形式（“totalitarian”form）的转变这样的术语来定义。①这是一种曲解。它错误地将某些地域直接诉诸法西斯主义和社团主义的解决办法和政权形式作为界分这一新的资本主义国家历史形式的核心特征，新的资本主义国家形式更为强调的是在发现工人阶级内在对抗性的基础上对国家进行重建。可以肯定的是，这一重建很可能具有极权主义的含义，但它只在下述条件下成立，即它意识到国家的各个层面都存在固有的对抗和斗争。

吊诡的是，资产阶级转向了马克思，或者至少学着阅读《资本论》（当然是从资本自身的角度，尽管是以神秘化的形式，却也相当奏效）。一旦这种对抗被承认，问题就变成通过阻止对抗的一方采取独立的毁灭性行动以确保资本主义制度的运转。避免工人阶级政治革命的唯一方式在于承认且接受一种崭新的阶级对比关系，并让工人阶级在一种整体性机制——该机制将持续不断的夺权斗争“转化”为某种推进资本主义运行的动力因素中运转。必须在一系列不时进行阶段性“收入革命”动态调整的均衡机制中对工人阶级加以有效控制。可以说，国家如今的确准备沉入市民社会，并在对均衡条件进行长期调整的过程中持续不断地再造自身合法性的来源。在各种相关力量间再平衡收入的机制不久就以计划的形式表现了出来。这一宪政的新的物质基础变成了作为计划者的国家（the State as planner），或者采用更好的表达：作为计划的国家（the State as the plan）。在一段特定时期内，为一个计划所预设的均衡模式意味着，每一个达到新的均衡水平的动议和调整都开辟了在宪政国家（constitutional State）自身内部进行修正的过程。也就是说，现在通往稳定之路取决于对国家权力的这一新的、不稳定基础的承认：国家计划的这一发展动态意味着将一种“不断革命”接纳为其对象——这是从资本一方对这一口号的一种吊诡性扬弃（paradoxical Aufbebung）。

然而，资本的科学神秘化必然与其所揭示的一样多。它揭示了新的阶级力量关系，记录了工人阶级内化进国家生活的痛苦过程，以及他们作为资本主义发展源泉的核心动力作用。然而与此同时，它神秘化并且隐藏地与其说是工人阶级出场所带有的对抗性本质，不如说是工人阶级对资本主义制度施加的影响所具有的普遍性。它遮蔽了为维持这种新的国家形式而精心安排地受控制型均衡所需要的暴力。事实上，它甚至高度颂扬这

① 例如美国的某些大企业曾用“极权主义的法西斯主义”来指控美国的“新政”。

一新社会及其从行动上实现共同利益、共同意志（the Common Good，the General Will）的暴力行为。在对新的阶级力量对比关系的理论神秘化与批判性认识的相互作用中，资本的科学再次揭示了各种矛盾的必然并存。和往常一样，这门科学不得不展开艰难的分析和辩护工作，以求在对现存框架的不稳定性的批判性认识和力图实现稳定的决心之间的狭窄道路上前行。最终，这个矛盾唯一可能的解决方案就是寄希望于独立的政治意志：某种能够将资本主义制度中各种各样必然存在但又互相对立的要素统合起来的“政治奇迹”——生产方式的社会化与剥削的社会化；组织与暴力；对社会进行组织以剥削工人阶级。

这并不是说资本主义进程的本质发生了变化，而是说剥削得以运行的框架、维度以及资产阶级为维护自身利益被迫面对的阶级主角发生了变化。既然阶级对抗性的存在意味着任何摩擦都会引起警觉，任何错误都可能导致灾难，任何运动都可能对卷入斗争的两个阶级的力量平衡产生剧烈影响，那么政治奇迹似乎就更加不可或缺了。正是工人阶级亲历的革命经验所激发的非同寻常的力量取得了成功，并且需要在资本主义制度所有层面强制推行通过不断干预以解决不均衡的措施。

资本家的科学必须注意到这一事实。对这个事实的认识程度是衡量其把握和理解新情况的标准。追踪这个复杂过程，揭露并且辨析其中科学的和意识形态的成分，这是工人阶级批判所要面对的任务。在这篇文章中，我会追踪凯恩斯对从十月革命到大萧条时期资本主义制度整体危机的认识与反思的发展历程。在直面这一关键转折点资本主义所面临的新情况上，凯恩斯表现出了最为清醒的意识和最为敏锐的政治直觉。正是凯恩斯的清醒诊断为国际资产阶级提供了可资利用的药方。在理解应对1917年工人阶级革命的影响所出现的资本主义重构，以及资本主义国家的新形式上，凯恩斯或许是最具洞察力的理论家。

二、凯恩斯与1917—1929：理解十月革命对资本主义结构的深远影响

那么我们如何追踪资产阶级意识在这一时期的发展历程呢？资产阶级以何种形式、在多大程度上把握了1929年危机所具有的根本意义呢？更为重要的是，资产阶级在多大程度上意识到了1917年和1929年之间的关联呢？

正如我们之前所注意到的，可以从下述两个方面来认识十月革命：从国际层面看，这是一个反革命的问题（或者至少是孤立苏联的问题）；从国内层面看，这是压制能将革命经验传播到整个资本主义世界的工人阶级的强大的工会和政治运动的问题。这些经验表明它们是同质的。在运动采取工人委员会（1918—1926年）形式，以及更为直接地

采取工会形式的地方，存在着共同参照点：那就是某种形式的阶级先锋队和对生产进行自我管理的要求。①值得注意的是，国际资产阶级领导层是如何将上述两个方面完全割裂开来的。各种不同的技术手段被用于回应来自这两个层面的革命性挑战。资产阶级并不十分相信工人阶级内部出现了完全的团结。对这两个层面加以区分至少可以部分解释他们对这一真实状况所具有的灾难性影响的不理解。

这至少是凯恩斯的观点。如果说资产阶级对国际秩序进行重建的关键时刻是《凡尔赛条约》，那么这是一个被错失的时机。凯恩斯提出，在民族国家间几个世纪力量关系传统的最后一幕中，它们完全没有领会到阶级斗争的新维度，这一点尤为明显地表现在他们割裂了这一问题的两个层面。不然如何解释《凡尔赛条约》的愚蠢？这个条约不是制定计划，让欧洲免遭劫难，而是表现为对好几个世纪以来大国政治的绝望和复仇心态。革命近在眼前，战胜国的领导人却只确立了一个无法重建欧洲秩序的惩罚性体制。外交上的虚伪甚至让停战协议上的承诺变成一纸空文。

现在已经没有其他手段捍卫资本主义体制并且提供一种新的结构了。相反，这只会让危机日趋加深。特别是，强行要求德国赔偿这一经济上的愚蠢行径让和平协议的效果不只是在德国而且在整个世界市场的统一网络中都被灾难性延长了：

> 如果我们执意想要让中欧贫困潦倒，那么我敢预言，复仇不远矣。没有什么能够长久延缓反动势力与孤注一掷的革命冲动之间的最终内战，在这场战争面前，最近的德国战争的恐怖就显得不值一提，且无论哪一方获胜，这场战争都将摧毁我们这一代的文明与进步。（Keynes, *The Economic Consequences of the Peace*, p.170）

正确的做法是什么呢？有且只有一种做法：巩固中欧经济，并将其作为从东面防御苏联威胁以及制约中欧内部革命运动的堡垒——简言之，重新联合起资本主义防御制度中的两条阵线。

> 列宁曾指出，摧毁资本主义制度的最好方式是滥发货币……列宁无疑是正确地。没有比滥发货币更不易被察觉也更保险地推翻现有社会的基础了……通货膨胀不可避免地对社会契约和既有财富产生猛烈且任意地干扰，这将对社会安全造成冲击。欧洲各国政府把这种冲击与公众对于企业家的仇恨结合在一起，使19世纪的社会和经济秩序很快变得难以维持。（Keynes, *The Economic Consequences of the Peace*,

① 美国工人阶级的斗争确实如此。关于一战后美国和欧洲工人阶级在斗争中所采取的运动形式所具有的同质性，见《工人与国家》（*Operai e Stato*）中塞尔焦·博洛尼亚（Sergio Bologna）和乔治·拉威克（George Rawick）的文章。尤其应该记住的是，在1914—1920年间，美国劳工联合会（AFL）的会员从200万升至400万，会员人数水平直到20世纪30年代才被超越。相关数据见 Irving Bernstein, *The Lean Years: A History of the American Worker, 1920—1933*; and the essay by W. Galenson, edited by Domenico Demarco et al., pp.124—143。

pp.148—150）①

这是凯恩斯1919年所秉持的立场。追踪从这段论述到《就业、利息和货币通论》（1936）这一时期凯恩斯思想的发展历程，我们或许能够理解在两次世界大战的间歇期，资本主义整体战略的艰难转变。在初期，凯恩斯发出警告，条约可能会带来灾难性的后果，并且让大家注意一个潜在的幻觉：那就是认为阶级关系并没有随着工人阶级与战前资本主义制度的决裂而发生变化。我们现在仍旧没有关于现代国家新的政治周期的任何准确的理论理解。几乎没有任何迹象表明，凯恩斯后来具有将工人阶级与资本主义制度的断裂这种认识转变为资本主义经济增长的“存在理由”这样的能力。不过，这种对新的阶级境况的直觉虽然很原始，却是根本性的，它已经预示了将来的核心问题：如何阻挡和控制十月革命对资本主义秩序的影响。为了讨论凯恩斯思想的连续性及其理论上的一贯性，我们必须超越其著作的字面意义，来揭示它们背后的一般性问题。②

在目前这一阶段，我们论及的是一种政治直觉。现在它都还远没有形成一个科学制度。事实上，从资本主义制度成熟的视角来看，1925年，当贝蒂·俄林（Bertil Ohlin）提出战争赔偿在为国际经济均衡进入一个新水平上具有动态贡献以反驳凯恩斯关于赔偿后果的观点时，他比凯恩斯还要更加凯恩斯主义。③不管怎样，1922年凯恩斯本人的立场也已发生转变。让他离开巴黎和约谈判桌的“不可容忍的痛苦和愤怒”④ 已经得到平息。现在，他的图景从表面上看显得更乐观些：

如果我回首两年以前并且再次阅读当时自己所写的作品，我会发现当时所面对的危险已成过去。欧洲普通民众的忍耐力和资本主义制度的稳定性经受住了最为恶劣的冲

① 在这个阶段，凯恩斯的政治目标是将资本主义制度进行防御的两条阵线再度联合起来——同时利用如下推论，即这种防御只能围绕着德国这个堡垒展开。这个视角在凯恩斯的政治思考中依然是一个根本性要素。1922年《对条约的修订》（*A Revision of the Treaty*）出版，凯恩斯苦口婆心地重复如下观念，即“德国的未来在于东方，其复兴的希望和野心当然也要转向东方。”凯恩斯口口声声的“亲德国主义”给他招致了很多批评，甚至晚至芒图（Etienne Mantoux）的《迦太基式的和平，或凯恩斯先生的经济后果》（*The Carthaginian Peace, or the Economic Consequences of Mr. Keynes*）也对其进行批评，但因此也具有比他的批评者愿意承认得要多的多的阶级内涵。凯恩斯的方法与魏玛德国最好的资产阶级政治思考异曲同工。例如，不难在马克斯·韦伯于那些年的思考中发现类似的直觉。（参见Wolfgang J. Mommsen, *Max Weber und die Deutsche Politik, 1890—1920*, pp.280ff.）另外，凯恩斯从没有掩饰自己对魏玛知识分子及其政治团体的深切认同。在《梅尔基奥：被打败的敌人》（Dr. Melchior: A Defeated Enemy）中，凯恩斯描述了这个近乎辩护者的圈子。

② 对这一问题的精彩处理，见Robert Lekachman's Introduction to the volume edited by him, *Keynes' General Theory: Reports of Three Decades*, pp.1—10。毫不意外的是，哈罗德（R. F. Harrod）在《凯恩斯的一生》（*Life of John Maynard Keynes*）中也持这种观点。对保罗·萨缪尔森来说，《就业、利息和货币通论》所指向的道路是一条“通往大马士革之路”。见Paul A. Samuelson, “The General Theory”, p.330。

③ 特别见Bertil Ohlin, “Mr. Keynes' Views on the Transfer Problem” and “The Reparation Problem”。

④ 这是凯恩斯的一句评论，转引自罗宾逊，《约翰·梅纳德·凯恩斯：1883—1946》一文，见E. A. G. Robinson, “John Maynard Keynes 1883—1946”, p.34。

击。两年以前，这个毫无正义、同情与智慧可言的条约代表了战胜国一时的意志。条约的受害方会忍气吞声吗？或者他们会因为绝望和贫困而动摇社会的根基吗？现在，我们有了答案。他们一直在忍气吞声。(*A Revision of the Treaty*, pp.115—116)

尽管如此，凯恩斯最初的政治直觉已经包含了对资本主义发展主要维度的全新理解。丹尼斯·霍尔姆·罗伯逊（Dennis Holme Robertson）非常清晰地认识到了这一点："现在，这一关于欧洲经济结构分析令人吃惊的地方在于，就某些方面而言它不同于并且实际上完全反对战前乐观的、主张自由贸易的太平洋哲学，不管是有意识的还是无意识的，它更多代表的是耸立于保护主义、军国主义和帝国主义之上的资本主义大厦。"（"Review of The Economic Consequences of the Peace"）。罗伯逊继续指出，这完全违背了自由放任的概念，并且在这里国际政治问题变成了力量关系在内部加以组织的问题。

除了在社会上招致很多反对意见之外，凯恩斯1919年的警告几乎没有产生任何影响。媒体以下述方式拒绝了这一警告："实际上，凯恩斯著作最显著的特征即使不是政治上的天真，那也是政治上缺乏历练。"（London, *Times*, December 4, 1919, quoted by E. A. G. Robinson in "John Maynard Keynes 1883—1946", p.35）。无论是年轻还是年长的政客基本上都是以一致的口吻对此报以嘲笑。据报道，克里蒙梭（Clemenceau）曾指出："凯恩斯的经济观点很深刻……毫不克制地挑战了协约国（即法国）的过分要求……不过他的这些严厉的指责非常粗暴，如果不是因为他毫无廉耻地将其观点公之于众以服务于他自己的目的，我本不想理会。这也非常清楚地展示了某些人的思想变得多么的错乱。"（reported by Keynes in *A Revision of the Treaty*, pp.69—70 n.1）。温斯顿·丘吉尔写道：

凯恩斯以无可辩驳的常识揭示了金融与经济条款的荒诞不经。在所有与之相关的问题上，他的观点均无可指摘。但是，受对强行规定的经济条款的本能反感的拖累，凯恩斯全盘否定了和平条约的整体框架。我们毫不怀疑，他完全有资格谈论经济方面的问题；但在其他更为重要的方面，他的判断并不比别人更高一筹。(*The World Crisis*, vol.5, p.155)①

对于资产阶级而言，其回应方式尽管更为极端，但本质上同过去1848年或1870年一样。资产阶级纠集了镇压性力量去打败工人阶级的政治运动，其次，它们在通过技术

① 凯恩斯在评论丘吉尔的著作时承认后者在"和会"上的政治路线是正确的，但同时他也强烈批判丘吉尔没有认识到苏联革命的重要意义："［丘吉尔］没有认识到——或者起码没有重视——这些事件在它们相应关系中的重大意义，或者说没有区分一般事件与关键事件……虽然丘吉尔承认列宁的伟大，但布尔什维克革命对他来说只不过是愚蠢的暴动"（*Essays in Biogaphy*, pp.72—73）。

进步和优化相对剩余价值攫取机制以实现对劳动力的重新吸纳上取得了一些新的进展。20世纪20年代初期的工人委员会以及革命工团主义的强大潮流被打败了——或者说，这些力量没有能够实现阶级先锋队和无产阶级群众之间的革命辩证法，而这种辩证法是他们的组织基础。这些力量由于关键部门劳动力的重构、合理化劳动的新技术、去技能化以及流水线的普及而遭到破坏。同以往一样，工人阶级对资本所给予的回应是改良主义的。在当时的情况下，在20世纪20年代初期，这演变为技术革新的一般化进程。资本被迫通过新部门的扩张以及对生产要素的彻底重组来应对无产阶级的冲击。

然而，追求这条旧路能走多远？难道情况不应该彻底改变吗？同经典自由主义所秉持的政治与经济截然两分的信念相反，凯恩斯的立场在于他坚持认为政治元素内在于经济之中。然而，甚至这样的普遍真理也被资产阶级遗忘了。他们拒绝面对——这种拒绝造成了严重后果——即苏联为工人阶级提供了一个不可被忽视的政治参照。这一遏制方案要想成功，资本主义制度必须证明自己有能力挽回作为某种**政治**实体的工人阶级。相对剩余价值生产机制是不够的。事实上，它只会加剧资本主义发展的矛盾，从而导致工人阶级进一步扩大，并且加剧周期性危机的倾向。供给的扩张（产能和大批量生产行业的增加）实际上并不会召唤出相应的需求力量。“需求”尚未被视为一个有效主题。

凯恩斯的立场依然只是一种政治直觉，从需要对他的观点进行科学加工这一视角来看也是不够充分的。他的长处在于他为解决方案提供了方法论前提；另外他也正确地指认了问题。追随他在20世纪20年代的科学和政治活动就好像是追随旷野中毫无武装的先知那充满苦涩音调的呼喊。然而，与此同时，我们也见证了这种政治直觉向科学话语的逐步转变。这种转变是在接连不断的政治事件的影响下，在工人阶级以及资本所面对的政治必然性的压力下发生的。①我们注意到，根据罗宾逊，早在写作《合约的经济后果》之际，自由放任主义就已被凯恩斯所摒弃。然而，这只在凯恩斯所意识到的在具有毁灭性的世界大战和接踵而至的革命浪潮之后出现的国际秩序所具有的危险性中才表现出来。从现在开始，旧秩序的危机主要聚焦在英国的政治舞台上。

萨伊定律不再有效，因为该定律没有认识到资本主义制度的维持可能会成为问题。该定律假定资本主义制度完全是自我调节和自发产生的。换言之，它不认为工人阶级的

---

① 传记作者们正确地强调了20世纪20年代英国的政治事件对凯恩斯思想演变的持续影响。见 R. F. Harrod, *The Life of John Maynard Keynes*, p.331ff.；以及 E. A. G. Robinson, “John Maynard Keynes 1883—1946,” p.41ff。

存在可能成为对该制度的否定。现在，随着工人阶级的问题逐渐在凯恩斯的作品中得到科学的表述，该问题也倾向于根据神秘化的经济学传统得到界定：即粗糙的古典经济学客观主义传统中的就业问题。①然而，在凯恩斯思考针对这一问题的政治方案的早期阶段，阶级斗争被赋予了重大意义，并且他提出要对经济科学范畴加以历史化。在他的这些作品中，英国工人阶级表现出了革命自主性。②针对他的大学同事和自由派朋友以及那些叫嚷1926年总罢工非法并且逾越了宪法行动界限的人，凯恩斯给出了如下简短回应：或许如此，那又如何？阶级运动看起来可能是非法的，但这只是因为奠定之前制度并且决定之前合法性的平衡力量消失了。阶级力量对比关系已经改变，从而法律方面必须做出调整以适应新情况。③萨伊定律不再有效，因为保持政治和经济平衡的变量改变了。这一崭新因素就是工人阶级的自主性。"一方面，工会已经强大到足以干预供给与需求这一自由游戏；另一方面，尽管公众有所抱怨并且担心工会会越来越危险，但是他们依然支持工会，在他们看来煤矿工人不应该成为**他们自己**从未启动的残酷经济力量的受害者。"（Keynes, "Am I Liberal?", p.305）因此创造一种新的政治平衡意味着将这一新情况和崭新的阶级力量关系纳入考量。如果萨伊关于供求平衡的公式不再有效，那是因为出现了新的未知因素。现在有必要将这些未知因素整合进经济学：

旧世界的理念是，譬如，改变货币的价值，接下来就只需要通过供给和需求力量对比所引发的相应调整来自动实现。这是过去五十年或者一百年的理念，那时工会的力量还很微弱，并且那时经济力量可以在没有任何阻挡甚至还有喝彩的条件下在进步的路上横冲直撞。（"Am I Liberal?", p.305）

从科学的视角来看，我们也不应该低估20世纪20年代这一批判的深度和重要性。对萨伊定律的这个批判意味着横行了一个世纪的意识形态的毁灭，这种意识形态根深蒂固，而且它越是不能回应现实，就越显得顽固。这意味着对一系列根本性的价值和规范进行去神秘化，而这些价值和观念在19世纪指导了资产阶级的政治学。马克思写道：

资产阶级意识一方面称颂工厂手工业分工，工人终生固定从事某种局部操作，局部工人绝对服从资本，把这些说成是为提高劳动生产力的劳动组织，同时又高声责骂对社会生产过程的任何有意识的社会监督和调节，把这说成是侵犯资本家个人的不可侵犯的

① 关于凯恩斯如何认识到该问题，见E. A. G. Robinson, "John Maynard Keynes 1883—1946," p.41ff；以及Claudio Napoleoni, *Economic Thought of the Twentieth Century*。

② 见Branko Pribicevic's The shop Steward Movement in England; Mauro Gobbini's Article on the 1926 English General Strike contained in *Operai e Stato*。

③ 见R. F. Harrod, *The Life of John Maynard Keynes*, pp.375ff。

财产权、自由和自决的“独创性”。工厂制度的热心的辩护士们在斥责社会劳动的任何一种普遍组织时，只会说这种组织将把整个社会转化为一座工厂，这一点是很能说明问题的。* (*Capital*, Vol.1, p.477)

对萨伊定律的凯恩斯式批判是对经济科学研究对象的彻底摧毁，迄今为止，从结构上而言，政治经济学是建立在如下要素之上：经济均衡理论，各要素在整体性和功能性上的互惠关系，它使得所有人可以无限自由地进入财富世界。经济科学建立在就某种意义而言其前提条件都是“自然的”这一观念的基础上。一旦面对这个根本性的批判，马克思所提到的整个社会转化为一座巨大的工厂的风险，也就被暗自接受了。

然而凯恩斯的批判到这里就止步不前了。摧毁科学研究对象的目的是为了重建。后来他甚至声明，一旦达到充分就业状态，新古典的经济均衡理论就会再度生效。①资产阶级的辩证法不知扬弃为何物，它无法推翻它的研究对象。无论凯恩斯何时到达自己批判的极限，他都会受制于阻碍其前行的哲学制度而陷入瘫痪。即便在他宣布与更为庸俗的神秘主义经济学决裂之际，他也依然被困在商品拜物教的神秘世界中；他退回到了依赖于形式化的公式和动手重构实现均衡经济的条件的地步。除了均衡，即对一般均衡这一神秘化形式的重申外，已经没有其他目标了。最后只剩下“灾难性的政党”(Party of Catastrophe)(*Essays in Persuasion*, p.299ff.)，以及认为历史——换言之，均衡以外的一切事物——不过是蠢蛋的工作这一令人绝望的信念：“既没有深刻的原因，也没有不可避免的命运，更没有惊天动地的邪恶”(*Essays in Biography*, p.429)。“匮乏、贫穷以及阶级与阶级和国家与国家之间的经济斗争不过是令人恐怖的一团乱麻，转瞬即逝且**不必要的**一团乱麻”(*Essays in Persuasion*, p.xviii)。于是就有了科学家想要在资产阶级知识可能性的极限下试图恢复形式上的均衡的努力。这里甚至不存在完全和确定的信念：他有意识地掩蔽了某种大体上是——且必然是——非理性的责任，这是对一切理性内容的意义含混的替代。②

---

* 马克思：《资本论》(第1卷)，人民出版社2004年版，第412—413页。——译者注

① “然而如果我们的中央控制机构能够成功地把总产量推进到相当于在现实中可能达到的充分就业水平，那么，从这一点开始，古典学派的理论仍然是正确的。”(Keynes, *The General Theory of Employment, Interest and Money*, p.378)。(此处中译文采用高鸿业的译法，参阅凯恩斯：《就业、利息和货币通论》，高鸿业译，商务印书馆1999年版，第392页。——译者注)

② 在《牛顿其人》(*Newton the Man*)一文中，凯恩斯设法通过指认出一个秘密、一个神奇时刻，并且通过将其与剑桥物理学家/数学家思考中高歌猛进的启蒙方面加以比较的方法，转向一种科学知识体系，在这个体系中，两个方面共存，但前者有更大的真实性。事实上，支撑创造性天才的往往是非理性的兴趣。这就是牛顿的兴趣所在，他依然将宇宙视为一个谜。牛顿这个形象如何界定了凯恩斯自己科学发展的兴趣是一个非常有趣的话题。

因此，出于对工人阶级自主性爆发所产生的崭新情况的直觉性理解，而对 19 世纪自由放任意识形态进行首次批判后，凯恩斯的目标显然是要重构一种新的均衡模型。然而，直到 1936 年《通论》出版，这一目标才最终实现。在 20 世纪 20 年代，他的作品主要是批判性的：他批判了恢复金本位的做法①，并且指认了资本主义生产所进入的新的社会化阶段。②最为关键的是，他坚持认为需要国家介入来调和阶级矛盾并确保经济均衡。（E. A. G. Robinson，"John Maynard Keynes 1883—1946"）从根本上来说，这些作品更具有批判性，而非制度性。关于这一崭新阶级关系的术语还没有以成制度的方式整合进凯恩斯的分析中；它们尚未成为关于有效需求、不断增大的风险以及与利息率相关的新理论等观念的基本组成部分：它们尚未构成一个理论制度。

如果我们考察这一准备时期凯恩斯作品的一个最为重要的因素，即他的国家干预主义观点，很明显，这只不过是他批判自由放任的一个必然结论。这一批判意味着认识到了工人阶级的规模化以及随之引起的实现均衡的困难。但是仍然缺少对工人阶级运动的爆发在整个资本主义发展过程中的崭新的质的作用的界定。凯恩斯所提议的国家干预还只是停留在对政治术语加以理论化的层面：这来自确保进步资产阶级与社会主义者之间联盟的发展拥有更为广泛的基础这一需要。他的论述尚未建立在对阶级关系的新动力以及工人阶级在这种新动力中的作用的清晰的科学理解的基础上。③

在作这一界分时，还需要强调另外一个理论因素。仅仅注意到资本主义生产的社会化和规模化这一事实，并据此提出加强国家干预的论点，这是既无独创性也不够充分的。这只抓住了因为危机而出现的新的国家形式的部分特征，并且它与历史上组织起来以对抗工人阶级国家的最初具体的实体化相一致。波拿巴主义的政权形式、意大利落后的法西斯主义政权或者 1870 年斗争期间出现的普鲁士国家社会主义的某些变体都是这类国家的具体示例。1929 年出现的新的国家形式所具有的独特性主要是在国家干预主义框架下阶级动力发挥作用的类型，这里国家干预是基本前提。只有 1929 年的大危机才使得资产阶级的理论发展到了对国家做出新的定义的程度。为了让这些成为可能，1917 年的革命必须历史性地战胜上述这类资产阶级政权试图对其加以限制的孤立主义策略。

---

① 对凯恩斯长篇论辩的记述，见 R. F. Harrod, *The Life of John Maynard Keynes*, p.338ff。

② 凯恩斯得出这些结论时所处的政治和文化背景，斯威齐在《约翰·梅纳德·凯恩斯》一文中对该问题进行了更为全面的分析，见 Paul Sweezy, "John Maynard Keynes" in *The Present as History*, pp.189—196。

③ 在 1926 年所撰写的《自由主义与劳工》和《自由放任的终结》这两篇文章中，这一观点得到了特别强调，尤其提到了总罢工后所出现的政治上的必然性。

三、凯恩斯从政治到科学的转变：1929年和资本主义社会的工人阶级

显然可以假设1917年事件与1929年毫无关系。然而，这种“显然”背后，存在某种我们能够将其指认出来的历史关系结构，即便这一历史关系结构无法完全解释1929年的危机，但也能赋予其一个更宽广的总体性含义。尽管从一方面来说，1929年的危机是美国经济制度本质的直接产物，但同时它也是20世纪初以来资本主义制度内在矛盾积累的产物，20世纪20年代生产的规模化必然使得每个资本主义国家内部工人阶级在政治和工会层面发挥影响，这一事实使矛盾显得尤为突出。危机很快在国际层面产生影响的进一步原因在于战争、和平、革命与未遂的反革命引发了贸易关系的不稳定。①甚至资产阶级也接受了下述因果链以理解危机——至少在政治层面上，1917年因其所代表的隐隐出现的某种可能的替代性选择而被视为这一因果链中的根源之一。②

作为一种外部性解释，这一说法在一定程度上是正确的。凯恩斯所起的作用是让这个解释在危机分析框架下起作用——让其变得科学化。在危机的艰苦考验下，这一不断发展的问题最终找到了可能的解决方案：

> 一方面凯恩斯为解决大萧条做了大量工作，同时毫无疑问大萧条也对凯恩斯起到了巨大作用。大萧条为凯恩斯提供了挑战、刺激以及实验性验证。他是那种会欣然接受如果有人向他解释《通论》的人。从之前的历史来看，我们无法得出更多结论。但是在危机结束之前，凯恩斯已经确立了自己的思想制度，载誉而归，他也将因此为后世所铭记。(Samuelson,“The General Theory”, p.329)

事实上，危机昭示了他的分析所指认的这些个别因素的辩证性运动。在他看来，哪些因素导致了1929年危机呢？那就是会对净投资产生直接影响的过剩供给的逐步增长，它会降低投资，从而降低计划的资本边际效率的价值。换言之，只有当我们理解了20世纪20年代供给基础扩大（这时正处于通过技术革新和劳动生产率的极大发展以及耐用品生产的相应增加以恢复工业的过程中）并没有伴随相应的供求关系的变化时，我们才能理解1929年危机的独特性。当时的政治统治阶级自命不凡地坚持“审慎财政”理念，这一理念不过是彻头彻尾的保守主义的粗劣掩饰罢了。他们不认同供给的扩大化要与相等的需求的扩大化相一致——事实上他们养成了寻求和捍卫确保供给独立性的政治

---

① 对于这一点以及20世纪30年代经济分析的其他方面，我借鉴了海因茨·阿恩特在《20世纪30年代的经济教训》中的分析，见 Heinz Wolfgang Arndt, *The Economic Lessons of the Nineteen-Thirties*。

② 这对处于经济危机中心地带的美国社会的重要性的强调，见 Arthur M. Schlesinger, Jr., *The Crisis of the Old Order 1919—1933*; Mario Einaudi, *La rivoluzione di Roosevelt*, p.51, p.90；重要数据也被费列尼所引用，见 Peter G. Filene, *Americans and the Soviet Experiment, 1917—1933*。

保证的习惯。与资本的日益社会化相并存的是资本一方对政治自主性的错误诉求。现在，凯恩斯总结道，我们正在为我们的缺乏理解付出代价。①

这就是《通论》的起源，这本书也是凯恩斯的政治宣言。这是保守主义政治思维的宣言，在这个宣言中，当下的萧条和对不可知的未来的焦虑吊诡性地融合在一起，迫使对整个资产阶级经济学进行一场系统性的革命。据说，“资本主义制度始终面临着陷入停滞状态的危险图景……在《通论》中弥漫着且占据着支配性地位”（Sweezy，“The First Quarter Century”，p.307）。如果我们将这一迫在眉睫的危机理解为凯恩斯所注意到并力图对其加以彻底改变的政治事实，那么，情况的确如此。在《通论》中他所提到的停滞理论是为了反对其他人的观点而提出的，这意味着，如果资本主义制度还想自救的话，那么资本主义在昨天早已不可避免的命运在今天已经完全无法令人接受了。提到“需求”是为了提到工人阶级，是为了提到找到自己政治身份的群众运动，也是为了提到起义和颠覆资本主义制度的可能性。凯恩斯是一个头脑清醒且智识过人的保守主义者，他准备好了面对他知道即将到来的战斗。正是绝望所滋生的紧张感让政治获得了给它自己提出一个完整且系统的意识形态命题的力量。这是凯恩斯主义意识形态出现的必要条件。

正是从《通论》的开篇部分，我们看到了与未来的关系如何成为凯恩斯分析资本内在运动的核心组成部分。预期的观念联结了现在与未来：预期对就业水平有着直接影响，同时对资本的边际效率水平也有着直接影响（See *The General Theory*，pp.46—51，pp.135—146。）到这里为止，凯恩斯都是同意古典经济学家的观点。然而，现在的情况已经有所不同：这类必须建立在企业家有信心生产价值这一基础上的预期已经被完全不可控的风险打破了它的平衡——并且发生在这一时刻的资本有机构成的提高难以与普遍的不确定性相并存。危机摧毁了对于未来的信心和确定性，摧毁了结果和后果必须与预期相符这一资本的根本性惯例。因此凯恩斯的当务之急就是消除对于未来的恐惧。未来必须像当下一样固定不变。惯例必须得到保证（*The General Theory*，pp.147—164）。

这里我们可以得出关于干预主义（interventionism）的第一个精确定义。这不再是在政治便利性的问题，而是技术必然性的问题；这不再仅仅是反映经济发展的社会化的问

① 见 Keynes，*The General Theory*，pp.99—104，218—220，322—325。请注意，早在 1930 年 5 月 10 日，凯恩斯就在为《国民》（*Nation*）报刊［该报刊全名为《国民与雅典娜神殿》（*The Nation and Athenaeum*），创立于 1921 年，1923 年为凯恩斯所领衔的团体收购，之后凯恩斯为该报刊撰写了大量文章。——译者注］所撰写的一篇文章中对该问题的严重性提出过警告：“一个公众尚未认识到的事实是我们正处于极其严重的国际性衰退的深渊，这个衰退将成为有史以来最为严重的事件。这不只需要银行利率等消极活动帮助我们走出萧条，还需要积极且坚决的政策。”（引自 R. F. Harrod，*The Life of John Maynard Keynes*，p.398）。

题，而是要为发展的形式和节奏确立实质参照点的问题。①投资风险必须被排除，或者将其降至惯例水平，并且国家必须为确保经济的这一基本惯例而发挥作用。国家必须要保护当下以避免未来的风险。如果唯一的途径就是在当下规划未来，根据当下的预期计划未来，那么国家必须扩展它的干预范围以承担计划者的角色，从而经济也就被纳入了法律中。②在这一干预中，国家会根据一系列的标准行动；它会决定这些标准是什么。它不能确保未来事件的确定性，但是它可以保证惯例的确定性。它试图寻求映射到未来的当下的确定性。这是第一步，是为了将资本的生产的和政治的统治阶级统合在一起所采取的第一种形式——这种形式依然是间接的，但却是极端必要的。事实上，资本主义制度的生命不再取决于企业家精神，而在从对未来的恐惧中解放出来。就定义而言，国家的法律基础就建基或毁灭于此。

防御未来，是在面对未来时稳定资本主义权力的迫切要求：这就是凯恩斯的参照系，其阶级性质是不证自明的。这是对前已提及的萨伊定律批判所表述的内容的另一种说法。然而，此时的形势——也就是科学必须研究和理解的与各种新变量的关系——因为危机变得格外紧迫。凯恩斯如此迫切的诘问“未来”到底是什么？我们再说一次，这是一种灾难，这种灾难就是在他眼前的由工人阶级这一活生生形式所代表的“灾难性的政党”，这折磨着他和他的同伙。这让我们对凯恩斯如下这段话产生了新的理解，人们在转述这段话时通常将其视为浅薄的俏皮话：“长期来看，我们都会死。”现在感觉更像是他对其所属阶级命运的不祥预感。然而，我们将看到凯恩斯的一个饱受批评的决断，这一决断使他将他的整个分析重新置于静态体系中，以便再度排除一系列灾难的可能性，并通过延宕现在以取消未来。

这里，凯恩斯的资本主义重建规划也必须考虑工人阶级斗争。他的分析因为直面这一事实而变得更为深入。第二个被纳入到对干预主义定义中的元素是：国家被视为生产性资本独有的集体性代表。③这一独特的政治上的必要性让凯恩斯得出了上述结论。其实早在关于预期的分析中，凯恩斯已经指认出了一些有可能导致制度崩溃的结构性因素

---

① 在这一关系中，雷德威（W. B. Reddaway）对凯恩斯在分析中将国家引入的方法进行了精彩的分析——之所以精彩，特别是因为他强调了国家行动内在的和“结构的”性质（参见 W.B.Reddaway，“Keynesian Analysis and a Managed Economy”）。我们会发现，这正是凯恩斯主义的经济分析对定义国家的崭新模式变得格外重要的地方。

② 比尔多在《作为神话的计划》中，提供了或许是关于在经济计划的视角下，对未来如何被吸收或者被纳入到当下的最好的分析。他同时也澄清了这些对宪法规定的权利的概念所具有的重要意义。见 Georges Burdeau，*Le Plan Comme Mythe*。

③ 雷德威正确地注意到，投资如何在国家内化进经济生活的过程中必然发生。极端的情况是，国家的功能直接就是生产性的，参见 W. B. Reddaway，“Keynesian Analysis and a Managed Economy”。

（同时还有像投机这样的病理性因素），如竞争模式、预期的预测误差等。仅仅只是通过法治消除病理性因素是不够的；病理性因素和结构性因素都需要从实际上加以消除。不管怎样，不能让它们损害资本主义制度未来的安全。“以我自己而论，我对仅仅用货币政策来控制利息率的成功程度，现在有些怀疑。我希望看到的是……国家机关承担起更大的责任来直接进行投资”（*The General Theory*，p.164）。[①]需要更加巩固、扎实、全面的保证未来。国家干预的法律形式和其他的间接形式都还远远不够。国家仅仅确保联系当下与未来的基本经济惯例也完全不够。还需要更进一步。国家本身必须成为一种经济结构，并且凭借成为一种经济结构而变成一种生产性主体。国家必须成为所有经济活动负责的中心。这是前进了一大步！正如马克思所说，“随着产业资本支配社会的生产，技术和劳动过程的社会组织就会发生变革，从而社会的经济历史类型也会发生变革”（*Capital*，Vol.2，p.57）。[②]更何况国家了！在确保联系当下与未来的惯例时，国家仍然是为资本家服务的一种结构。不过，当它自己直接作为生产性资本的时候，国家同时要努力克服市场经济以及国家与单个资本家之间的间接关系所带来的结构性摩擦。因此，它成为了一种全新的国家形式：社会资本的国家。[③]

现在，让我们暂且跳过关于干预主义的这一新概念（或者说这一新的国家类型）的更为明显的例子。我们后面会再回到这个问题。现在让我们考察解释且详述凯恩斯思想中这一进步的一个独特且十分重大的理论要素：关于储蓄与投资相等的假定。我们知道，《货币论》（*A Treatise on Money*，1930）并没有提出这一假定；在《货币论》中，储蓄与投资的关系被视为维持价格水平稳定的经济政策的目的。然而在《货币论》和《通论》这两本书出版的间隙，凯恩斯改变了主意，并提出资本主义制度内储蓄与投资之间可衡量的相等关系的概念（*The General Theory*，pp.52—55，pp.74—85）。凯恩斯出现这一转变的原因从这一时期发生的事情上可以很容易得到解释：1930—1936年间正是危机最为严重的时期。在这个时间段，政治上的急迫性日益加深，迫使凯恩斯采取更为激进的立场。简言之，新的经济模式必须彻底消除未用于消费和投资的收入、消除一切资本过剩也就是一切流通失灵。请注意，这一模式不再是对行为形式的描述——它是规定，即它的规范性确定了必要的前提条件。它具有规范性的原因在于，仅当这些前提条件由国家意志（the person of the State）决定并在国家意志范围内行动时，才有希望对抗（或者

① 中译文采用高鸿业的译法中文，见凯恩斯：《就业、利息和货币通论》，商务印书馆1999年版，第167页。——译者注

② 参见马克思：《资本论》（第2卷），人民出版社2004年版，第66页。——译者注

③ 当然，尽管凯恩斯及其学派在对此展开了各式各样的分析，关于它的最好的描述依然是马克思对“社会资本”形成过程的叙述。参见 *Capital*，Vol.2，p.103ff。

说是防止和控制）经济周期的萧条时刻，以及更为一般地说使得整个经济秩序具有政治行动的灵活性。否则，这就是不可能的。因此，记账单位以预算工具的形式出现，并且成为国家活动的基本因素；被赋予这些手段之后，国家充当社会生产的总负责中心的角色就得到了确认。①

显然，将国家定义为社会生产资本的总负责中心所引发的问题远多于其所解决的问题。首先，鉴于凯恩斯并没有将国家社会主义视为其前提的必然结果，那么他不可避免地要面对资本在经济上的统治阶层和它在政治上的统治阶层及其国家之间的关系的问题，要面对两者之间的沟通与联系的问题，以及那些确保和发展这种关系的制度的问题。这里，凯恩斯在他对投机者和私人资本家的指摘与他对私人资本宣示效忠之间寻求平衡——然而问题依然没有得到解决。其次，凯恩斯提出这个等式的目的在于表明从银行主导投资的阶段转向生产性领域自身直接决定投资的新阶段；或者更为一般地说，他“倾向于把将货币理论变成一个总产量的理论”（*The General Theory*, p.vi）。②但所有这些都只是暗示性的。③我们可以继续指认凯恩斯所提出但尚未解决的一系列问题。不过，凯恩斯给出的储蓄投资等式尽管是不确定的，并且是以晦涩的方式表达的，但它的确给国家提供了一个发挥作用的崭新环境。国家不再仅仅是提供经济支持和刺激以及稳定和创新的来源。它已经成为经济活动的原动力。这里，对自由放任的批判已被推至极限：社会本身是在工厂的模具之中被铸造的——个体资本主义（individual capitalism）的最后残余面临着越来越大的压力。

到目前为止，与未来的关系——迄今为止它代表的是与工人阶级的斗争关系——是以内化于资本结构的术语严格界定的；到目前为止，凯恩斯已经开始解释资本主义国家改革的必要性，其目的在于减轻（并且如果可能的话消除）对未来的恐惧；到目前为止，工人阶级斗争已经迫使资本**促成**改良运动。但是，资本主义国家改革是如何在资本**内部**定位它自身的呢？我们如何找到工人阶级的充满矛盾的存在呢？这一存在是在这一高水平的重构中，工人阶级对自身的重新表达。自从20世纪20年代初期开始，干预主义的演化被强加于资本主义国家以作为对这一时期政治和工会运动的回应；现在经过1929年的危机和工人阶级的重构，干预主义已经变得具有决定性了。在资本内部得以提

① 关于资本作为“社会负责”的核心，参见马克思《资本论》（第2卷）第1—4章中关于“资本循环的三个公式”，参见*Capital*, Vol.2, chapters 1—4。

② 中译文采用高鸿业的译法中文，见凯恩斯：《就业、利息和货币通论》，商务印书馆1999年版，第2页。——译者注

③ 斯威齐在《凯恩斯》和《20世纪的第一个25年》中对此作出了恰如其分地强调，参见Paul Sweezy, “John Maynard Keynes” 以及 “The First Quarter Century”。

出与工人阶级关系的性质是什么呢？

由于凯恩斯的学说，资本的科学取得了一个巨大的飞跃。它将工人阶级视为资本内部的一个自主性要素。由于有效需求理论，凯恩斯将阶级斗争中的某种权力平衡的政治观念引入了政治经济学之中。[①]显然，凯恩斯论点的意识形态（同时也是必要的）目标是稳定资本主义制度。对凯恩斯而言，问题在于如何在下述条件下建立有效需求的平衡，即在构成有效需求的各种力量被视为不变的条件下确立有效需求。然而，这一政治目标恰恰是凯恩斯主义的悖论，因为它需要将工人阶级的自主性永远限制在一个既定的权力结构中。它被迫承认工人阶级是发展的动力，从而凯恩斯对均衡概念所做的静态定义实际上永远不可能在静态条件下实现。任何定义静态均衡等式的尝试终将成为必然是在发展情形下寻求均衡的艰难探索。事实上，正如凯恩斯似乎意识到的那样，资本主义制度发挥作用，不是因为工人阶级始终处于资本内部，而是因为它也有能力走到资本之外，因为工人阶级实际上会这样做的长期威胁始终存在。理论上的困难和政治目标必须扼制并吸收这一威胁、这一回绝，并且在一个更新的水平上吸收它。资本必须确保增长的动力得到控制，如此一来力量的平衡可以维持不变。这一问题，换句话说，永远无法被解决，只能被延宕。仔细观察的话，我们可以发现，在这一点上，资本的动力源自不断斗争，在这一斗争中，工人阶级的抗争被接纳，同时新的武器被制造出来以防御工人阶级在资本之外的行动，并让工人阶级的行动局限在一个其轮廓被不断重新绘就的框架之中。

这在多大程度上是可能的呢？有效需求的概念包含着几十年以来工人阶级对资本所造成的影响，而这种影响远没有减弱的迹象。尽管，在凯恩斯那里已经有了下述意识，即政治形势发生了巨变，从而需要将危机和斗争转变为发展的驱动力。但这要花多长时间呢？“长期来看，我们都会死。”

让我们更为详细地考察这一形势。造成危机的原因在于，在这一政治形势下，供给过剩是一目了然的，而需求，即消费倾向却面临压力。这会在整个经济活动中导致严重的不平衡，而这种不平衡对净投资产生了有害的效果。这一诊断本身已经开出了药方——增加需求量，提高消费倾向。然而由于影响消费倾向的变化从根本来说就是以工资单位衡量的收入变化（*The General Theory*，pp.91—92，p.110），这意味着与可实现有效需求状态相对应的均衡将达于这一数值，工人阶级的就业水平决定了产出的总供给价格

① 有效需求的概念是在《通论》得到定义和发展的，见 Keynes，*The General Theory*，pp.23—32，p.55，p.89，pp.97—98，pp.245—254，pp.280—291。

和企业家的预期收益。不得不说，如果我们这样阅读凯恩斯，即展示凯恩斯试图解释和确定的资本主义制度内部各组成部分之间近乎循环的相互依存关系，那么要想确定他思想中的政治品格就并非易事。①然而，更进一步地考察表明，凯恩斯关于资本主义制度相互依赖关系的思考，建立在下述单一假定上：工资下降刚性。②构成凯恩斯思考的基础"最终自变量"是"雇主与雇员之间的谈判所决定的工资单位"（*The General Theory*, pp.375—376）。正是在这里，围绕着这一主题，凯恩斯的理论露出了它的真面目；它认识并且利用了工人阶级在其完全自主性上表现出来的权力。这个阶级既无法被镇压，也无法被消灭。唯一的选择就是理解这一阶级的行动并对其革命加以调控。

在这一点上，凯恩斯的干预——因为有效需求的原则而具有辩证性——完全是政治性的，因为它试图有意识地控制工人阶级运动，这些运动必须作为既定的事实，作为过程的必要且有效的因素被接受。凯恩斯思考中的全部概念内容被涂上了力量平衡观念的色彩。③因此，经济政策的任务就是强行在收入和消费倾向上进行不断革命，这才能确保总生产和投资，进而带来政治均衡的唯一可能形式——这一形式仅在下述条件下是有效的，即其准备接受力量平衡的所有风险和不确定性，这种风险和不确定性将永远存在。因此，我们可以这样来总结有效需求理论的精神：它是以阶级斗争为假定前提，并试图在日常生活中，以有利于资本主义发展的方式去解决这一斗争。

四、资本主义的重构与社会国家

如果我们现在进一步考察当前的问题，即1929年的经验如何导致国家结构的变迁，我们就能发现凯恩斯的贡献是何等激进。资本主义国家的转型，不仅表现在其干预能力遍及整个社会，而且也体现在它的结构不得不反映工人阶级的影响。在1929年之后，国家表现为一种一般的组织结构，其特征与其说是干预主义，不如说是体现了特定类型的阶级动力。因此，理解我们目前的国家形式的特殊性的唯一方式，就是强调工人阶级对

① 不过，关于资本主义体系的相互依赖关系在凯恩斯的"正统"阐释者那里得到更加明确的证明。相关论述见R. F. Harrod, *Mr. Keynes and Traditional Theory*。

② "凯恩斯在分析上的贡献主要是指出了'工资刚性'这一假设的可能影响。现在基本上普遍认为真正意义上的凯恩斯的理论体系……依赖于工资刚性假设。如果没有这一假设，凯恩斯的体系就会崩溃，或者说，会失去其独特性，正是这一特点将它与被不够精确地称作'古典'的体系区分开来。"（Gottfried Haberler, *Sixteen Years Later*, p.291）

③ 下述定义作为一个例子就足以说明这一点："总需求函数把设想的各种就业量和各种就业量下的产量所期望能得到的卖价联系在一起，而有效需求则为总需求函数上的一点；在该点，需求是有效的，因为把总供给的情况考虑在内，该点相当于能使企业家预期利润最大化的就业量。"见Keynes, *The General Theory*, p. 55（此处的中译文采用高鸿业的译法，见凯恩斯，《就业、利息和货币通论》，商务印书馆1999年版，第62页。——译者注）。

资本主义结构所产生的巨大影响。

既然国家—形式（State—form）必须体现工人阶级在社会上的影响，现在恰恰是在社会层面上，国家构建了——在其自身结构中——对工人阶级运动进行控制的特殊形式。资本不得不从工厂专制主义和社会无政府状态这个早先的对立关系（并以权利国家的形式，从对充满矛盾的关系进行组织的初步尝试）转向立足于计划的新的国家形式。这一新的国家形式会对工厂专制主义进行社会组织，并将这一剥削的组织扩散至全社会。从而，这一新的国家形式以特殊的方式在全社会范围内将组织和镇压相结合，直接再生产了工厂形象。

因此，凯恩斯对国家的新概念作出了决定性贡献。到目前为止，我们考察了他思想中好几条独立的线索，这些线索最终形成了一幅完整的图画。然而，这不是说凯恩斯缺乏可以超越零散分析线索的总体视角。这一总体视角已然出现在他的利息率理论中。

在这个方面，凯恩斯的理论不同于新古典经济学，因为在后者看来，在资本主义的非社会化阶段，利息率是由生产领域之外的无政府因素决定的（而不是作为节欲的报酬以及资本品供求之间的一个自然平衡因素）。对凯恩斯来说，利息率取决于流动性偏好以及市场上的货币量。然而，如果这是正确的，资本主义社会就会成为无法容忍的风险的牺牲品。单个资本家和食利者被赋予了不应该委托给他们的职能。这只会导致灾难。我们为何要接受这个灾难呢？我们真的必须将这一无政府秩序不可避免的解体交由生产过程的客观力量吗？这不仅会毁灭食利者，而且会让整个资本主义制度轰然坍塌——清算的日子不远矣。凯恩斯总结说，如果我们想要采取行动来拯救资本主义制度，我们就必须促成“食利者的安乐死”（这不仅在政治上非常紧急，在道义上也非常正当）。这将使集体资本得以将利息率降低至与“实现充分就业时的资本边际效率相对应的那一点”（*The General Theory*，pp.375—376）。凯恩斯开出的全部药方都可以用这一论断加以概括。他的目的是为货币流通这一关键领域提供一个确切的保障，如此一来不平衡就可以得到控制。①

乍看起来，这似乎只是对凯恩斯论点的进一步提炼，目的是在资本成为社会资本的层面上，对货币理论和生产理论加以整合。但仔细考察会发现，让利息率从属于与充分就业相关的资本边际效率还有进一步的后果：这尤其体现在将凯恩斯的理论与古典劳动

---

① “货币的最重要的特点是能把现在和将来联系在一起的微妙的环节”，见 Keynes，*The General Theory*，p.293。（中译文采用高鸿业的译法，见凯恩斯，《就业、利息和货币通论》，商务印书馆 1999 年版，第 306 页。——译者注）

价值论相结合的矛盾效应。①这一种矛盾效应再次达到了这种程度，价值规律的再现最终提供了凯恩斯的视角的要害和实质。所有与价值规律的充分运行和直接控制无关的要素都被清除了。最为特别的是，这一制度——即新的制度，新的国家——因此在下述意义上被强化，该制度更充分的成为劳动价值规律得以实现的产物。在此我们的确能看到下述等式得以应用——“社会国家等同于基于劳动的国家”。这是凯恩斯资产阶级乌托邦主义和他对资本辩护的最终且必然的结论。②

如果我们以批判的视角考察这一理论趋势，就会发现这一理论趋势是如何被表达的。有人可能会说，凯恩斯想要在社会资本的语境下验证某些古典（或者如他所说的前古典）经济学的直觉。事实上，在回到社会资本的货币视角与生产性视角的关系时，凯恩斯引入了两个趋势性法则：平均利润法则以及声称货币工资和实际工资倾向于收敛的法则。③在这里，他接近于古典经济学家对价值规律的纯粹描述。我们几乎可以说，就在资本发展成为社会资本的时候，资本成了马克思主义的。很明显，这是一个视觉上的幻象，但同时也存在着历史上的相似性。尽管个别企业的理论事实上忽视了价值规律的问题，但现在考察资本的集体身份的必要性使这个问题得以再度表述。但它不是以马克思的术语再现的，而是以马克思主义的改良主义版本和社会民主主义版本再现的。它不仅作为描述过程的手段（即它如何以隐蔽和趋势性的法则运动）再现，而且主要是作为政治规范和经济战略的一个核心目标而再现。

这就是凯恩斯对价值规律的重新利用为何会在他的思想中引入像社会利益、共同利益这样的神秘化观念的原因。凯恩斯将货币理论还原为生产理论，并且分析了这种还原

① “以往各章的目的之一在于……并把整个的价格论和价值论密切结合起来。我认为把经济学的内容区分为作为价值论、分配论的一个部分和作为其价格论的另一个部分是错误的分法”，见 Keynes, *The General Theory*, p.293（中译文采用高鸿业的译法，见凯恩斯，《就业、利息和货币通论》，商务印书馆 1999 年版，第 304—305 页。——译者注）。“因此，我欣赏古典学派以前的理论；该理论认为每一件物品都由劳动生产出来”，见 Keynes, *The General Theory*, p.213（中译文采用高鸿业的译法，见凯恩斯，《就业、利息和货币通论》，商务印书馆 1999 年版，第 220 页。——译者注）。不过，斯威齐反对所有这类假设：“凯恩斯永远也无法超越新古典主义方法的局限，这种方法以从历史环境中进行抽象的方式认识经济生活，从而根本无法为社会行动提供科学的指导”，参见 Paul Sweezy, *John Maynard Keynes*, p.299。

② 在这种关系中，《通论》的结论是具有典范意义的。这些结论可以说是对资本主义体系毫无保留的颂歌：“我看不出任何理由来认为，现有的经济制度对已经被使用的生产要素具有严重的使用不当之处”参见 Keynes, *The General Theory*, p.379。（中译文采用高鸿业的译法，见凯恩斯，《就业、利息和货币通论》，商务印书馆 1999 年版，第 392 页。——译者注）得到净化的资本主义与个人主义，食利者的安乐死，自由与效率，联合与保存，劳动与自由的强化，这些都是一再出现的口号。很容易将这些口号组成一个具备最大化意识形态内容的完整意象——这足以让那些号称自己方法价值中立的正统凯恩斯主义经济学家感到不适。

③ 钱珀瑙恩《失业、基础与货币》和《预期与未来和当下在经济上的关联》这两篇文章中是准确阐释凯恩斯分析的一篇重要文献，尤其是他对实际工资和货币工资的关系问题的分析，参见 D. G. Champernowne, *Unemployment, Basic and Monetary*; *Expectations and the Links between the Economic Future and the Present*。

在政治上的必要性以及这种还原得以实现的受控的形式，其目的在于呈现一个可以“不通过革命”而实现的最终境况：在这种境况中，利润和利息率被缩减到零，并且货币关系（这是资产阶级权力内部的自主性领域）会消失，因为货币会还原为单纯的记账单位，还原为一种在生产出来的商品之间的一般等价符号，于是偏好货币的所有理由都会消失。①社会利益，在消除了中介性和隶属性要素之后，将和价值规律支配整个发展。资本变成了共产主义的：这正是马克思所说的资本的共产主义（*Capital*, Vol.3, pp.436ff）。

然而，这对凯恩斯来说是一个非常奇怪的展开路线——在其论述过程中，他忘记了他的分析所植根的前提。寄望于价值规律的完全实现，实际上就是寄望于攫取剩余价值的资本主义规律的完全实现。利润和利息率的一致且最后缩减为零，事实上与资本主义社会生产过程中表现出来的平均剩余价值率并无不同（*Capital*, Vol.3, p.154ff. p.358ff.）。剥削并没有被消灭，被消灭的只是其无政府性和竞争性的方面。利润和利息率也并没有被消灭；只是不让它们超过平均值。马克思的反题依然是完好无损的——即便凯恩斯对这个事实毫无兴趣。②更为有趣的事实是，凯恩斯的结论与其体系里的其他主要部分存在着公开的矛盾——尤其是关于有效需求的理论。他主张社会利益不会为两个相互对立阶级之间的阶级矛盾、斗争和权力关系所触动，就否定了这一理论。不仅此前描述的社会现实现在被神秘化了，而且他的科学中也存在一个矛盾，因为他在构造发展规律时恰好依赖的现实，其存在现在又被他否认。进而言之，凯恩斯（不寻常的是他或许受到了剑桥道德哲学学派的影响）③在这里踏进了乌托邦的领地。

这种资本的观念的确是空想性的——一种如此全然社会性的资本，与其说是拒绝通

① 在对先知/上师西尔沃·格赛尔（Silvio Gesell）的令人奇怪的认同中（参见 Keynes, *The General Theory*, pp.353—358），凯恩斯走得如此之远，不仅表示支持格赛尔的消灭货币利息率的提议，而且还认真考虑了格赛尔以印花券来取代货币的提议（抑或以信仰疗救的方法）。若将这种臆想置于一边，凯恩斯对资本边际效率缩减到零这一理论的表述，可以在《通论》第 220—221 页找到最具科学性和意识形态性的形式，见 Keynes, *The General Theory*, pp.220—221（格赛尔，1862—1930，德国商人，1919 年在巴伐利亚社会主义共和国中任财政部长，蒲鲁东的追随者。凯恩斯曾断言：“未来向格塞尔学习的将比向马克思学的更多。”——译者注）。

② 《通论》只有几处提及了马克思（见 Keynes, *The General Theory*, p.32, p.355ff.），并且是泛泛之论，让人觉得作者对马克思的所知有限（不管怎样，凯恩斯在《精英的聚会》中承认“对马克思主义并不精通”）。凯恩斯对十月革命和苏维埃无产阶级国家的论断也非常浅薄（见 Keynes, *Essays in Biography*, pp.63—67, and *Essays in persuasion*, pp.253—271, pp.312—317）。在我看来，在这些情况下，发言的是作为证券交易所投机者的凯恩斯而非作为科学家的凯恩斯。从这个观点来看，如下的陈述就完全可以理解了：“我怎么能采纳（共产主义和马克思主义的）信条——宁要粗茶淡饭不要珍馐佳肴，颂扬粗野的无产阶级却贬低资产阶级的知识分子，后者无论有什么样的错误，依然代表着生命的品质并且当仁不让地承载着人类进步的重任?”（见 Keynes, *Essays in persuasion*, p.258）。

③ 对凯恩斯产生特别明确影响的似乎是自由主义和人道主义的激进主义传统，其在剑桥的代表人物是托马斯·格林（Thomas Green）。关于格林政治思想中的乌托邦内涵及其政治理论的一般取向，见 John R. Redman, editor, *The Political Theory of T. H. Green* 以及 Jean Pucelle, *La nature et l'esprit dans la philosophie de T. H. Green*，特别是第 2 卷 *La politique, la religion. Green et la tradition*。

过货币机制①来表现自己，不如说是拒绝将自己呈现为剥削的社会力量，进而使自己具有自主性、并将自己表现为某种独立的本质和霸权力量。这是一个短期的乌托邦，直到某一天，资本主义利用那因斗争和危机而造成的实质性飞跃，将那些通过市场实现利润的过程中形成的最为明显的扭曲予以消灭。而一旦完成这一步，随之而来的就是那些在社会层面存在的统治和剥削关系的直接的神秘化。②这种神秘化的必然性就是在一种权力平衡中重建资本主义，自1917年以来，这种权力平衡的改变有利于工人阶级。

不过，这样的规划全然是在资本历史的框架内被决定的。它所反映的诸多必然性不仅是理论的，而且直接是政治的：之所以是理论的，盖因这些必然性在政治上非常紧迫并发挥作用。相同的必然性，也由那些类似的对于危机的反思所激发，并成为美国新政的基础，正如任何成熟资本主义内部重建的经验一样。当然，如果我们想研究一下新政，以了解新政是多么忠实于凯恩斯主义，我们很快就会醒悟——事实上，沙赫特（Schacht）*的行为与剑桥学派的思考更加一致。凯恩斯自己也在下述意义上注意到："让资产阶级民主国家去组织大到可以验证我的论述的宏大实验的开支，这在政治上似乎没有可能，除非是在战争时期"（Keynes, *The United States and Keynes Plan*，转引自R. Hofstadter, *The Age of Reform*, p.307）。同样要令人失望的，还有关于凯恩斯与美国政界、特别是与罗斯福的私人关系的分析。③

我们已经指认的构成凯恩斯体系的所有理论要素，在新政的实验中也起到了它们的作用——而且也产生了即便不相同也算类似的效果：从认识到工人阶级对资本主义结构的影响，到旨在通过新的、公共资助的投资来刺激有效需求的政治和经济手段；从强调对社会进行彻底的资本主义重建的紧迫性，到随之而来的特殊的国家类型。④事实上我们可以说，就与国家—形式的变迁关系而言，只有新政的经验明确了我们所看到的凯恩斯主义的根本特征：认识到起作用的经济力量之间关系的变化，以及在这种新的境况下重

① 这种资本的社会化——这种社会化在对货币的拒绝以及货币"被各种各样的流通信用形式所取代"的方案中表现出来——有其可能，马克思在《资本论》（第3卷）已经给出了证明，见Marx, *Capital*, Vol.3, pp.606—607。

② "我们已经知道，资本积累的增长包含资本积聚的增长。因此，资本的权力在增长，社会生产条件与实际生产者分离而在资本家身上人格化的独立化过程也在增长。资本越来越表现为社会权力，这种权力的执行者是资本家，它和单个人的劳动所创造的东西不再发生任何可能的关系；但是表现为异化的、独立化了的社会权力，这种作为资本家通过这种物取得的权力，与社会相对立"，见Marx, *Capital*, Vol.3, p.264（中译文采用马克思：《资本论》（第3卷），人民出版社2004年版，第293—294页。——译者注）。

* Hjalmar Schacht（1877—1970），德国经济学家，右翼政治家，德国民主党的创始人之一。——译者注

③ 参见R. F. Harrod, *The Life of John Maynard Keynes*, pp.445—450, and Mario Einaudi, *La Rivoluzione di Roosevelt*, p.83。

④ 施莱辛格，霍夫斯塔德和艾奥迪（见我们前面所引的著作）注意到，新政并没有特别忠实于凯恩斯主义，但同时他们也观察到，双方的政治构架中存在着客观的重叠。这似乎是应该强调的重点。

构与之相匹配的资本霸权。新政通过在根本上改变“游戏规则”，通过将资本统治精英的重构热情与那些如今已被更新的、长期存在的宪法“正当程序”实践进行令人惊异的综合，而明确了这一点。在这里，我们最终看到了一个为了自我维护而大胆地采用和恢复“不断革命”概念的资本主义国家。它毫无保留地行动，维护自己作为资本主义国家的阶级本质，避免民粹主义或者传统的进步主义意识形态的污点。这里所推行的是资本主义改良主义，这种改良主义与社会民主主义对资本主义制度不平衡的悲鸣相去甚远，且对其能够通过再生产自身来解决问题而极端自信。①

凯恩斯为何没能看到这个激进的历史性实验与他自己的理论和政治思想的本质是何其接近呢？他为何没能看到他的乌托邦的可能性，以及必然与之伴随的神秘化呢？到头来他在这两方面都失算了。这种神秘化本身被一个最终方面揭示了，这便是成熟的资本主义国家的特征：暴力越来越多的使用。暴力可以是直接的，也可以是间接的，但它总是存在于现代国家所从事的全面推进和调节的各项活动的发展过程中。这一根本的真相在凯恩斯那里只是再度附带地出现，它不仅存在于伴随着凯恩斯的科学活动的绝望的历史哲学中，②而且也存在于他的思想体系内。他勾勒了濒于空想的资本主义重建的轮廓，也正是在这里，我们发现凯恩斯自己又回过头来，将资本主义的重建这一基本问题视为处于阶级关系之内的资本一方的弱点，这一阶级关系界定了资本（因而他并没有忘记作为他论述起点的现实，也没有将他的信念仅仅建立在他为资本主义重建所提出的模型的基础上）。对此的阐述出现在《通论》的一个关键之处——重新发现利息率趋向下降的规律。

此处并不需要评价凯恩斯的这一命题是否具有科学有效性。只这样说便足够了：这一现有的阐述方式显得比经典马克思主义的阐述更有说服力，因为它并非基于对资本生产过剩的预测，而是基于对“追加资本贴现收益的下降以及新的资本品供给价格的提高”的预测。③在采用这个阐述的时候，凯恩斯得出了比他的乌托邦纲领大大贴近实际的结论，这些结论产生于作为他的出发点的基本形势。他利用有效需求理论所提供的纲领，不再只是作为旨在实现稳定的各种政策的指标，而且作为预测的工具。这种预测源

① 霍夫斯塔德将这种新的工会会员构成视为美国改良主义新阶段的重要特征，但这种构成完全无损于新政中资本主义实验的激进性——反倒强化了其独特形式。（见 *The Age of Reform*，pp.305—308。）霍夫斯塔德在这场实验中所认识到的“社会民主色彩”与工人阶级视角毫无关系。

② 除了之前引用的其不太重要的作品中的段落，我们应该注意，《通论》本身的写作也有其历史哲学的考虑，而这种历史哲学似乎源于彻头彻尾的非理性主义和悲观主义视角，尤其是在结论部分。在凯恩斯那里，特别且吊诡的是，他对边际主义经济学特有的“理性”（rationality）的攻击是对一般理性（rationality in general）的拒斥。正如罗伯逊（Robertson）注意到的，早在20世纪20年代凯恩斯就已经准备好了接受当时各种“主义”的非理性后果。

③ 关于这整个问题，参见 Arghiri Emmanuel，*Le taux de proft et les incompatibilites Marx-Keynes*。

于对有效需求政策的应用，依照这一预测，需求会超过供给，且之前时期的通货紧缩趋势会让位于持续的通货膨胀的危险。概言之，这一预测的基础在于出现了如下确定而不可逆的全部效应：工人阶级的巨大压力，是客观上在新的资本设备基础上进行生产——这一生产是在被改变的阶级关系内进行的。事实上，这便是在1929年事件所导致的资本主义改良之后，在生产活动的这一直接领域中阶级关系的发展所发生的一切。我们已经看到，甚至在新政时期，也就是在1937年衰退期间，这些都已经发生了。①

然而，在所有这些想要驱除恐惧的科学努力的尽头，对未来的恐惧仍然存在，这是对灾难以及"灾难性的政党"的恐惧。对凯恩斯来说，恐惧源于如下两方面的结合：一方面是重构资本的必要性，另一方面是承认权力平衡得以巩固的趋势有利于工人阶级。在阶级关系处于动态的情况下，要创造新均衡的任何尝试都注定是不可靠的，将运动稳定在某一固定点变得不可能了。在这种情况下，唯一的选择就是将信念寄托在权力上，并将权力作为一种独立而特殊的现实。或许我们应该这样解读凯恩斯将一般利息拔高到绝对地位的做法？以及类似的，他从其有效需求这一理论纲领中所获得解放？在凯恩斯思想里有双重运动，一方面，对于将国家结构认同为社会经济过程持开放态度，另一方面，倾向于承认国家的一般利益与社会运动的特殊性相独立并有所区别。或许我们能从这种思想的双重运动里看到一种矛盾，这一矛盾是制度的新生命所必然具有的？肯定无疑的是，这种不安全感不会减弱。采用制度术语对这一不安全感的唯一充分的翻译，或许便是现代国家的极端暴力特征——**国家**，再度意味着恐惧、对镇压的需要以及暴力。也许这就是凯恩斯的乌托邦主义和神秘化得以消解的方式。与"灾难性的政党"算账成为日常事件。资本的共产主义可以在其运动中吸纳所有的价值，并能最为充分地代表发展的一般社会目标，但它永远不可能剥夺工人阶级的独特性，这一独特性就是对剥削的仇恨，且在任何既定的均衡水平都不能加以阻遏——因为工人阶级也是毁灭资本主义生产方式的一个方案。

① 关于1937年美国危机的阐释主要来自阿恩特，《20世纪30年代的经济教训》，参见 Heinz Wolfgang Arndt, *Economic Lessons of the Nineteen-Thirties*, pp.68—70。

会议综述

新时代马克思主义政治经济学的传承与发展

——第十三届中国政治经济学年会（2019）综述

明秀南*

2019 年 11 月 16—17 日，由中国政治经济学年会各理事单位共同主办，云南财经大学经济学院承办的第十三届中国政治经济学年会在昆明成功召开。本次年会是在新中国成立 70 周年，党的十九届四中全会胜利召开之际，举行的一次具有非常重要意义的大会。来自北京大学、清华大学、复旦大学、中国人民大学、南开大学、西北大学、中央党校等 80 余所高校、研究机构的专家学者参加了本次会议。与会专家学者围绕着“新时代中国特色社会主义政治经济学与新中国 70 年的回顾与反思”等主题展开了深入讨论与交流，并取得了丰硕的成果。

一、新时代中国特色社会主义政治经济学与新中国 70 年的回顾与反思

新中国成立特别是改革开放以来，中国特色社会主义政治经济学在中国特色社会主义建设中形成与发展。党的十八大以来，习近平总书记多次强调要学好用好政治经济学，提出要构建新时代中国特色社会主义政治经济学，不断开拓当代中国马克思主义政治经济学新境界，以更好地指导新时代的经济发展问题。西北大学任保平教授提出，新经济发展给传统政治经济学的理论带来了挑战，中国特色社会主义政治经济学需要在理论上不断创新发展，才能提高中国特色社会主义政治经济学解释现实和指导实践的能力。

新中国 70 年的实践验证了发展是解决我国一切问题的基础和关键，长期高速增长凸显了中国特色社会主义制度的优越性。复旦大学石磊指出中国经济由高增长走向高质量发展还面临诸多短板约束，为了实现中国经济高质量发展，应抓住新产业革命的契机，培育壮大微观经济主体和构建完善的社会保障体系。云南财经大学龚刚认为现有对中国经济高增长动因的解释是以改革开放之前的计划经济为比较基础的，着重强调市场

* 明秀南，云南财经大学金融研究院讲师。

在资源配置方面的优势是推动中国高增长奇迹的最为根本的动力。现有的学者主要强调资源配置权力，而对市场经济中的激励机制却较少关注。一方面，市场既具有资源配置机制也能够为我们提供高能激励，因此我们仍然需要坚持市场经济，坚持改革开放。另一方面，考虑到市场经济的缺陷，在坚持市场经济的同时，也应坚持政府对市场经济的合理介入。政府介入有利于弥补市场在资源配置上的失灵，为社会提供足够的社会保障，以减少市场参与者的生存性压力。中国过去 40 年所取得的成就就是因为坚持了中国特色的社会主义市场经济，激励机制是解释改革开放后中国经济增长奇迹的根本性动力。基于中国独特的土地制度背景，刘守英教授指出中国特色的经济转型包括体制变革与结构跃升，在体制上是旧制度转变为新制度，在结构上由农业国转型为工业国，体制变革推动了结构变迁；中国土地制度最独特性在于政府主导发展权、资本形成最重要的来源是土地资本化，造成了独特的中国式经济转型；面对经济转型困局，要把握在体制上初级阶段和结构上城乡中国这两个“长期性”。

党的十九大报告指出我国经济已由高速增长阶段转向高质量发展阶段，正处在转变发展方式、优化经济结构、转换增长动力的攻关期，建设现代化经济体系是跨越关口的迫切要求和我国发展的战略目标。南开大学张俊山认为在经过长期的社会主义经济建设，特别是改革开放 40 年的发展，国民经济有了根本性变化，解决了人民温饱问题，人民生活总体上达到了小康水平。在新的阶段，我国社会主要矛盾发生了新变化，面对新的主要矛盾，要通过建设现代化经济体系实现新阶段的发展目标，以创新为增长动力，建设结构优化、质量提高、效益优先的现代化经济体系，化解旧有发展模式带来的困难。关于动力转换问题，河南大学的赵学增教授谈到，要实现创新驱动，必须先有驱动创新，包括驱动纯科学创新和驱动应用科学即技术的创新。还有学者从中国人口结构和教育方面展开分析，曲阜师范大学刘刚的研究发现中国改革开放后经济发展取得巨大成就得益于人口红利，社会主义市场经济体制保证平稳增长充分就业释放人口红利，农村土地集体所有制和联产承包制保障劳动力城乡转移，形成结构红利。但更为重要的是人力资本带来的生产效率提升是解释中国经济增长奇迹的重要动力。辽宁大学白云飞的研究发现“人口数量红利”的消失并不意味着不能实现高质量发展，发挥“人口质量红利”才是实现高质量发展的必由之路。

我国社会主要矛盾发生了根本性的转变，存在着结构性矛盾亟待解决。需要从长期性的视角，充分认识中国经济在过去 70 年发生的结构变化。清华大学李帮喜以马克思主义再生产理论为基础，将两大部类再生产图示扩展到包含固定资本、流动不变资本、消费资料三大部类的开放经济再生产图式，分析了生产对物质构成和价值构成的要求，从供给侧结构性改革和收入分配改革探讨中国未来经济结构转型的方向。同时也指出要以美国、日本的去工业化为戒，在结构调整和新旧动能转换过程中注重保持产业链的完整性，并发挥制度的优越性，为技术创新和工业深化提供稳定的金融、汇率环境，通过倒逼机制推动科技创新和宏观经济结构升级。

改革开放40年的奋斗使中国成为第二大经济体，通过发挥自身的组合优势和承接国际产业转移，推动劳动力、土地等要素从农业领域进入工业化、城镇化进程中，成功地实现了较长时期的高速经济增长。国际金融危机后，经济发展进入了新时代，基本特征就是已由高速增长阶段转向高质量发展阶段，粗放型发展模式将难以持续。山东大学魏建在解释中国高速增长背后是社会主义公有制，土地公有制不仅为农民转化为农民工提供了弹性保障，而且为土地的非农使用提供了弹性空间。公有制的作用显示出要有相应的推动要素顺利再配置的制度安排才能实现经济起飞，并且与产权保护相比，在起飞过程中产权有效使用可能更加重要。南开大学段文斌认为在新的发展阶段，中国面临的机遇不再是简单纳入全球分工体系、扩大出口和加快投资，而是倒逼扩大内需、提高创新能力、促进经济发展方式转变的新机遇。产业升级与金融深化的双重任务需要在良性互动中协调并进。作为政府主导型特征鲜明的经济体，中国经济发展模式的全面转型须依托于政府转型，既要培育新动力又要减少阻力，降低制度性交易成本，让市场在资源配置中起决定性作用。

中国经济学的理论严重滞后于中国经济发展的实践，从而导致中国特色社会主义经济学在概念和理论体系构建上更多受到西方话语影响，以及马克思主义政治经济学与西方经济学话语权消长之争。南开大学陈弘对此分析指出，社会主义政治经济学面对市场经济的理论准备不足、西方经济学对市场分析的适应是话语权变迁的起始原因，而借西方经济学否定马克思主义、否定中国市场化改革的社会主义性质的企图也是重要推手。话语权的消长的经验与教训提示我们，在中国特色社会主义新时代书写中国特色社会主义政治经济学，要辩证地坚持马克思主义政治经济学的科学性与革命性的统一；坚持“两个毫不动摇”、市场的决定作用与更好的政府职能的辩证统一；坚持马克思主义政治经济学指导地位与科学汲取西方经济学有益成分的辩证统一。辽宁大学周健和张桂文从研究方法展开分析，进一步地强调中国社会主义经济发展必须也必然要坚持马克思主义政治经济学的基本原理和方法论作为指导。

中国特色社会主义事业在蓬勃发展中，新的实践及创新的理论将不断丰富中国特色社会主义政治经济学的理论体系，在新时代下被赋予了了更高的要求。张林教授指出思想史、政策史和事件构成了完整的中国特色社会主义政治经济学史，对中国特色社会主义政治经济学的史的研究，是对中国特色社会主义政治经济学理论体系的完善。山东工商学院白千文也探讨了新中国70年政治经济学教材体系改革的脉络、困境与出路，应该在政治经济学两大部分，即资本主义市场经济和社会主义市场经济之间补充计划经济，就可以围绕市场经济构建“否定——否定之否定——包含否定之肯定”的结构框架，进而完善政治经济学教材的体系结构。

二、马克思主义政治经济学基础理论研究与发展

马克思主义政治经济学原理奠定了我们分析当代中国经济现象的指导思想和逻辑基础。中国特色社会主义政治经济学是中国化的马克思主义政治经济学，传承马克思主义政治经济学的基本理论与方法。与会学者对此也展开了深入讨论。

传统的政治经济学并未很好地回答利率是如何决定的问题。上海财经大学冯金华通过把价值规律从单一时期推广到不同时期，为利率的决定理论和货币政策奠定牢固的价值基础，根据推广的价值规律，发现在货币流通速度相对于货币数量的弹性大于-1的假定下，政府改变货币量将导致利率反方向变化。浙江外国语学院宋树理和刘晓音对马克思主义国际价值量的变化机理展开研究，以阐释任意单位出口商品国际价值量与实现在其中的世界劳动量成正比地变动、与这一劳动生产力成反比地变动的经济规律，并且有效地区分世界劳动、劳动生产力和世界市场在国际价值量变化过程中的不同作用。揭示了价值规律在经济全球化的市场经济中依然具有普适性和科学性。中南财经政法大学朱巧玲和石先梅将生产价格学说引入对马克思经济增长模型中，在等价交换的条件下，资本主义经济社会平衡增长路径的实现具有偶然性。在生产价格学说下，当两大部类资本积累率为1时，平均利润率的形成使得资本主义经济社会平衡增长路径得以实现；当两大部类资本积累率不为1时，平均利润率形成时资本主义经济社会平衡增长路径的实现，须两大部类的资本积累率必须保持一定的比例关系，这一比例关系具有内在的合理性。

多种所有制形式并存是中国社会主义市场经济中最根本的产权制度和最基本的客观事实，推进混合所有制改革也是社会生产力提升的必然所在。上海财经大学李昊匡和张凯夕将公有制经济与非公有制经济的合作划分为竞争性领域和非竞争性领域，并在构建的演化博弈模型基础上探讨不同所有制竞争中性的合作共生思路。研究结果显示：在竞争性领域，政府应该更多寻求双方合作共生收益的最大化，并依靠政府信用为合作关系的稳定“背书”，保持相关政策的一致性和稳定性。在非竞争性领域，处于产业链上下游的双方合作共生更多凭借生产决策和技术溢出，肆意地扩大再生产不利于经济发展向

最优状态演化，技术应用深度与广度的增加才是合作共生的关键。在不同所有制竞争中性原则下，政府的参与要限定于谋取双方合作可能、搭建技术应用平台以及约束非公有制经济不当行为上。西南财经大学盖凯程发现，近年来，在国内经济转型升级和国际贸易保护主义加剧的多重压力下，市场环境发生了急剧变化，我国一些行业和领域出现了非公有制企业被兼并、国有资本收购民营上市公司等的“国进民进”现象，“国进民退”则是一个伪命题。淮北师范大学周志太和翟文华却注意到我国在经济转型时期存在的“国退民进”现象，并从技术创新方面提出了改进措施。

华为在其成长过程中形成了独特的企业发展和经营管理理念，如100%员工持股；努力探索企业经营成果分配的内部动力机制，使创造财富与分配财富合理化，以产生共同的更大的动力；通过将公司的长远发展和员工的个人贡献及发展有机地结合在一起，形成了长远的共同奋斗、分享机制等，这些均是华为不同于其他公司分配制度的典型特征。华为的企业制度与两权分离条件下追求股东利润最大化的现代企业制度是有根本区别的，这种所有制结构和分配方式更接近于社会主义公有制和按劳分配。厦门大学王艺明运用马克思主义经济学的基本方法，分析社会主义公有制和按劳分配的实现形式，并论证华为在发展过程中形成的所有制结构和价值分配机制，能够为社会主义公有制和按劳分配的实现提供一种可供借鉴的新形式。

马克思在其资本积累理论中分析了社会总资本在剩余价值生产和实现等各环节的规律，清华大学戴霖杉对美国家庭负债的增加与原因展开分析发现剩余价值实现面临的困难不得不依靠家庭透支未来收入来暂时解决。这掩盖了资本家对工人剥削的加剧和工人日益贫困的真相，并使经济危机的可能性在更高层面上得以实现。中南财经政法大学闫境华对“世纪之谜”现象进行了论证与说明，单位商品的纸币价格所代表的价值量的变化仅仅取决于劳动生产率的变化，即取决于商品价值量的变化，正是从这层意义上讲，在“世纪之谜”表象的背后，商品的价格围绕着价值量上下波动，并不违反价值规律。

三、国家的经济理论

杨春学教授指出中国道路的一个关键因素是国家和政府的力量发挥着远比欧美社会广泛得多的作用，且这种力量参与社会经济生活的组织结构也不同于欧美，并从“家族国家观”和“文明国家观”两方面进行了解读。中山大学刘洋戈认为，市场经济是国家建构的基础，提供了国家的压力来源、能力基础、价值保障。现代国家、市场经济拥有彼此契合的发展逻辑，能相互破除社会的阻碍力量。两者的协同强化，是人类社会的未来趋势、发展动力。

只集中不民主，经济政治生活陷入僵化（苏联），只民主不集中，政治涣散、解体乃至陷入被颠覆的危险（东欧国家），但这两种发展模式都是不可持续的，也是不利于社会经济的长期稳定发展的。西南民族大学王虹认为中国在吸取苏联和东欧发展模式经验教训的基础上提出了“鞍钢宪法”：“鞍钢宪法”的提出，是中国在社会经济发展模式上的探索，对当下和未来的中国经济发展模式问题依然具有启发性。政权更替对政府治理和经济增长的影响是富有争议但十分重要的政治经济学话题。北京大学臧雷振运用36个工业化国家的经验数据发现政权更替对长期经济增长并无显著性影响。青岛大学苏志伟和聊城大学郝琳娜分析了美国党派更替对黄金价格波动的影响，通过检验这两个变量之间的格兰杰因果关系，发现政权更替对金价产生了积极影响，而金价对政权更替却并无影响。

中南财经政法大学唐昱茵和胡宝瀛将NGO视为一个独立的主体纳入发展型国家理论的分析框架中，重点阐释了作为组织的NGO在发展型国家转型前后的所发挥的经济功能，弥补了发展型国家理论在NGO方面的理论空白，对现存的发展型国家NGO管理政策制定给予了启示。南京航空航天大学谭芝灵基于国家利益视角探讨了养老金管理问题，并提出政府—企业社会责任合作养老金管理平台的建构模式，健康中国战略中养老金管理体系有益的创新性探索。

在晋升激励和经济增长目标约束下，地方政府面临着较大的保增长压力，有动力通过行政干预来实现预定目标。吉林大学赵新宇和郑国强研究发现，经济增长目标和保增长压力会加重地区要素市场的扭曲程度，而地区创新创业水平的提高可以缓解经济增长目标和保增长压力对要素市场扭曲的正向影响。

四、数理政治经济学与实证分析

通过严谨的数理模型和实证研究计量工具探析中国经济问题，如制度变迁、测算收入不平等和经济增长等，以揭示经济的客观运行机制，为政府政策制定提供经验支持。

改革开放以来，中国取得的巨大经济成就令人瞩目，表明中国共产党作为执政党一定是做对了些什么？中国人民大学孙圣民探讨了改革开放以来，政府主导经济发展的历史起源和影响机制，运用120个城市的数据研究发现马克思主义的传播有利于革命根据地的内部合作和有效治理，进而对我国改革开放后地方政府的能力产生了重要影响，制度状况每改善1%，经济发展水平提升1.339%，制度对经济发展的影响大于人力资本的作用。信息不对称是影响企业与投资者决策的主要障碍，良好的制度体系和政府政策支持都有可能降低信息不对称问题，南开大学杨光研究了债务融资溢价衡量融资约束的问题，结果表明企业入选国家级技术中心名单后，通过“信息黑盒”的打开，减少了企业与投资者间信息不对称程度，降低投资风险从而减少债务融资溢价。

2019 年《政府工作报告》提出“将固定资产加速折旧优惠政策扩大至全部制造业领域”的要求，进一步推动高质量发展和可持续增长。财政部和国家税务总局逐步部署和完善加速折旧政策，通过税收优惠提高企业设备更新投资的积极性，促进制造业转型升级。清华大学李帮喜和刘充基于马克思主义政治经济学的视角构建了分析加速折旧问题的一般理论模型，存在缩短会计折旧年限促进更新投资所带来的正向拉动和调整物理折旧年限导致产能释放不充分的负向拉动两者之间平衡，运用中国 1987—2015 年数据从经验检验和量化了加速折旧对经济增长的具体影响。负向效应存在折旧拐点，确定了物理折旧年限的最低加权平均值，为减税政策的制定与实施给出了理论依据。清华大学顾珊回顾和总结了置盐定理及技术选择问题的理论研究，发现理性选择行为理论并不具备现实性，也不能成为反驳利润率趋向下降规律的有力依据。运用中国数据对技术进步测算的结果表明，技术进步依然对经济增长潜能发挥着正向促进作用。通过与日本的历史经验进行比较，本文发现改革开放以来中国产业政策等手段对经济增长起到了积极作用，同时也启示我们应该继续坚持发挥政府在中国特色社会主义市场经济中的重要作用。云南财经大学田友春在对缺失统计数据估算基础上，测算 1991—2014 年中国细分行业的全要素生产率，从经济增长来源和 TFP 增长动力两个方面揭示中国 TFP 增长率及其变化动态，从行业视角深入探讨中国 TFP 增长率变化的原因及提升途径。研究结果显示，中国经济的高速增长由资本积累和 TFP 增长“双引擎”共同驱动，TFP 增长动力在技术效率和技术进步之间进行着转换，TFP 增长的行业来源更趋多元化和合理化。中国经济结构的服务化并不必然导致总量 TFP 增速下降，但需要通过劳动力的进一步转出，扭转第一产业长期以来阻碍 TFP 增长的不利局面；需要借助对外开放的倒逼机制，推进第三产业垄断性行业的市场化改革，提高技术效率增长速度；需要构建知识密集型服务业和生产性部门之间的协同创新体系，提升技术进步增长速度。

近年来，居民住房问题引起了社会各界的广泛关注，已经成为城市居民高度关注的头等大事和矛盾焦点，关于中国住房不平等的测算及其影响因素分析。武汉大学赵伟和盛悦非基于中国家庭金融调查（CHFS）2011 年、2013 年和 2015 年的数据，研究中国城镇居民住房不平等的发展变化。结果发现，无论是全国整体，还是地区间以及地区内部，中国城镇居民住房不平等问题都较为严重，家庭住房资产不平等是居民家庭财富不平等的重要诱因；住房不平等严重影响居民获得感，损害社会稳定。家庭收入、受教育年限、以及家庭金融市场参与度等都是影响家庭住房资产不平等的重要因素。武汉大学胡晶晶和叶振梁同样也运用中国家庭金融调查（CHFS）数据对住房阶层对城镇居民主观幸福感的影响进行了实证研究，结果表明居民所处的住房阶层与其主观幸福感显著正相关。与其他年龄段相比，住房阶层的提升对提高40岁以下年龄段的城镇居民主观幸福感的影响更大，而且由无产权住房阶层上升至有产权阶层对提升他们的幸福感边际效应最大；与中西部地区相比，东部地区的居民主观幸福感受到住房阶层的影响更大，而且由无产权住房阶层上升至有产权阶层对提升他们幸福感的边际效应也最大。鉴于此，政府不仅要通过大力发展住房租赁市场，努力提升无产权住房阶层城镇居民的主观幸福感，而且要通过共有产权住房建设、住房金融支持政策等鼓励城镇居民实现住房阶层的有序向上流动，进而提升其主观幸福感，此外，还应当建立和完善房价调控的长效机制，缓解住房阶层分化及由此带来的城镇居民幸福感的撕裂。政府还应通过坚决贯彻落实“房住不炒”方针，因城施策，抑制投机投资性需求，扶持刚需购房、增加住房保障覆盖面、扩大房产税试点、合理调节过高收入和过多财富等措施来缓解城镇居民的住房不平等。

五、新时代中国经济发展：理论与实证研究

党的十九大报告指出，我国经济发展进入了新时代，但也面临着金融体制改革、贸易摩擦、城镇化及环境污染等问题，如何推进我国经济持续发展，与会学者展开了热烈讨论。

关于金融改革。范从来教授阐述了中国金融改革及其发展的脉络，在改革的内容与方式方面均具有中国特色，相比于其他国家取得了更好的改革成就，并使得经济产生了市场化的金融需求，实现了经济与金融的同步发展，是一种经济金融共生性渐进式改革。同时也指出了中国金融发展存在着“脱实向虚”、结构错位和金融风险加大等事实。中国人民大学黄泽清基于全球化视角探讨金融供给侧结构性改革，指出我国可以通过外汇管理机制改革和外汇储备来影响货币供给结构，通过资本市场管理机制和劳动力管理机制来影响金融资产供给结构。

关于中国改革开放。自2018年3月美国挑起中美贸易摩擦以来，两国已经历了十一轮贸易谈判，2019年5月9日贸易冲突再次升级，美国总统特朗普宣布对2 000亿美元中国进口商品加征的关税由10%增加至25%。陕西师范大学许军和陈春燕运用关税福利效应理论进行定性分析，发现美中互征关税是双输的结果，但中国生产者福利受损水平更高，全球市场会明显萎缩。

积极促进“一带一路”国际合作和自贸区建设，是我国培育国际经济合作和竞争新

优势的重要举措。对外实现“一带一路”建设、加强经济合作，缓解中美贸易摩擦带来的不利影响。北京大学张辉教授认为“一带一路”是中国在全球价值双环流结构中，构建以中国为主导的亚欧非大区域治理平台，平衡经济治理与社会治理，从而促进本国产业结构升级，以实现和平崛起的一套全球治理机制。山东大学孙瑞琪利用演化博弈模型分析了利益分配和外部环境的变化将会对“一带一路”合作产生的影响，以及合作维系的方式选择。认为合作可以实现对内实现经济的转型、深化改革还有利于进一步地扩大开放。建设自由贸易试验区是党中央在新时代深化改革扩大开放的一项战略举措，也是马克思主义空间政治经济学在中国化应用中的实践创新。海南大学张晖和李世杰发现自由贸易试验区能推动生产力空间的（再）领域化，扩大生产力和生产要素活动范围，融入全球生产网络；通过制度创新，树立中国特色社会主义制度自信，制定国际经贸规则，有利于进一步完善中国特色社会主义制度体系；通过优化空间资源分配，加快全面开放、彰显社会主义制度优越性，推动互利共赢，走向“人类命运共同体”。上海交通大学黄琪轩从国际政治经济学的角度探讨了国家安全影响到中国的技术发展战略，并总结认为政治是“主人”，技术是“仆人”，国际安全形势的变迁驱使中国技术战略的改变。

关于中国城市化问题。韩文龙副教授指出新时代城乡关系呈现了融合发展的新趋势、核心要义、本质以及我国具备的条件，在此基础上提出了新时代城乡融合的实现路径。新时代中国多中心城市群的协调发展问题已经上升为国家战略。它的发展不仅需要注重发展质量和发展的平衡性，更需要注重发展成果由全体人民共享。如何指导多中心城市群发展问题，西南财经大学姚常成和宋冬林指出传统西方经济学为理论指导的资本主义国家城镇化进程，虽然也将城市群建设作为未来的主要方向，但城市群内部的贫民区与两极分化问题却愈演愈烈。相比之下，以中国化的马克思主义政治经济学为理论指导的中国特色社会主义伟大实践却能从社会的主要矛盾变化出发、以生产力发展要求为根本动力、以变革社会生产关系为内涵，系统性、全方位地推进多中心城市群的协调发展。粤港澳大湾区的建设目标是国际一流湾区和世界级城市群。广东外语外贸大学董小麟指出粤港澳大湾区建设的提出与实施，标志着中国乃至世界新兴经济体的城市与城市群在国际经济关系的大格局中将愈益发挥重要而积极的作用。作为以研究经济关系为本的马克思主义政治经济学及其中国化进程，需要从这一现象及其运行变化中加以思考探究。

关于环境污染问题。“波特假说”认为设计行之有效的环境规制政策能够激励企业技术创新。云南财经大学明秀南基于中国 2002—2009 年中国工业企业数据，以 2006 年国家“十一五”规划首次实施主要污染物减排这一约束性控制作为自然实验，运用三重差分法考察了环境规制对企业技术创新的影响。研究发现，环境规制具有显著的技术创新效应，即中国首次实施排污约束政策显著提高了污染行业内企业的技术创新水平，环境规制至少能够解释行业间技术创新水平差异的20%；相对于新进入的小规模企业，环境规制对规模大的存活企业的创新活动影响更为明显；通过构建通风系数指标来处理环境规制的内生性问题后，上述结论依旧稳健，并提示了我国首次实施排污约束政策能够实现环境友好和企业技术升级的“双赢”结果。

六、贫困问题与乡村振兴

全面实施乡村振兴战略、打赢脱贫攻坚战，是新时代“三农”工作的总抓手和必然选择，确保高质量跨越发展。对此与会代表进行了深入探讨。

无产阶级贫困理论是马克思主义政治经济学的重要内容。四川大学贺立龙回顾了马克思的贫困理论，指出合作工厂的出现、工人运动的进行、剩余价值生产方式的变化、劳动力价格的波动以及人力资本水平的提高都会促使绝对贫困向相对贫困转化。在其中的某些条件下，相对贫困还会向绝对贫困重新转化。绝对贫困的发生与社会历史条件相关，而相对贫困则表现出一种必然性趋势，在资本主义制度下，促进生产力的进步、激发资本主义市场经济的自我调节，以及推动社会制度的变革是解决这些问题的关键途径。

新中国成立后，中国政府一直致力于发展生产、消除贫困的工作，取得了举世瞩目的伟大成就。提前实现了联合国千年发展目标中贫困人口减半目标，为全球减贫事业作出了重大贡献，谱写了人类反贫困历史上的辉煌篇章。辽宁省委党校胡亚莲回顾新中国70年的减贫历程，总结新中国70年扶贫开发的历史经验，既可以为中国今后做好扶贫开发工作提供经验借鉴，又可以为全球减贫事业贡献中国智慧和中国方案。财政扶贫在中国特色扶贫开发中处于主导和主体地位。兰州大学邓金钱从“人本财政”的逻辑出发，指出中国特色财政扶贫的政策演变呈现出从瞄准温饱的“救济开发式扶贫”向瞄准共富共享的“精准扶贫”探索的创新性特征。新时代财政扶贫应聚焦于精准扶贫精准脱贫的“精准方略”全过程，围绕“扶持谁”“谁来扶”“怎么扶”“如何退”构建全方位的财政支持体系。西北大学吴振磊和李钺霆认为易地扶贫移民作为攻克深度贫困地区脱贫难题的一项有效途径，是当前脱贫攻坚的首要任务。在未来的易地扶贫工作中，重点应对好以下四个风险：一是多途径稳定搬迁移民生计风险；二是多渠道拓展搬迁移民社会关系网络降低移民融入风险；三是多维度完善扶贫产业市场化机制把控扶贫产业面临的市场风险；四是多层次健全公共服务保障体系削弱移民心理依赖风险。

土地问题是实施乡村振兴战略的重要载体，也是影响乡村振兴战略成败的关键问题。江西财经大学康静萍通过对江西省泰和县螺溪镇的土地流转实践调查，发现土地流转在乡村振兴中的作用和意义是十分巨大的。得出土地流转是实现农村产业发展和乡村振兴的关键；土地流转中市场的作用是有限的；农村基层组织是土地流转不可或缺的力量；农业产业振兴中要增加农民收入。巩固和完善农村基本经营制度是新时代我国实施乡村振兴战略的制度底线。面对农业农村现代化过程中的产生的问题及挑战，我国党和群众在各地实践中逐渐探索出了多元化的农村基本经营制度实现形式。四川大学赵苏丹根据农村基本经营制度的三大构成要素，构建起一个“环境—动力—主体”的制度分析框架，对农村基本经营制度不同实现形式的制度优势与缺陷、形成条件和推广途径进行分析，得出基本判断。云南师范大学王兴芬从人口城镇化与土地城镇化及其协调发展含义、人口城镇化与土地城镇化的互动机理以及人口城镇化与土地城镇化协调发展的实现机制三个方面展开理论分析。认为人口城镇化与土地城镇化协调发展的实现要求健全的市场机制与科学的政府调控相结合，政府创造良好的外部环境，市场在资源配置中起决定性作用。山西财经大学李玲娥探讨了资源型地区转型的规划决策体制机制演变，认为我国必须同时注重市场机制的作用，构建决策主体多元化、决策方式多样化、政府调控与市场调节并重的转型规划决策新模式，提高转型的效率。

七、共享发展与新发展理念

人工智能等新技术新理念在全球范围内蓬勃兴起，新时代也必须坚持新发展理念。与会学者围绕着人工智能、新发展理论等进行了深入讨论。

人工智能作为信息时代科学技术创新的结果，是包含高科技含量的生产力范畴，它使社会生产力基础产生变化。西北大学刘盼、宁启和白永秀认为智能化因素渗透在生产力各要素中并带来人机关系的变化，使劳动创造价值呈现出新的特点。人的劳动表现为智力劳动力提供的富有创造性的智能劳动、劳动资料为智能型劳动资料、劳动对象更具可开发性和可扩展性。智能化机器体系加剧“机器排挤人”的同时产生了人与人、人与机器间的重新分工，人机融合趋势加强，人的智能劳动在价值创造中的作用更加突出。在智能劳动创造价值过程中，智能劳动发挥了价值创造的乘数效应，人机分工和人机协作增值的价值部分突显，价值形成的内容更加丰富，资本有机构成显著提高。

数字经济的时代特征集中反映在生产领域中，也就是劳动者怎样同生产结合，如何进行劳动的过程中。福建社会科学院孙璇探讨了数字经济中的劳动变革与促进劳动力结构转型的问题。数字化的生产变革促使劳动力剧烈分化，出现了数字化劳动力供给减速、供给失衡和发展空间狭窄等劳动力结构失调现象。促进数字经济发展的劳动力结构的转型，需要探索构建现代高效的劳动公共治理体系，强化数字产业发展的就业带动力，增进数字经济劳动分配红利并构建数字经济多层次人才教育培训体系。近十年，以消费、产业互联网为主营业务的互联网企业，快速成长为所在产业的重要创新、增长来源。上海社会科学院封鸣朝阳运用马克思主义政治经济学基本理论，解释互联网企业的快速发展。同一数据可承载多种信息，数据集所含信息量大于每个数据承载量的简单加总等属性，使互联网企业具有以下相对优势："无偿或低成本""标价为零"的"免费商品"、高效率和低实物形态依赖度。这些优势提高了企业对资本的容纳上限、吸引力大小和增值速度，加快了单个资本的规模扩大速度，实现了互联网企业的快速发展。

共享发展理念体现了"以人民为中心"发展观思想，突出了人民在发展中的主体地位，是马克思主义的重要价值追求与目标，是新时代中国特色社会主义的本质要求。共享发展要求人人参与发展过程、人人享有发展成果，是社会主义公平正义和发展效率的统一。实现共享发展，首先要解决分配问题，分配理论是马克思主义经济学的重要组成部分。西北大学何爱平和赵任洁首先按从一般到特殊的思想逻辑对马克思主义经济学分配理论的主要内容进行了梳理和归纳，并在马克思分配理论视域下，从全民共享、全面共享、共建共享和渐进共享四个方面考察了新时代下共享发展理念的基本内涵和实现途径，体现了新时代共享发展理念对马克思主义经济学分配理论的继承和创新，为推进共享发展和中国分配制度的改革提供相关理论支持和启示。兰州财经大学张小瑛和张存刚认为共享发展，可以有效实现社会生产与分配领域的有机统一，解决社会公平正义与民生问题，从而实现东西部地区平衡充分发展。在生产力与生产关系矛盾运动中推动共享发展，调整不合理的生产关系，重点改革和完善收入分配制度与社会保障制度，增强西部人民的"幸福感""获得感"，促进西部全面发展。

绿色发展理念是以习近平同志为核心的党中央在新的实践基础上深刻把握自然规律和经济社会发展规律的最新理论成果。坚持并以绿色发展理念为指导破解新时代经济社会发展问题、加快推进绿色发展和生态文明建设，首先需要从理论上深度剖析其科学内涵。兰州财经大学陈增贤基于马克思主义方法论视角，认为：绿色发展理念是马克思主义理论及其生态思想的时代最强音。从唯物论视角突出强调生态环境的前提性和有限性；从辩证法视角突出强调生态与经济的统一性和耦合性；从唯物史观视角突出强调尊重自然规律和发挥主观能动性的协同性、持久性以及经济社会发展和目的性和规律性的相契合。同时对其现实价值进行阐释，以期为有效降解人与自然之间的内在张力、共建共享人与自然和谐共生、生态与经济共赢的现代化经济体系、推进全球生态治理以及构建人类命运共同体提供科学的方法论指导和理论依据。

八、当代资本主义经济

经济金融化与新自由主义的兴起，是全球化时代资本主义的两个最突出特征。发达国家金融自由化运动促成了经济与资本的金融化，进一步推动了资本主义从工业资本主义进入到金融资本主义阶段。与会学者围绕着当代资本主义经济进行了讨论。

中国社会科学院杨虎涛教授总结了西方马克思主义经济学者、新熊彼特学派和后凯恩斯学派后凯恩斯学派等非正统经济学对抑制性长萧条的解释，并指出了三种解释的不足并做了补充。西南财经大学骆桢也认为指出后凯恩斯经济学也存在很多问题，包括模型的稳定性问题，均衡产能利用率与正常产能的协调问题，需求与供给增长的协调问题等，这些问题的解决方案总是和马克思效应有着或多或少的联系，这也预示着马克思和后凯恩斯宏观经济学的融合趋势。中国人民大学李黎力同样也认为现代货币理论需要吸收马克思主义的批评，更深入地研究政府赤字开支对宏观经济运行所产生的确切影响，中国作为中国特色社会主义国家，在批判性借鉴和利用现代货币理论服务“大政府”建设方面，具有资本主义国家无可比拟的优势。

中央党校张雪琴基于金融化与资本积累相结合的角度展开分析，提出以生产和金融相互背离为主要特征的当代资本主义金融化分析框架，认为成熟资本主义经济体的基本经济结构在20世纪最后几十年日趋金融化，为坚持和发展马克思主义经济学做出了重要贡献。中国人民大学陈享光发现伴随金融化发展，金融化资本不断积累，并在金融领域、投机性非生产领域以及全球资源配置领域的循环和扩张，逐渐突破产业资本循环的约束并脱离产业资本而相对独立发展，从而使得产业主导逐渐为金融化资本主导所取代，这不仅弱化了金融领域的资本与产业资本间的联系，甚至造成产业资本积累的金融化，而且造成脱离实体经济的虚拟经济独立发展。建立产业资本积累主导的积累机制而不是金融化资本积累主导的积累机制，才能从根本上解决“脱实向虚”问题，强化金融对实体经济的支持。

贵州财经大学鲁保林认为新自由主义改革方案致力于恢复资产阶级的整体利益，但在新自由主义泛滥时期产业资本却趋向衰落，而金融资本的地位不断提升。2008年爆发的国际金融危机充分暴露了放任金融自由发展的本质缺陷，但经济金融化趋势至今仍然难以逆转。面对当前全球化下资本主义的极限问题和社会的转型问题，吉林大学王人骏回顾了英国新马克思主义经济学家梅格纳德·德赛尝试用“市场动力”理论，自由是市场发展的动力，市场是社会存在的动力，全球化下的自由市场是社会转型的动力。尽管德赛的“市场动力”理论站在资本主义立场，维护资本主义生产关系，还有一定的局限性，但其全球化的视角，对资本主义市场的剖析，以及对社会转型的认知还是具有独到之处，对中国社会主义市场经济改革具有借鉴意义。

货币本质不是寄托在某个自然物上，而是包含在它的社会属性之中，它是交换经济形态在某个特定历史阶段的实践中反映出来的社会属性。福州大学方建国认为货币政策本质上就是国家信用干预，但货币信用化和资本虚拟化存在着经济“脱实向虚”的风险，数字货币的非主权性和去中心化的特征说明它作为信用存在的基础，必将影响到未来社会生产和生活方式的变革。

“学术—理论话语”与“政策—制度话语”的良性互动与相互转化

——“中国政治经济学40人论坛·2019”综述

盖凯程　张　志　徐志向*

中国特色社会主义事业的蓬勃发展和中华民族的伟大复兴，期待并呼唤着政治经济学的发展和创新。为了推动中国特色社会主义政治经济学的建设，促进中国特色社会主义政治经济学“学术—理论话语”和“政策—制度话语”的良性互动与相互转化，由复旦大学经济学院、西南财经大学经济学院、中国政治经济学年会秘书处共同主办的“中国政治经济学40人论坛·2019”在四川成都成功举办。本次论坛聚焦于“开拓中国特色社会主义政治经济学新境界”“纪念新中国成立七十周年与中国经济理论创新发展”“关于十九届四中全会理论成果的解读与阐释”以及“新时代中国特色社会主义政治经济学重大理论和实践问题”四个方面。

一、开拓中国特色社会主义政治经济学新境界

党的十八大以来，习近平总书记高度重视政治经济学的发展和创新，提出了“要不断开拓当代马克思主义政治经济学新境界”“坚持中国特色社会主义政治经济学的重大原则”等科学论断，为新时代中国经济发展提供了一个重大理论命题，与会学者围绕这一命题进行了深入讨论。

开拓中国特色社会主义政治经济学新境界要以习近平新时代中国特色社会主义思想和马克思主义基本原理为指引，要在坚持马克思主义立场、观点和方法的基础上，紧密结合中国改革开放的具体实践，在与时俱进中加以创新。复旦大学石磊基于政治经济学建构过程中必须面对的六个重大问题，对新经济发展与政治经济学体系的结构改进进行了深入剖析，认为新经济包含两个部分，第一部分是被世界认同的，包括新技术、新市场、新工艺流程在内的新经济。中国的新经济涵盖了这一部分，但更包括由中国自身结

* 盖凯程，西南财经大学经济学院副院长，教授，博士生导师；张志，经济学博士，西南财经大学经济学院讲师；徐志向，经济学博士，西南财经大学经济学院讲师。

构转型所产生的现代经济形态，而中国所涵盖的两部分新经济概念恰恰对政治经济学的教学和研究提出了非常多的挑战。新经济正以前所未有的方式和速度改变着人们的生活、生产方式以及交往方式。此外，还特别强调政治经济学不能只在生产层面上做功利主义的解释，它在社会经济关系上所呈现出来的镜像还需要更充分科学的解释，社会政策领域也需要这样的解释。

伦敦大学亚非学院卢荻批判了“中国恶化发展中国家的去工业化趋势论”（crowding-out）和“中国压低发展中国家工人阶级的劳动条件论”（under-cutting）。他认为，在世界资本主义愈趋新自由主义化、金融投机化的环境中，中国的政治经济结构始终坚持着生产性导向，中国的对外经济活动对于促进世界发展极具积极意义。从政治经济学的立场看，更根本的问题是价值的创造和分配，表现为对工业化和资本积累的推动作用。发展中经济体的生产性投资不足、从而生产结构趋向初级化，根源不在于能力，而在于诱因。中国能否成功地成为新自由主义金融霸权的掠夺性积累的替代者，这不仅取决于能力，还取决于意愿，取决于生产性导向和投机性导向背后涉及的（国内、国外）政治经济势力的对垒。

四川大学张衔从马克思经济学和新凯恩斯经济学的理论模型出发，结合中国经验事实，对宏观货币政策的有效性进行了深度考察。他认为货币政策体系内部存在冲突，中央的货币政策不能直接作用于非商业银行市场主体，通过商业银行传导，实现中央银行的调控目标，中央银行宏观调控遵循逆周期行为准则。但商业银行是自主的营利机构，且利率具有顺周期性。因此，在经济下行时，商业银行为了避免系统性风险，必然会因惜贷而导致经济恶性循环。同时还强调：（1）市场经济必然存在周期，原因不是货币供给不足或企业负担过重，而是再生产比例失调、生产与消费等的冲突、周期性产能过剩；（2）保持市场调节，用扩大政府需求对冲产能过剩的后果；（3）中央银行的主要责任是最后贷款人和对银行的监管。制定经济政策时要充分考虑到经济运行的周期性，经济的周期性无法通过强制措施予以消除。

复旦大学孟捷区分了中国特色社会主义政治经济学的“学术—理论”话语和“政策—制度”话语，并认为两者既有差别也有统一，如何正确处理好两种话语之间的关系对于中国特色社会主义政治经济学的健康发展意义重大。他强调，要承认“政策—制度”话语是中国改革以来中国特色社会主义政治经济学首要的推动力，没有它的改变，我们很难想象有我们当代中国的社会主义政治经济学，但同时我们也要看到在“政策—制度”话语的生成机制中也存在一些问题。而且突出这两种话语的差异可能是现在发展中国特色社会主义政治经济学的一个主要矛盾。

开拓中国特色社会主义政治经济学新境界要系统化认识和研究社会主义基本经济制度的重大理论问题。西南财经大学刘灿指出，构建中国特色社会主义政治经济学的理论体系，要从社会主义基本经济制度出发，遵循“社会主义基本经济制度→核心层→保护层→重大理论问题→理论框架→系统化理论”的路径。虽然政治经济学在近几十年取得很大进步，但政治经济学现有研究框架还不能充分容纳学科本身发展的需要，因此要不断深化学科认知，充分理解中国特色社会主义政治经济学的内涵，继承和延续马克思主义政治经济学的基本理论和方法，同时关注和适当吸收西方经济学（包括新制度经济学、新政治经济学等“非主流经济学”各流派）、国外马克思主义经济学的思想、理论成果和研究方法，努力推动学科的开放式发展。

北京师范大学沈越从否定民营经济的错误观点出发对社会主义与共产主义的历史界限进行了论证，批判了社会上流行的否定民营经济的错误观点，认为错误的关键在于混淆了共产主义与社会主义的界限，错误地把共产主义目标当成社会主义甚至初级阶段的任务。虽然社会主义市场经济定位符合中国国情，但却没有完全摆脱混淆社会主义与共产主义的错误，只是暂时绕开了它，一旦气候适宜，否定民营经济之类错误言论便会出现。同时他指出，社会主义初级阶段理论仍有不足，需要根据中国经验进一步发展。应慎言向共产主义过渡问题，其时间节点不由生产力绝对水平决定，而取决于社会主义基本经济制度是否还能容纳生产力的发展。

二、纪念新中国成立70周年与中国经济理论的发展与创新

2019年是新中国成立70周年，回顾70年的艰苦奋斗历程，总结中国发展所取得的伟大成就和宝贵经验，并对我们在发展中遇到的问题加以反思和改进，有利于中国经济理论的持续创新发展。

复旦大学史正富认为，只要举措得当，未来中国经济的平均增长率不会低于8%，并且完全可能达到10%。具体而言，通过将社会总生产性资产分为企业拥有的微观资产和支撑企业生产的更广义的全社会共有的基础性战略性资产（BSA，basic strategic assets），他提出了宏观—战略投资的概念，并认为宏观—战略投资同微观—利润驱动型投资可以互生共持，前者为后者创造需求、要素及技术；后者为前者创造用户与功能拓展。据此，通过打造宏观—战略投资基金体系，进行专业化的基金运作，构建宏观金融工程，用货币供给双轨制对冲市场化金融的失灵，将央行作为国家发展规划的中枢执行机构，他提出了功能货币论的概念，并认为通过这种办法可以确保经济进入高速与高质量增长的黄金年代。

西南财经大学丁任重系统概括了从马克思、恩格斯到毛泽东、邓小平、江泽民、胡锦涛和习近平五代中央领导集体关于强调发展的经典论述，并梳理了新中国成立70年来我国理论界和实践界对发展概念认识的演进过程。具体地，内涵层面体现为对增长与发展这两个不同概念的认识的转变；实践层面体现为经济增长方式向经济发展方式的转变；目标层面体现为由追求高速增长向追求高质量发展的转变。最后他指出，两位数高速增长的时代已经过去，保持中高速增长是当前我国经济发展的最终目标，但是在追求一定速度的基础上要兼顾提高发展质量，仅仅靠高速增长无法满足人民群众对美好生活的向往。

云南财经大学龚刚认为现有对中国经济高增长动因的解释是以改革开放之前的计划经济为比较基础的，着重强调市场在资源配置方面的优势是推动中国高增长奇迹的最为根本的动力。但对市场经济所具备的其他机制，如激励机制等却甚少关心。由于市场经济能为我们提供高能激励，因此我们仍然需要坚持市场经济，坚持改革开放，坚决纠正诸如“民营企业退场论”等错误思潮。另外，考虑到市场经济的缺陷，在坚持市场经济的同时，也应坚持政府对市场经济的合理介入。政府介入有利于弥补市场在资源配置上的失灵，为社会提供足够的社会保障，以减少市场参与者的生存性压力。中国过去四十年所取得的成就就是因为坚持了中国特色的社会主义市场经济，市场的效率并不在于配置资源，而在于激励。

安徽大学荣兆梓通过比较社会主义和资本主义两种经济制度创新红利分享空间的差异性以及社会主义条件下创新红利分割点的移动方向，认为不同的经济制度红利分享空间存在差异，且资本主义经济制度显著低于社会主义经济制度，而无论利益分割点如何移动，社会主义再生产都将朝向提高人民福祉、满足人民群众日益增长美好生活需要的目标。然而，当前的问题是创新红利分配策略面临着公平与效率的两难选择。针对企业成本压力大，生产企业利润率下降难以应对的问题，他进一步指出，一是要协调劳动报酬与劳动生产率的同步增长，努力实现居民收入增速与经济发展速度同步；二是要多方面帮助企业降低成本，化解劳动报酬提高的利润压力，提高市场竞争力；三是要加快推进科技进步、产业升级，完善创新型国家的体制和机制，在国际科技竞争中发挥社会主义市场经济的制度优势，捍卫发展中大国的发展利益，从生产力落后的陷阱中强势突围。当然，要想同时做好这三件事，关键在于发挥社会主义基本经济制度的优越性。

中国经济能够取得巨大成就得益于中国特色宏观调控。东北财经大学庞明川认为健全宏观调控制度体系就是要解决宏观调控制度内生的问题与制度体系的完善问题，从客观上增强宏观调控的科学性。在他看来，中国特色宏观调控的社会主义制度性质表现在：（1）中国特色的宏观调控是在马克思主义指导下形成的，宏观调控作为政府的重要经济职能，也必然会自觉地接受马克思主义的指导；（2）中国特色的宏观调控是社会主义市场经济体制的重要组成部分，产生于社会主义计划经济时期，形成于社会主义市场经济相对较为完善的阶段；（3）中国特色的宏观调控=社会主义基本经济制度+宏观调控，是宏观调控与社会主义基本经济制度的有机结合，基本思路是总量调控+结构性调控（既要解决市场失灵，又要实现公平正义）。

复旦大学周文认为用中国理论阐释中国实践，深刻揭示新中国70年伟大成就背后的理论逻辑，是当代经济学急需面对的重大现实问题。伴随着中国正日益走向世界舞台中央，为引领中国经济更好发展，中国必须要有自己独立的经济学理论体系。为适应新时代发展的需要，我们的经济学理论研究尤其需要进行供给侧结构性改革，更好推进经济学研究的高质量发展。在他看来，2019年诺贝尔经济学奖的最大警示就是，我们的经济学家们要担当起新时代的历史使命，尽快合力推进探索和总结新中国70年成就背后的经济学理论逻辑，用中国理论阐释中国实践。此外，他还强调2019年诺贝尔经济学奖得主没有任何关于中国减贫实践经验的总结和系统化理论阐释，缺乏中国样本，他们的理论最多只能算作隔空喊话。

金融活，经济活；金融稳，经济稳。南京大学范从来认为中国金融改革是经济金融共生型渐进式改革，是以需求为导向的改革。中国的金融改革是经济改革产生市场化的金融需求，在此基础上进行金融改革，并通过金融改革支持经济的渐进式改革，实现了经济金融的同步发展。与主要发达经济体、转型经济体以及其他发展中国家的金融改革实践不同，中国并未简单地遵循金融深化、金融市场化和金融自由化的理念，而是在立足本国国情的基础上，根据经济转型和发展阶段的特定需要来进行金融市场化改革。在金融改革的内容和方式上，中国表现出了不同的特征，并且取得了更好的改革成绩。他将金融改革的中国经验归纳为：（1）金融改革要孕育在经济改革之中，服务于经济改革的需要；（2）金融改革的方式应该视经济发展的阶段、经济转型的程度而定；（3）金融改革要处理好金融效率提升和金融稳定的关系，政府因素和市场因素都不可或缺。

四川大学蒋永穆基于新中国70年的农业发展道路，将中国特色农业现代化探索历程归结为“技术为主阶段”“技术与制度并重阶段”“制度为主阶段1”“制度为主阶段2”，并着重指出：（1）遵循马克思主义认识论的一般规律，在“实践、认识、再实践、再认识”的辩证运动过程中，中国共产党关于农业现代化的认识不断完善，并在若干重大理论问题上实现了突破与创新；（2）“中国特色”农业现代化的形成与完善，既接受了马克思主义农业现代化思想的指导，又与我国基本国情和具体农情相结合，同时积极跟踪世界农业现代化发展的趋势，是多方面因素综合作用的结果；（3）总结70年来的实践探索和理论创新，“中国特色”农业现代化朝着科学、全面和系统的方向演进，其根源在于中国共产党的坚强领导，坚持走中国特色发展道路，积极解放和发展农业生产力，调整和完善农业生产关系，不断探索和开拓中国特色农业现代化发展路径。

三、关于党的十九届四中全会理论成果的解读与阐释

党的十九届四中全会提出了一系列新的科学论断，第一次系统描绘了中国特色社会主义制度的图谱，明确了坚持和完善中国特色社会主义制度，为把我国制度优势更好转化为国家治理效能指明了前进方向，与会专家学者从多个视角进行了深刻解读和阐释。

西南财经大学刘灿对十九届四中全会提出的坚持和完善社会主义基本经济制度进行了解读，认为系统化研究社会主义基本经济制度的重大理论问题是构建中国特色社会主义政治经济学学科理论体系的重大任务。马克思主义政治经济学从辩证唯物主义和历史唯物主义的角度出发，构建了分析基本经济制度和生产关系的理论逻辑。中国特色社会主义政治经济学要从基本生产关系层面研究、坚持和完善中国特色社会主义基本经济制度的重大理论问题，揭示生产力和生产关系变化的经济规律，构建中国特色社会主义政治经济学的理论体系，从而更好地指导中国特色社会主义建设实践。

十九届四中全会提出要健全以国家发展规划为战略导向，以财政政策和货币政策为主要手段，就业、产业、投资、消费、区域等政策协同发力的宏观调控制度体系。对此，东北财经大学庞明川认为这里主要涉及宏观调控制度和宏观调控制度体系两个概念。从总体上看，宏观调控制度是经济制度的重要组成部分，而宏观调控制度体系则是关于宏观调控各方面制度的集合，形成了从宏观调控体系到宏观调控制度体系的上升。经过长期探索，十九届四中全会提出的健全“宏观调控制度体系”是由外生的政策变量到内生的制度安排。

针对十九届四中全会提出的“健全劳动、资本、土地、知识、技术、管理、数据等生产要素由市场评价贡献、按贡献决定报酬的机制”，中国社会科学院研究员王振中提出，根据恩格斯对按要素分配的分析方法，我们应该深入思考三个问题：一是劳动、资本、土地、知识、技术、管理、数据等生产要素的作用是截然不同的，我们能否用一个共同的尺度来衡量各自生产要素的贡献？二是如果我们能够找到衡量上述生产要素贡献所固有的内在尺度并以此来分配收入，那么这种可以使多种生产要素通约所固有的内在衡量尺度是什么？三是如果我们找不到可以衡量上述多种生产要素贡献所固有的内在尺度，那么依据什么机制按生产要素贡献来分配收入？在恩格斯所处的19世纪，按土地、

资本、劳动这三种生产要素来分配收入只能靠一个完全外在的偶然尺度，即竞争或者强者狡诈的权利来解决。那么，在21世纪的今天，需要进一步思考劳动、资本、土地、知识、技术、管理、数据等生产要素以何种机制来参与分配。

西北大学白永秀认为如何准确理解党的十九届四中全会对社会主义市场经济体制的定位是新时代政治经济学研究的一个重大课题，并指出将社会主义市场经济体制定位为基本经济制度不仅有利于持续不断地发展市场经济，深化社会主义市场经济体制改革，把握社会主义市场经济体制的内在特征——平等互利的人际关系，而且有利于从根本上将市场经济与社会主义深度结合起来，毫不动摇地发展社会主义市场经济。同时还概括了社会主义市场经济体制的实现机制：（1）构建平等互利的人际关系的实现机制；（2）构建多种经济成分并存的所有制机制；（3）构建数据作为生产要素参与分配的机制；（4）构建职能明确的政府与市场协调运行机制；（5）构建科技创新的举国体制与工匠精神引领创新相结合的机制。

四、新时代中国特色社会主义政治经济学重大理论和实践问题

党的十九大报告明确指出中国特色社会主义进入了新时代，这是我国发展新的历史方位，在这一时代背景下中国特色社会主义政治经济学也面临着诸多新的重大理论和实践问题，与会学者分别围绕"互联网+"、国有企业改革、房地产市场改革、医疗改革、科技创新和区域发展等新时代中国经济热点问题进行了热烈讨论。

1. 关于"互联网+"。南京大学洪银兴对"互联网+"进行了政治经济学的解读和研究。在他看来，伴随移动互联网进入新的经济时代，经济发展也体现出了许多新的特征，即"互联网+"的时代特征，这不仅是对信息经济、网络经济、数字化经济的一个高度概况，而且反映了现代技术的快速发展进步。"互联网+"和"+互联网"的频繁互动已经逐渐渗透到了产业发展的各个领域，社会再生产的各个环节正在通过互联网的作用全面实现互联互通。他进一步指出，"互联网+"在体现积极经济效应的同时，依然存在进一步完善的空间，特别是当前部分效应还只是作为一种趋势而存在，要想转化为现实尚且需要一系列的辅助条件。另外，考虑到"互联网+"的各种市场行为都在互联网平台上，甚至比虚拟经济更虚拟，所以对"互联网+"市场的监管和建设也就提出了更高的要求。

2. 关于国有企业改革。中国人民大学杨瑞龙论述了为什么不能按照"竞争中性"原则推进国有企业改革，指出"竞争中性"并不是普遍适用的国企改革原则，"竞争中性"与国有企业的宏微观制度属性存在冲突，而国有企业分类改革能够有效解决公有制与市

场经济的兼容性，其逻辑可以为“国民共进”提供一个理论分析基础。分类改革分别为国有经济与民营经济划分了生存与发展的边界，它们不仅能和平相处，而且能共同发展，从而既能坚持社会主义基本经济制度，又能发挥市场在资源配置中的决定性作用。中国国有企业改革的关键在于逻辑清晰，鼓励、推进民营企业参与国有企业“混改”是提升民营企业投资信心的重要途径与突破口。国企“混改”不仅要“混”更要“改”，其主要参照标准就是民营资本的参与程度。为了让“分类改革”的政策落地，需要：（1）“宏观分类”标准客观化；（2）在明确“微观分类 ”的前提下推进“央企”的“混改”；（3）本轮“混改”需要触及“央企”的“总部”；（4）积极创造条件，引入员工持股制度。

吉林大学李政认为国有与民营可以互相加持、和谐共处。民营企业积极参与国企改革，国有企业大力扶持民营经济发展，“国民共进”才是经济领域的新生态。他指出，新阶段改革重点应围绕全面增强国有经济竞争力、创新力、控制力、影响力、抗风险能力，按照完善中国特色现代企业制度的要求，着力加强国有企业党的领导和党的建设，着力探索公有制多种实现形式，着力推进国有经济布局优化和结构调整，着力完善市场化经营机制激发企业活力，着力形成以管资本为主的国有资产监管体制，着力改善国有企业改革环境条件，进一步做强做优做大国有资本，培育形成一批具有全球竞争力的世界一流企业。北京师范大学戚聿东指出新时期深化国有企业改革的关键在于深化国有企业改革的动力与机制。他将现阶段国有企业问题概括为“六化”，即行政化、独资化、独治化、独占化、独享化、刚性化。在他看来国有企业的“六化”特征不仅在深层次上阻碍着市场在资源配置中发挥决定性作用，而且与新发展理念的要求也格格不入，因此，需要深化国有企业改革，解决“六化”问题，以实现国有企业的高质量发展，真正落实“两个毫不动摇”。

3. *关于房地产市场改革*。住房问题作为基本的民生问题，历来被高度关注。西南财经大学杨继瑞认为，人的需要，包括住房需要，历来是政治经济学研究的重要问题。“住有所居”是坚持和完善统筹城乡民生保障制度的重要方面，要进一步完善房地产调控的长效机制，加强公共服务均等化，加大公共住房建设和供应力度，扩大住房保障覆盖面，让更多市民实现住有所居、住有宜居。同时他指出，应该从社会主义市场经济体制下住房的“六重属性”——消费品、耐用品、不动品、资产品、金融品、保障品——来选择房地产价格调控“支点”，综合施策，以科学合理的调控杠杆排列，形成房地产的长效调控机制。具体而言，（1）针对作为消费品的住房，需要鼓励有支付能力的人买房消费和租房消费；（2）针对作为耐用品的住房，应将租房消费作为一种常态；（3）针对作为不动品的住房，需要充分发挥土地杠杆对房价的制导；（4）针对作为资产品的住房，需要以房产税约束投资性购房；（5）针对作为金融品的住房，应严禁以融资形式投资购房和炒房；（6）针对作为保障品的住房，需要构建房地产市场稳健运行的“减震器”。

4. 关于医疗改革。北京大学李玲通过回顾中国十年医疗改革进程，认为十年医疗改革是全面深化改革的先行者，医疗改革的路径是十八届三中全会提出的加强顶层设计和摸着石头过河相结合的最好体现。十年医疗改革为全面深化改革积累了经验和方法，医疗健康是美国模式无法解决的问题。当前我国医疗改革面临的主要问题在于基层的公益性体制和大医院的逐利性体制无法协调，导致基层削弱、倒金字塔、患者趋高、看病难等问题凸显。尽管医疗保障实现了全覆盖，但医院的运行机制并未转变。因此，未来医疗改革的核心应是改革治理体系。要加强医疗人才建设，加强医院管理和监督，完善办医和管医的治理体系，调整医保政策，严格监管药品使用。此外，还要强化提高人民健康水平的制度保障，创新制度，探索符合中国国情和百姓需求的健康保障模式，利用信息化、智能化手段，打造智慧健康，发挥中医药和天人合一的中国文化优势。

5. 关于科技创新。“中兴事件”深深地刺痛了国人，构建中国的国家创新体系已是刻不容缓的战略重任。国家科技创新研究院卢周来认为发达国家（尤其是美国）的经验表明必须建立和完善以政府为主导的国家创新体系。他指出，私营部门擅长采用成熟技术或接近成熟技术并将其转换为具有商业利益的产品，但在可实现长期回报的“种子”研究方面却并不擅长，直接原因在于周期太长、投入太高、不确定性太大。中国“芯”未能成为主流的一个重要原因是创新链路未走通，商业化没有完成。在创新体系中，政府（国家）应发挥“农场主”的作用，负责选择与培育“种子”，负责土壤与耕作环境；国家科研机构负责育种和育苗，并充当“全程技术人员”；企业负责后期管理与收成，并负责把收成转化为下一轮耕作的资本；国防部门是“农场主”的代理和最重要“帮办”，既承担育种任务，又负责全程导调和指引。

6. 关于区域发展。山东大学黄少安认为中国区域经济发展不平衡的新趋势逐渐由东西差距转变为南北差距。南方的大城市对周围地区，包括周围的省，特别是农村地区和周围的中小城市的带动作用要高于北方，并且南北城市的经济功能差异主要归因于南方更多地依靠市场机制主导产业升级与劳动力流动，而北方则更多地依靠行政机制吸取资源，形成或扩大中心城市。这类吸取资源型发展为要么依靠较多的官方机构和国有大企业吸引人才，却不能更好地发挥作用，造成了人才的堆积和浪费；要么依靠强大的金融机构吸取金融资源，主要是吸走了存款，却很难向周围地区输送或发放贷款或其他金融支持；要么依靠行政力量占用周围地区的土地资源，为城市发展作贡献；等等。这不可避免地会带来三类后果：（1）导致中国经济南北经济差距扩大；（2）导致北方中心城市与周围地区的经济差距拉大；（3）可能加大资源的南北不合理流动，影响国家长治久安。基于此，他提出在区域发展过程中，应更多依靠市场机制，避免走吸取资源型城市发展之路。

学术书评

理解经济制度变迁的逻辑

——评《新中国经济制度变迁》

孟 捷*

在新中国成立70周年的背景下，李萍教授团队所著《新中国经济制度变迁》①，运用马克思主义经济学的方法与原理，探讨了中国社会主义经济制度演变的历史及其内在动力。本书不仅提供新中国各类经济制度变化的一般史料，并且基于生产力与生产关系、经济基础与上层建筑的关系及其矛盾运动，诠释了社会核心经济制度、基本经济制度、具体经济制度的适应性调整和互动性促进。

《新中国经济制度变迁》的创作，可以看作是在经济运行的一般规律中，突出了“中间层次”的制度分析，即将马克思的长时段、抽象性理论，与渐进式发展中更为具体的制度分析相结合。既通过中国的发展实践，不断完善马克思主义经济学的理论研究、增进其现实解释力，也在构建中国特色社会主义政治经济学话语体系的过程中，促进了“政策—制度”话语与“学术—理论”话语的有机融合。从这个意义上讲，本书不仅是西南财经大学政治经济学人对新中国经济制度演变经验和逻辑的总结与归纳，也是对发展和开拓马克思主义经济学研究新方法、新内容的一项尝试。

在《新中国经济制度变迁》一书中，李萍教授等将经济制度划分为核心经济制度（内核层）、基本经济制度（基本层）和具体经济制度（表面层）。其中，核心经济制度取决于特定社会经济的本质关系，具有持久的稳定性和长期连续性，并会随着社会基本经济制度的适当调整，进一步改革、创新和完善而趋于完美实现。对于社会主义而言，不变的经济制度核心无疑是生产资料公有制和按劳分配制度。基本经济制度则具有相对的稳定性和渐进适应性，它既要遵循和适应现实经济运行作出必要的调整，也要愈益趋向实现社会核心经济制度的本质规定。新中国成立以来，社会主义基本经济制度的演变显然是遵循着这一根本逻辑的。伴随中国经济体制的转型，特别是社会主义市场经济体制的创新探索，中国的社会主义经济制度体系以及社会主义基本经济制度都在不断

---

* 孟捷，复旦大学经济学院、马克思主义研究院教授、博士生导师。

① 李萍等：《新中国经济制度变迁》，西南财经大学出版社2019年版。

完善。

在此特别需要表达的是，2019 年 11 月党的十九届四中全会将公有制为主体、多种所有制经济共同发展，按劳分配为主体、多种分配方式并存，社会主义市场经济体制三项制度并列，都作为社会主义基本经济制度，这是在改革实践中，对社会主义基本经济制度内涵作出的重要发展与深化。新时代社会主义基本经济制度的形成和确立，突出了将社会主义制度和市场经济有机结合起来，同时兼顾进一步解放与发展社会生产力，维护社会公平正义、实现共同富裕两大基本目标。这与李萍教授等的观点是相印证的，即基本经济制度的调整如何更好地反映社会主义核心经济制度的内在要求，并与具体经济制度（即经济体制，社会经济制度运行的具体组织形式和管理体系，要素配置方式和调节机制等）更加融洽地匹配。这里也体现了作者概括的“生产关系适应发展观”，在“生产力—生产关系—上层建筑”的互动机制中，“经济制度体系适应性调整的创新发展，促进了中国经济的长期快速增长和人们生活的极大改善以及全社会福利的极大增进”。在笔者看来，当生产关系的变迁不仅来自生产力发展的需要，并且与政治、意识形态等上层建筑因素的作用方向相统一时，最终或可促成一种“有机生产方式变迁”，即迈向未来社会主义的崭新的制度变迁道路。

全书围绕三大类具体经济制度在 70 年中的历史演变展开。一是微观层面的经济制度，包括城市国有经济、农村集体经济、非公有制经济三类微观经济主体的形成与发展；二是中观层面的经济制度，内含城乡、产业、区域三维经济制度变迁的历史脉络和内在动力；三是宏观层面的国民经济运行管理及其调控制度，包括宏观经济制度、劳动就业制度、收入分配制度、对外开放制度、宏观调控制度。在一定的社会经济制度体系中，具体经济制度居于连接生产力和基本经济制度乃至核心经济制度的中介环节，是连接现实生产、分配、交换和消费的关节。

近年来，学界多强调完善中国特色社会主义政治经济学的话语体系，以及补全马克思经济学研究计划的未尽篇章，针对保证市场经济运行效率和社会主义基本公平性的具体经济制度的研究无疑是必要的。《新中国经济制度变迁》所涉及的制度类型，事实上涵盖了国内外马克思主义经济学者所关注的推动资本积累与经济发展的系列制度型式，如资本和资本的关系（比如，国有资本与非国有资本的关系）、资本和劳动的关系（比如，劳动就业体制变迁）、地方与地方的关系（比如区域间、城乡间的关系）、国家和市场的关系、中央与地方的关系等。

需要说明的是，在中国社会主义各类经济制度变迁的历史进程中，国家都起到重要的作用，无论是针对微观经济主体行为环境的制度决定，还是对城乡间、区域间、产业间经济格局的构架，以及更为直接的宏观调控、收入分配等政策设计。上层建筑，即国家权力，在社会主义市场经济体制中都嵌入了经济基础，并成为后者的一部分，从而挑战了传统历史唯物论中经济基础与上层建筑的截然二分的观点。李萍教授等的著作不是基于简单的一元决定论，而是强调生产力、生产关系、经济基础、上层建筑的互动性促进，通过对制度史的梳理，将中国改革的特殊经验，特别是国家在经济运行中的行为融入了对社会主义市场经济体制形成与变迁历史的研究。

当前，完善社会主义基本经济制度，意味着社会主义制度与市场经济体制、高效的市场经济与有效的宏观调控进一步的有机结合。一个具备资源配置效率、能不断推动创新发生、且顾全最大多数人民长期福利增进的社会主义市场经济，并非存在于真空之中，而是需要多种制度型式的嵌入和运行。在此过程中，国家的政治决策本身既转化为一种经济制度，又不断推动着制度变迁的发生。这些有趣的话题其实不唯中国经济特有，也体现了制度变迁的一般经验。书写新中国成立 70 周年以来经济制度变迁的历史，不论对于记录中国经验，还是进一步促进中国特色社会主义政治经济学的学理化，都是一项颇有意义的工作。

深层次认识中国特色经济发展模式

——评《市场化改革与中国特色经济发展模式研究》

林跃勤*

2018年12月18日上午，习近平总书记在庆祝改革开放40周年大会讲话中强调，改革开放40年的实践启示我们：方向决定前途，道路决定命运。中国没有照搬西方模式，而是走出了一条不平凡的中国特色社会主义经济改革之路。中国发展道路对世界的重要启示，在于打破了经济发展只有依靠单一模式才能获得成功的神话，从而为发展模式的多样化作出了突出贡献。

一、本书的写作背景、内容

当前经济全球化遇到了强大的阻力，逆全球化潮流和行为对中国经济发展道路产生了强烈冲击，美国挑起的中美贸易摩擦，剑指中国经济发展模式，如何梳理和阐释中国特色市场经济模式回应国外质疑和歪曲市场化改革成就尤为迫切和重要。而中国的改革开放历经40年艰辛探索，如今也已经进入新的历史方位，中国特色市场经济体制基本框架已经形成，而经济模式本身也面临再次转型升级。正是在这一国内外矛盾交织、形式复杂的大背景下，中国经济发展模式需要更高质量的调整和提升。刘文革教授的新著《市场化改革与中国特色经济发展模式研究》一书在总结中国市场化进程中的成就和不足，梳理全球典型市场经济模式基础上，提出和概括了中国特色经济发展模式是公有制为主导混合市场经济模式，该模式具有五个维度特征。作者构建了一个新的政府与市场边界理论框架，分析总结和解释了中国特色经济发展模式的制度优势和独特竞争力，并尝试提出转型背景下中国经济市场化改革和发展的具体特色模式。该书的最大特色是立足于世界各国经验和中国特有情境来研究“市场化改革与中国特色经济发展模式路径”的现实问题，具有较强的理论价值和实践意义。

二、本书主要结论和观点

第一，初级的混合市场经济的特征是政府干预程度较低，公有产权发展程度也较

---

* 林跃勤，中国社会科学院中国社会科学杂志社。

低，代表国家有美国和英国；中级的混合市场经济特征是政府干预程度与公有产权发展的程度有了显著增强，代表国家有日本、韩国；高级的混合市场经济特征是政府干预程度与公有产权的发展程度比中级混合市场经济国家更高，代表国家有法国、德国及北欧各国。从各国市场经济模式来看，最大相同之处就是市场经济当中“混合”特征的出现，可以说未来世界将是混合市场经济模式的天下。

第二，中国市场化水平虽然较高，但市场化质量水平处于中等。影响市场化指数提高的原因包括政府对经济生活还有较强的影响和控制力；政府对银行和金融业的控制仍较严厉；对产权的保护和执法环境还有待改善；对资本流动的管制仍然较严格、营商环境欠佳等等。因而，中国的市场化重要特征是政府对市场的参与程度较高，这不同于上述的全球几个典型的市场经济发展模式，这也印证了党的十八届三中全会对政府配置资源程度的判断，未来的改革要使“市场决定资源配置”。围绕这一核心不断进行深化改革和制度创新，推动中国走上持续的经济增长通道。

第三，中国经济发展模式没有走极端，公有制为主导的混合市场经济模式体现出中国政府既通过改革开放释放了市场经济活力，又掌控了发展的主导权，推动了中国经济发展；既否定了单一公有化，又没有搞全盘私有化，而是产权主体多元化，从而能够发挥多种所有制的优势和作用；既改变了方式单一的平均主义倾向严重的分配制度，扩大收入差距，鼓励部分人先富，又强调缩小过大的收入差距，防止两极分化，公平效率并重，更有利于发展和稳定；既改变了传统的计划经济体制，又没有一切市场化、完全自由放任化，注重发挥了政府的作用，特别是致力于公共基础设施等大规模建设，为中国经济发展创造了极为有利的条件。在实行对外开放的同时，并没有放弃对本国企业、产业、经济的必要的合理的保护，又减少对外国的依赖，促进本国企业和产业的发展，渐进放松资本管制，维护本国的经济安全，使中国经济很好融入了世界分工体系。中国的经济发展模式转换也没有采取激进式的“休克疗法”，而是渐进式的“摸着石头过河”，先易后难，先试验后推广，重点突破与整体推进相结合，“双轨”过渡，积极稳妥，循序渐进，这样阻力更小，成本更低，纠错能力强。实践证明中国特色经济发展模式和道路带来了中国经济的超常发展。

第四，在转型期中国很好处理了政府和市场的互补关系和替代关系，政府在改革开放中所发挥的作用和功能是巨大的，它使得中国政府牢牢控制经济发展的主导权。也正因如此，中国在市场化程度和质量水平不高条件下，并在全球化背景下产业合作与竞争中获得了超常增长，这是市场力量和政府力量共同发挥作用的结果。从这一点上看，公有制为主导混合市场经济发展模式具有独特竞争优势。按照中国下一步改革的重点，政府配置资源的功能应该逐渐让位于市场，让市场决定资源配置，但是作为微观企业化的政府，本身角色即是市场经济中的功能主体，身在其中，如何厘清自身和市场的关系呢？本书的分析结论是随着中国经济进入“新常态”，未来改革的方向是政府从私人领域逐渐退出，政府作为市场主体地位和功能逐渐弱化，同时强化政府的市场化行为，公有制为主导突出以资本控制为核心，而不是政府直接参与市场化经营。

三、本书创新点和不足

第一，概括了中国经济发展模式的本质及三个层面表现和五个维度特征。经过40年改革开放的不懈努力和积极探索，中国形成了独特的经济发展模式，也称之为中国特色的经济发展模式，这一模式从本质规定上可以概括为：公有制为主导混合市场经济，它有三个层面表现和五个维度特征。三个层面表现是指：所有制和产权关系的混合；调节资源配置方式的混合和资源配置主体的混合。五个维度特征是：（1）在产权制度方面形成了国有经济和非国有经济共生模式；（2）在区域经济方面形成了中央集权与地方分权相结合模式；（3）在经济结构方面形成了新型工业化与城镇化模式；（4）在经济增长动力机制方面形成了多元要素供给与综合竞争优势模式；（5）在对外关系方面形成了渐进式与全方位开放经济模式。这些使得中国发展模式具有了独特竞争优势，推动了中国经济发展。

第二，如何理解中国特色经济发展模式的形成和内在合理性。本书建立了一个解释框架，这就是政府与市场关系及其边界理论。在市场经济中如何处理好政府与市场关系，政府与市场的合理边界究竟在哪？这是困扰经济学上百年的难题。本书在系统梳理和总结了政府与市场关系理论基础上，提出政府在市场经济中的角色是多元的，宏观调控，微观管制，市场主体等，而政府与市场存在互补关系和替代关系，在此基础上本书得出政府与市场的边界：在公共领域政府决定和调控资源配置，在私人领域，市场决定资源配置；在公共和私人交叉领域，比较政府力量与市场机制所带来交易成本高低来决定资源配置。

第三，提出了中国政府的二元化功能论。并在此基础上以转型经济为背景，结合政府与市场关系及边界理论分析了独特经济发展模式推动经济发展的内在机理。本书提出中国政府具有典型的二元化功能。所谓二元化功能指中国政府具有宏观意义和微观意义上两个层面的功能，一方面政府是经济运行的宏观管理者，政府通过政府管制、产业政策、发展规划及运用宏观经济调控手段对整个国民经济进行干预和调节；另一方面政府具有微观市场主体功能，是具有企业化功能的政府。政府通过掌控国有企业、掌控大量生产要素和资源来进行生产经营活动；如政府通过对土地资源、金融资产的控制和经营，形成了中国独特的依赖土地、金融市场要素为核心的推动经济发展的独特模式。理解中国政府的二元功能特性，特别是政府作为微观意义上的市场主体功能，是解开和理解中国经济发展之谜的关键所在。

第四，揭示了中国经济发展模式推动经济发展模式的内在机理。同时指出了其弊端并提出未来调整和改革的方向，提出政府治理结构重构的思路。当前中国经济已经进入“新的历史方位”，中国特色市场经济体制基本框架已经形成，而经济结构则面临再次转型升级。在此之际，未来改革的内容重点是进一步厘清政府与市场的边界，一方面政府从过度停留和进入的私人领域逐渐退出，政府作为市场主体地位和功能逐渐弱化，形成有效市场，另一方面政府在一些领域、若干功能方面要强化。为此本书提出政府治理结构重构的思路，建立有为政府、有责政府和有限政府三位一体的治理结构框架。

当然，本书也有一定不足，事实上，中国发展模式中存在政府过度介入资源配置问题，本书的分析只是从寻租腐败及金融资产的角度解释了政府过度进入导致的效率损失和资源配置问题，对政府决定资源配置的一些负面效应以及市场决定资源配置的改革内容本书并未展开分析。党的十九大报告中提出建立“市场机制有效、经济主体有活力、宏观调控有度”的改革目标，为本课题研究打开了新的思路，激励着本课题将进一步深入研究如何具体深化市场经济体制改革，进而完善中国特色经济发展模式问题。

中国特色经济发展模式既根植于改革开放的伟大实践，也离不开全球视野的比较与借鉴，也需要世界分享中国发展的经验。中国特色经济发展模式作为与西方典型市场经济发展不同的模式，如何给予其他发展中国家、其他新兴市场经济体以借鉴。特别是随着“一带一路”倡议的推进，基础设施投资与贸易的展开，相关国家要取得预期的经济发展，需要借鉴中国经济发展模式，而中国如何传播自己独特的发展模式，也是有意义的研究内容，对此问题本书并未展开分析，这也是本书未来需要进一步研究的课题。

总的来说，作者综合运用了马克思主义政治经济学、制度经济学、国际经济学和经济增长理论的成果，同时结合理论和实证的研究，探索把最新的中国转型背景与市场化进程现实作为研究对象，以解释和分析中国特色经济发展模式为主要内容，充分体现了研究具有的理论价值。同时，关于中国经济发展模式的困境和矛盾等方面的研究，也充分显示了作者的思考富有现实针对性。因此，《市场化改革与中国特色经济发展模式研究》是一部理论性与实践性兼具的研究成果。

图书在版编目(CIP)数据

政治经济学报.第17卷/孟捷,龚刚主编.—上海:
格致出版社:上海人民出版社,2020.6
ISBN 978-7-5432-3125-2

Ⅰ.①政… Ⅱ.①孟… ②龚… Ⅲ.①政治经济学-
文集 Ⅳ.①F0-53

中国版本图书馆CIP数据核字(2020)第076915号

责任编辑 唐彬源 程 倩
装帧设计 路 静

政治经济学报(第17卷)
孟捷 龚刚 主编

出 版 格致出版社
上海人民出版社
(200001 上海福建中路193号)
发 行 上海人民出版社发行中心
印 刷 常熟市新骅印刷有限公司
开 本 787×1092 1/16
印 张 15
插 页 2
字 数 277,000
版 次 2020年6月第1版
印 次 2020年6月第1次印刷
ISBN 978-7-5432-3125-2/F·1301
定 价 59.00元